KB185386

삼성전자
시그널

삼성전자 시그널

초판 1쇄 발행 2025년 2월 19일

지은이 서영민

펴낸이 조기흠
총괄 이수동 / **책임편집** 유지윤 / **기획편집** 박의성, 최진, 이지은
마케팅 박태규, 임은희, 김예인, 김선영 / **제작** 박성우, 김정우
디자인 유어텍스트

펴낸곳 한빛비즈(주) / **주소** 서울시 서대문구 연희로2길 62 4층
전화 02-325-5506 / **팩스** 02-326-1566
등록 2008년 1월 14일 제 25100-2017-000062호

ISBN 979-11-5784-791-4 03320

이 책에 대한 의견이나 오탈자 및 잘못된 내용은 출판사 홈페이지나 아래 이메일로 알려주십시오.
파본은 구매처에서 교환하실 수 있습니다. 책값은 뒤표지에 표시되어 있습니다.

hanbitbiz.com **hanbitbiz@hanbit.co.kr** **facebook.com/hanbitbiz**
post.naver.com/hanbit_biz **youtube.com/한빛비즈** **instagram.com/hanbitbiz**

Published by Hanbit Biz, Inc. Printed in Korea
Copyright © 2025 서영민 & Hanbit Biz, Inc.
이 책의 저작권은 서영민과 한빛비즈(주)에 있습니다.
저작권법에 의해 한국 내에서 보호를 받는 저작물이므로 무단 복제 및 무단 전재를 금합니다.

지금 하지 않으면 할 수 없는 일이 있습니다.
책으로 펴내고 싶은 아이디어나 원고를 메일(hanbitbiz@hanbit.co.kr)로 보내주세요.
한빛비즈는 여러분의 소중한 경험과 지식을 기다리고 있습니다.

삼성전자 시그널

2025년 삼성의 운명이 결정된다

서영민 지음 | 이승우 감수

HB 한빛비즈
Hanbit Biz, Inc.

일러두기

1. 책에 나오는 인터뷰 중 출처를 명시하지 않은 인터뷰는 저자가 직접 진행한 인터뷰입니다.
2. 직접 인용된 인터뷰 내용은 맥락을 해치지 않는 선에서 교정교열 작업을 거쳤습니다.
3. 이 책에 인용된 저작물 중 일부는 저작권자의 사전 허락을 받지 못했습니다. 문제 시 연락주시면 알맞은 조치를 취하겠습니다.
4. 삼성의 위기와 한계를 다루는 장의 제목은 검은색으로, 삼성의 영광과 기회를 다루는 장의 제목은 푸른색으로 달리 표현하였습니다.

나의 나무,
그리고 준, 루루, 낭콩에게

들어가며

코리안 칩 히스토리

크리스 밀러의 《칩 워》는 최근 10년 내 출간된 책 중 최고의 반도체 논픽션입니다. 스릴러 소설 같은 몰입감이 있습니다. 역사학자 특유의 치밀한 문헌조사도 돋보입니다. 기술적 이해도 탁월합니다. 역사학자라면 우리 식으로 말하자면 문과인데도 반도체, 즉 칩Chip 산업의 기술적 변화를 어떤 과학자보다도 엄밀하게 정의할 줄 알고, 기술의 경제적 함의도 예리하게 짚어냅니다.

무엇보다 저자는 냉전사를 연구한 학자답게 지정학적 틀로 칩을 조망합니다. 소련에서 일본으로, 또 중국으로 상대는 바뀌지만, 미국과의 대결 구도 자체는 변치 않습니다. 《칩 워》는 미국 중심의 세계관으로 세상을 재구성합니다. 마치 헐리우드 첩보 영화 같죠. 주인공은 미국이고, 결론은 미국의 승리입니다.

흥미로운 점은 미국이 빌런(악당) 역할도 마다하지 않는, 좀 특이한 주연이란 점입니다. 시장 논리로 안 되면 힘으로 관철합니다. 트럼프나 바이든만 그런 게 아닙니다. 저 멀리 레이건으로 거슬러 올라가도 마찬가집니다. 주연 자리를 뺏기지 않으려 악착같습니다.

그런 이유로 칩의 세계는 평평하지 않습니다. 미국을 향해 기울어 있습니다. 대한민국의 비중은 작습니다. D램 등 메모리 제조에서 비교적 탄탄한 지위를 차지하긴 하지만, 이 세계관에서는 조연에 그칩니다. 어떤 이는 '미국이 일본을 견제해서 한국이 떠올랐다'는 한 줄로 우리 역할을 요약해버리기도 합니다.

그러나 통사通史는 역사의 전부가 아닙니다. 그 안에는 각 개별 주체가 자신의 시선과 입장으로 만드는 이야기가 겹겹이 포개어져 있습니다. 그중에 한국의 이야기가 단연 돋보입니다. 어쩌면 주인공 역할을 맡겨도 될 만큼이요. 객관적으로 보지 않겠다는 뜻이 아닙니다. 주체적으로 보자는 겁니다.

2025년 대한민국은 왜 선진국으로 평가받나요? 경제적 성공 덕분입니다. 수출 덕분입니다. 일찌감치 수출로 나라를 일으키겠다는 계획을 세웠고, 대단한 성공을 거뒀습니다. 방법은 제조업Manufacturing입니다. 필요한 것보다 더 많이 만들어서 나라 밖에 내다 파는 길을 택했습니다. 가발과 합판으로 시작해서, 쇠나 배를 만들고, 가전제품과 자동차도 만들다가, 최첨단 제조업인 칩에 들어섰고 또 성공했습니다.

즉, 한국은 칩으로 일류 국가 도약의 운명적 드라마를 썼습니다. 작고 약했지만 꿈과 계획이 있던 국가, 결단력과 리더십을 가진 경영자가 등장합니다. 세계 산업 변동의 물결과 지정학적 소용돌이도 포개어져 있습니다. 대한민국 관점이지만, 독자를 사로잡을 매력이 충분합니다. 스타워즈의 저 수많은 스핀오프Spin Off 시리즈처럼 말이죠.

이 책은 '코리안 칩 히스토리'를 지향합니다. 대한민국 칩 산업 성공의 역사와 현재의 위기를 동시에 살펴봅니다. 과거를 되짚어보면 어떻게 이런 일이 가능했을까 싶을 정도로 찬란하지만, 지금은 절체

절명의 위기에 있습니다.

주인공은 삼성전자입니다. 지금 휘청대고 있습니다. 한국 칩 산업을 40년 넘게 이끌어 왔는데, 위기입니다. 누군가의 눈에는 조연에 불과하고, 그래서 명멸하는 하나의 점이어도 무관하지만, 우리에겐 그렇지 않은 기업입니다. 그 기업이 멈춰 서 있습니다.

2024년 매출은 300조 원 안팎입니다. 달러를 기준으로 하면 2,200억 달러 안팎인데, 이는 약 10년 전인 2013년의 2,167억 달러와 크게 다르지 않습니다. 같은 기간 애플의 덩치는 2배가 됐습니다. TSMC는 3배가 됐습니다. 엔비디아는 6배 이상입니다. 하다못해 SK하이닉스도 4배[1]가 됐습니다.

성장하지 않는 기업은 쇠락하고 있는 겁니다. 놀랍지는 않습니다. 기업도 생로병사를 겪습니다. 충분히 성숙하고 거대해진 기업은 비대해진 조직의 무게를 이기지 못하고 변화에서 도태됩니다. 시장에서 서서히 사라져갑니다.

우리의 주인공은 이렇게 안팎으로 위태롭습니다. 그 결과 지금 굴욕적 '사과'를 하고 있습니다. 시킨 적이 없지만 스스로, 공개적으로 했습니다. 한 번도 아닙니다. 벌써 두 번이나 결정적 사과를 했습니다. 스마트폰부터 디스플레이, 파운드리, 심지어 메모리까지. 영위하는 모든 사업이 정체 혹은 위기에 있습니다.

2025년은 어쩌면 치명적인 해가 될 수도 있습니다. 미국 텍사스 파운드리 공장 건설은 계속 늦춰집니다. 당초 2024년에 가동하겠다 했지만, 지금은 2026년으로 미뤘습니다. 파운드리 부문은 대규모 적자가 지속되는데, 이렇다 할 새로운 고객도 없습니다. 속도 조절이 불가피한 이유입니다. 심지어 미국의 보조금 삭감을 감수하고, 투자 속도를 조절[2]했습니다.

우려를 불식하려면 가장 중요한 메모리 부문에서 분명한 성과를 내놔야 합니다. 2024년 내내 괴롭힌 AI용 메모리, HBMHigh Bandwidth Memory(고대역폭 메모리)에서 해법이 필요합니다. 우수한 차세대 D램(6세대, 1c공정)을 양산해야 합니다. 두 부문이 '기술위기' 극복의 가늠자가 될 겁니다.

외부 환경은 걱정스럽습니다. 우선 대한민국이라는 국가의 정치적 운명이 시험대에 올라 있습니다. 정치는 경제를 구속할 수 있습니다. 국제적으로는 미국 트럼프 정부의 예측 불가능성, 중국의 추격이 무섭습니다. 이미 치명적인 환경입니다.

거대한 위기입니다. 이 위기를 대한민국의 시각에서 바라보겠습니다. 비판적 평가는 불가피합니다. 해법의 단초로 나아가기 위함입니다.

심각하지만, 재미있을 겁니다. 때때로 가슴이 뜨거워질 겁니다. 깊이도 있을 겁니다. 삼성을 조연 취급하며 대충 건너뛰는 외국인들의 눈에는 보이지 않던 깊숙한 이야기를 발굴하겠습니다.

해피엔딩인지는 모르겠습니다. 기업 내부의 생로병사 과정이 성숙을 넘어 위기로 가는데, 외부 조건까지 밝지 않으니 섣부른 희망을 말할 수는 없습니다. 객관적으로 낙관보다는 비관이 지배합니다.

다만, 우리의 시각으로 우리의 문제를 비추겠습니다. '시야를 확장하는 맥락 있는 이야기'를 선보이겠습니다. 독자 여러분의 시야가 넓어지고, 주인공의 미래도 밝아지는 하나의 계기가 되길 바랍니다.

차 례

2부

전에는 있었으나 지금은 없는 것

3부

삼성전자 시그널, 미래를 판단하라

1부

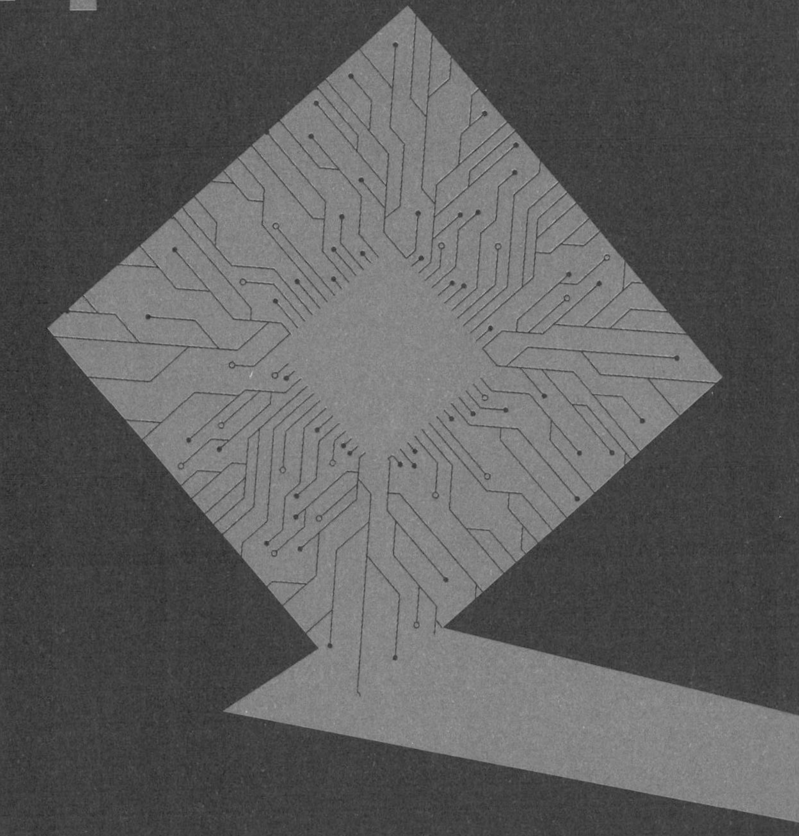

두 번의 사과, 위기의 전말

가장 강한 것이 끝까지 정상의 자리를 지키는 법은 없다.
누구든 몰락할 수 있고, 대개는 결국 그렇게 된다.

- 《위대한 기업은 다 어디로 갔을까》 중에서

1973년 오일 쇼크가 찾아온 후 거대한 불황의 파도가 몰려왔습니다. 삼성전기와 삼성전관(현 삼성SDI)은 경영난에 허덕이고 있었습니다.[1] 이건희 회장은 기존 사업에서 위기를 겪으면서 생각했습니다. '한국은 부가가치가 높은 첨단 하이테크 산업에 진출해야 한다.' 생존을 위해서는 더 높은 곳을 바라보아야 한다는 깨달음이었죠. 그리고 반도체를 보았습니다.

삼성 반도체는 그룹의 미운 오리였습니다. 자본금을 모두 잠식한 채, 가까스로 부도 위기를 넘기곤 했습니다. 삼성 반도체로 발령이 나면 회사를 퇴직하겠다는 직원도 많았습니다. 악순환이었습니다. 퇴근 후 포장마차에서 관리부장은 푸념을 쏟아냈습니다.

"독자 기술로 개발된 제품이 없어 제값 받고 팔지도 못하고, 원진전자 수지공장과 대방동 조립공장을 인수할 때 빌린 차입금의 이자를 갚기 위해 또 돈을 빌리고. 이러다 보니 자꾸 무리수가 나옵니다. 자금 사정이 최악입니다. 돌아오는 어음을 막으며 위기를 넘긴 상황이 몇 번인지 모르겠네요. 은행 가기가 두려울 지경입니다. 주거래 은행으로부터 모욕적인 말을 듣는 게 일과라니까요. 나 참."

그런데도 이병철, 이건희 부자는 반도체를 포기하지 않았습니다. 이병철 회장은 '크고, 강하며, 영원한' 사업을 하고 싶다는 꿈을 주변에 말하곤 했습니다.[2] 더 투자하고 공부했습니다. 세계 산업의 흐름, 반도체의 가능성을 확인했습니다. 그리고 결심했습니다.

반도체 사업은 내 마지막 사업이자 삼성의 대들보가 될 사업이다.[3]

1983년 D램 산업에 진출하겠다는 도쿄 선언이 나왔습니다. 한 번도 해보지 않은 데다 전 세계 최고 기업이 경쟁하는 분야에 진출하겠다고 공언한 것이었죠. 일본은 '삼성이 할 수 없는 다섯 가지 이유' 같은 칼럼을 실었고, 청와대도 난색을 표했습니다.[4] 주변의 걱정은 최고조에 이르렀지만, 리더십은 비전을 내놓고 모든 수단과 자원을 동원했습니다. 이 위험한 비전과 도전이 20세기 한국 경제사 최고의 장면[5]이라고 꼽는 이도 있습니다.

과정은 힘겨웠습니다. 1985년, 뉴욕타임스NYT는 '한국의 칩 제조사들, 추격전에 돌입하다'[6]라고 썼습니다. 기사는 한국 반도체 산업 전체를 주목합니다.

한국이 철강과 조선, 그리고 자동차 산업에서 해온 추격 게임을 최첨단 산업에서 수행하고 있다, 거대한 자본을 투자했다, 삼성은 2억

5천만 달러, 현대 2억 달러, 럭키골드스타(현 LG)는 1억 5천만 달러에 달한다.

뉴욕타임스는 특히 삼성에 주목했습니다. 가장 위험한 선택을 했거든요. 세계 최고 회사들의 전장인 D램 메모리에 퇴로를 차단하고 정면 도전했습니다. 당시 삼성은 손실을 보고 있었습니다. 강진구 회장은 "올해(1985) 수출로 인한 수익성이 없을 것"이라고 인정했습니다.

그래도 해냈습니다. 결국은 성공했습니다. 누가 뭐라고 해도 된다고 보고 '비전'을 가지고 달린 결과입니다. 그룹 전체를 건 도박을 통해 한국을 대표하는 기업이 되었습니다. 세계 반도체 산업을 첨단에서 이끄는 회사가 되었습니다. 이후 40년 가까운 세월 동안 누구도 의심할 수 없는 회사가 되었습니다.

이 뚝심 있는 성공 스토리야말로 '한국이 어떻게 전쟁의 폐허에서 세계 10대 경제 강국'으로 성장했는지를 상징하는 이야기입니다. 삼성은 선대 회장의 염원대로 '크고, 강하고, 영원한' 회사가 된 듯했습니다.

그러나 영원한 것은 없습니다. 2025년, 딱 40년 만에 삼성은 다시 백척간두에 섰습니다. 모두가 삼성전자가 위기에 있다고 말합니다. 2024년 3월, 〈삼성, 잃어버린 10년〉[7]이라는 다큐멘터리를 만들어 방송했습니다. 삼성이 기술 우위를 잃었다는 이야기였습니다. 방송 본편과 반도체 설계 전문가 짐 켈러의 인터뷰, 그 밖의 기사들을 합해 온라인에서 500만 이상의 클릭을 얻은 이야기가 됐습니다. 유튜브 채널 '삼프로TV'에 두 차례 출연해 그 후속 이야기도 했습니다. '삼성이 위험하다'고 알렸습니다.

사실 기업의 생로병사는 새삼스러운 일이 아닙니다. 컨설팅 그룹 맥킨지의 말마따나, 모든 기업의 숙명입니다. 결국은 소멸합니다. 게다가 시대를 호령하는 대기업의 수명은 점점 짧아지고 있습니다. 1958년에는 S&P500 기업의 평균 수명이 61년이었는데, 1980년에는 25년으로, 2011년에는 18년으로 짧아졌습니다.[8] 삼성도 예외일 수 없습니다.

이 상황을 상징하는 것이 있습니다. '사과'입니다. 삼성이 자꾸 사과를 합니다. 잘못했다고 고백을 합니다. 저는 이 사과에 주목합니다. 특히 가장 높은 경영자 레벨에서 나온 2022년 3월과 2024년 10월의 두 사과에 주목합니다. 우선 삼성은 사과를 하는 데 익숙한 회사가 아니기 때문이고, 다른 한편 그 사과에 숨은 이야기가 심각한 현실을 적나라하게 비추고 있기 때문입니다.

삼성의 위기를 곱씹고, 해법을 모색하는 것은 삼성만을 위한 일이 아닙니다. 한국은 제조업으로 성공했고, 삼성은 그 역사의 상징입니다. 삼성은 식민지 시기 쌀을 일본으로 보내는 운수업에서 시작했습니다. 해방 뒤 어물과 채소를 팔았습니다. 이때까지는 그저 그런 회사였는데, 제조업에 진출하면서 급팽창합니다. 설탕과 직물, 비료, 건설과 조선 그리고 반도체에 이르기까지, 삼성은 한발씩 더 '고도화된 수출 제조업'으로 나아갔고 성공했습니다.

한국이라는 국가의 성공도 똑같습니다. 수출 지향적 제조업은 질 좋은 일자리를 제공했고,[9] 장기 GDP 성장의 원동력이 되었습니다.

지속적으로 제조업 부가가치를 높여 선진국 가운데 유례없이 높은 제조업 부가가치 점유율(28%[10])을 유지합니다. 거꾸로 말하면 삼성의 위기가 대한민국 국가 경제의 위기인 이유입니다.

삼성이 해야만 했던 두 번의 사과를 조명하면서, 이 이야기를 시작해보겠습니다.

1장

2022년 3월
첫 번째 사과

GOS 사태

2021년 11월, 삼성 갤럭시 스마트폰 이용자들은 의례적인 업데이트 안내를 받았습니다.

소프트웨어 업데이트

업데이트를 설치할 준비가 되었습니다.
지금 설치하시겠습니까?

특별할 것은 없어 보였습니다. 시스템을 최신화하고 사용자 프라이버시 보호를 위한 보안 업데이트가 포함되었습니다. 통상적인 업데이트였죠. 당시에 사람들은 잘 눈치채지 못했지만, 특정 모델 업데이트 항목 가운데는 GOS라는 앱도 있었습니다. Game Optimizing

Service. 게임 경험 최적화를 돕는 서비스라고 되어 있었지만, 게임 사용자들은 '게임할 때 성능을 낮추는 앱'으로 생각했습니다. 발열이나 배터리의 급속한 방전을 막기 위해 휴대폰의 두뇌인 AP 성능을 강제로 낮췄기 때문입니다. 그래서 게임 좀 하는 사람들은 이 앱을 꺼야 게임이 잘 돌아간다고 생각했습니다.

2021년 11월의 GOS 업데이트 내용은 간단합니다. 삼성은 사용자가 이걸 '끄지 못하게' 했습니다. 이 작은 업데이트 하나가 이듬해 큰 평지풍파를 불러옵니다.[1] 2022년 2월, 새 갤럭시 스마트폰이 출시됩니다. S22입니다. 신형 스마트폰은 그러나 금방 구설에 오릅니다. 게임 이용자들의 불만이 시작이었습니다. '게임 하려고 하니까 그래픽이 구려진다, 클럭(성능)이 스펙만큼 안 나온다….' 이용자들은 금방 GOS 업데이트 때문이란 걸 알게 됐습니다. 끌 수가 없었던 겁니다.

처음엔 게임하는 사람들 사이에서, 다음엔 스마트폰 성능을 측정하는 벤치마크 측정 전문가와 유튜버들이, 다음엔 해외 언론과 국내 언론까지… 들불처럼 불만이 타올랐습니다.

> 게임 중 발열이 조금씩 올라오면 서서히 성능을 낮추는 게 아니라, 지금은 게임이 켜지는 순간 그냥 처음부터 성능을 훅 낮춰놓고 시작한다는 점이 문제인 것이죠. 그렇게 발열이 '쩐다'고 욕 먹는 인텔도 컴퓨터를 켜자마자 성능을 낮추지는 않거든요.
>
> \- 유튜버 '잇섭'[2]

삼성은 처음에는 '안전은 타협할 수 없는 가치라서' 안전을 위해 앱 설정을 바꿨다고 했습니다. 반발은 더 걷잡을 수 없어집니다. 벤치마크 전문 매체들은 S22를 성능 테스트 대상에서조차 제외해버립니다. 결국 삼성은 무릎을 꿇었습니다. 2022년 3월 16일, 삼성전자의 주주총회 단상 위에 오른 한종희 삼성전자 부회장이 사과의 말을 건넵니다.

> 게임에 지장이 없다고 판단한 적정 한도까지 CPU, GPU의 성능을 제한하려 했었습니다. 주주와 고객 여러분께 심려를 끼쳐 송구합니다.[3]

이 장면을 2022년 GOS 사달의 마지막 장면으로 기억하실 분들이 많습니다. 하지만 우리 이야기는 여기서 시작합니다.

삼성전자 기술력의 본원적 한계

사과로는 달라지지 않는 본질적 문제가 모습을 드러냈기 때문입니다. 바로 삼성전자 기술력의 본원적인 한계였습니다. 고작 앱 하나로 그런 말을 할 수 있냐고요? 네, 있습니다. 그 앱이 감추려고 했던 '발열'이라는 현상의 중대한 의미 때문입니다.

삼성전자의 발목을 잡는 사건은 늘 발열입니다. 2016년 갤럭시 노트7을 단종해야 했던 이유는 배터리 발열, 발화사고입니다. GOS도 발열 문제입니다. 엔비디아 HBM 납품이 지체된 이유에도 발열이 있습니다. 현재 D램 선단 공정 설계와 양산에서 겪는 본질적 어려움도 발열 잡기입니다. '고작' 앱 하나의 문제가 아니고 기술의 본원적 문제입니다. 여기서 시작하겠습니다.

우선 발열은 시스템이 전력을 많이 쓸 때 나타나는 현상입니다. 발열이 많다면 같은 작업을 해도 더 많은 전기를 잡아먹는다는 뜻입니다. 스마트폰에서도 마찬가지입니다. 사실 '전기를 좀 더 쓴다'는 것, PC 시대에는 아주 큰 문제는 아니었습니다. 전기는 벽에 꽂아놓은 콘센트를 통해 '유선'으로 공급되고(우리나라 전기 요금은 그리 비싸지도 않죠?), 냉각팬을 좀 더 달아서 강제로 식혀주면 어느 정도 해결되었거든요. 돈을 더 쓰면 잡을 수 있는, 감당할 수 있는 부작용이었습니다. 발열이 좀 있어도 '더 클럭 높은(성능 좋은) 제품'이 최고였죠.

하지만 스마트폰 시대엔 다릅니다. 우선 '무선'이잖아요. 전기는 유한합니다. 배터리를 다 쓰면 디바이스가 꺼집니다. 배터리 크기를 키우면 되지 않냐고요? 한계가 있습니다. 우선 무거워집니다. 더 가볍고 얇고 작은 스마트폰을 만들어야 하는데 배터리를 너무 키우면 안 됩니다. 냉각팬도 불가능합니다. 부피가 커집니다. 또 전기도 먹습니다. 고작해야 얇은 방열판 정도 달 수 있습니다.

더 본질적으로는 배터리가 커지면 폭발 위험이 커집니다. 2016년 8월에 출시됐던 갤럭시 노트7 사태가 대표적입니다. 연이은 폭발 사고로 출시 두 달 만에 단종됩니다. '배터리 용량은 늘리면서, 무게 증가는 최소화하려고 분리막을 얇게 설계한 것'이 주요 원인 가운데 하나로 지목됩니다. 뿐만 아니라 더 큰 배터리는 본질적으로 더 많은 에너지를 저장하기에 문제가 생기면 더 많은 열을 방출합니다. 열을 효과적으로 분산시키기도 어렵고, 훼손됐을 때 더 많은 가스가 생성될 수도 있습니다.[4]

그래서 모바일 시대에 발열은 한층 더 근본적인 문제가 됐습니다. 성능의 바로미터입니다. 더 적은 전력을 사용해서 같은 성능을 구현하는 연산장치Application Processor: AP(스마트폰의 연산과 통신 기능이 통합된 칩)를 만들어야 합니다. 전성비(전력성능비율)라는 개념은 여기서 출발합니다.

이 전성비의 세계에서 삼성의 스마트폰은 최고가 아니었습니다. 사실 이 이야기는 2022년에 쓴 기사를 기반으로 하는데요,[5] 그 기사에서 인용했던 아난드텍이라는 해외 미디어의 그래프[6] 하나만 다시 가져오겠습니다.

다음 페이지를 보시죠. 복잡해 보이죠? 요즘은 한 스마트폰 AP 안에 여러 크기의 연산장치CPU가 있기 때문에 측정해야 할 CPU가 많습니다. 그래서 더 복잡해 보이는데, 너무 어렵게 생각할 것 없습니다. 간단하게 우리는 가장 큰 원들만 볼 거예요. 원이 클수록 성능이 좋은 CPU입니다. 스마트폰 성능의 우위는 보통 이 가장 큰 CPU 성능으로 판가름 나니까요. 그러면 우리는 아래에 적어놓은 딱 네 개 제품만 보면 됩니다.

- A15 (애플 아이폰13)
- A14 (애플 아이폰12)

AP 성능과 효율 비교

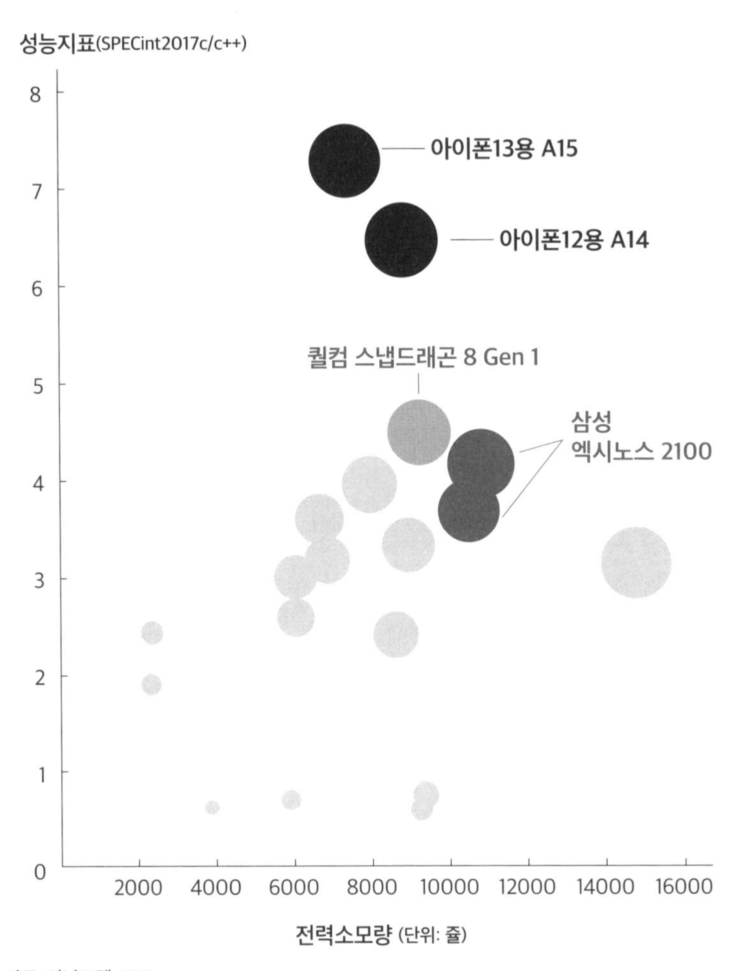

자료: 아난드텍, KBS

· 스냅드래곤8 Gen 1(퀄컴, 갤럭시S22 등)

· 엑시노스 2100(삼성, 갤럭시S22)

이 큰 CPU들 중에서 성능이 뛰어나면서(높이 있으면서), 전력소모량은 적은(왼쪽에 붙은) 녀석을 찾을 겁니다. 어느 제품인가요? 어렵지 않습니다. 애플이 2021년 겨울에 내놓은 아이폰13의 CPU(A15)가 이들 가운데 현격히 가장 높은 위치에 있는데, 가장 왼쪽으로 붙어 있습니다.

놀라운 것은 2등입니다. 2등도 찾기 어렵지 않습니다. 애플이 2020년 겨울에 내놓은 아이폰 12의 A14 CPU입니다. 3, 4등은 창피합니다. 2022년 초 출시된 갤럭시S22에 장착된 퀄컴의 스냅드래곤 8 Gen 1과 삼성의 엑시노스 2100은 완패했습니다. 성능 차이가 너무 많이 납니다.

5개월 전에 출시된 제품한테만 진 게 아니고요, 1년 5개월 전 제품만도 못합니다. 성능은 확 떨어지고, 전기는 더 많이 씁니다. 특히 4등인 삼성의 엑시노스가 그렇습니다. 애플이 연산장치의 성능에 있어서 퀄컴과 삼성을 압도합니다. 특히 삼성의 자체 칩 엑시노스는 민망할 정도입니다.

사실 저는 2022년 이 그래프를 보고, 의미를 곱씹은 뒤 적지 않은 충격을 받았습니다. 삼성이 제일 후지다고? 그때까지만 해도 저는 성능은 삼성이라고 믿어왔습니다. 애플은 디자인과 사용자 인터페이스에서 앞서고, 삼성은 퍼포먼스에서 앞선다. 그래서 좀 더 '쿨한 느낌'을 원하면 애플로 가는 게 맞겠지만, 성능을 양보하면서 그럴 필요가 있어? 정도의 생각을 했습니다.

저만 그랬나요? 새 스마트폰이 나올 때마다 삼성은 늘 애플보다 메모리도 더 넣어주고, 저장 장치도 더 후하게 탑재해줘서 스펙으로는 애플을 '압살'한다는 게 정설 아니었나요?

저의 기존 관념은 무너졌습니다. 인지부조화를 극복하고 새로운 지식 체계를 수립할 때가 된 것이죠.

1. 이제 애플은 성능도 압도적인 회사다. 고성능 게임을 원하면 애플의 최신 아이폰을 써야 한다.
2. 삼성 S22는 최고 성능의 게임을 아이폰처럼 쾌적하게 돌릴 수 없다. 훨씬 뜨거워지고, 배터리가 빠르게 방전될 수도 있다.
3. GOS라는 앱을 강제한 것은 열등한(성능은 떨어지는데 발열은 더 심한) AP를 썼기 때문이었다.

즉, GOS는 삼성과 애플 제품 사이에 '넘사벽' 수준으로 커져버린 성능 격차, 기술 격차를 상징합니다. 어떤가요? GOS가 삼성전자의 본원적 한계를 드러낸다는 말에 동의가 되시나요?

이 한계가 구체적으로 어떤 부문의 어떤 기술적 한계인지를 좀 더 명확히 하는 작업도 필요합니다. 다음에 이어질 이야기와 GOS가 드러내는 부분이 어떻게 다른지 그 차이를 명확히 할 필요가 있고, 또 무엇보다 삼성전자라는 거함이 영위하는 사업이 무척 많기 때문에 이 구조를 이해할 필요도 있으니까요.

삼성전자의 조직 구조

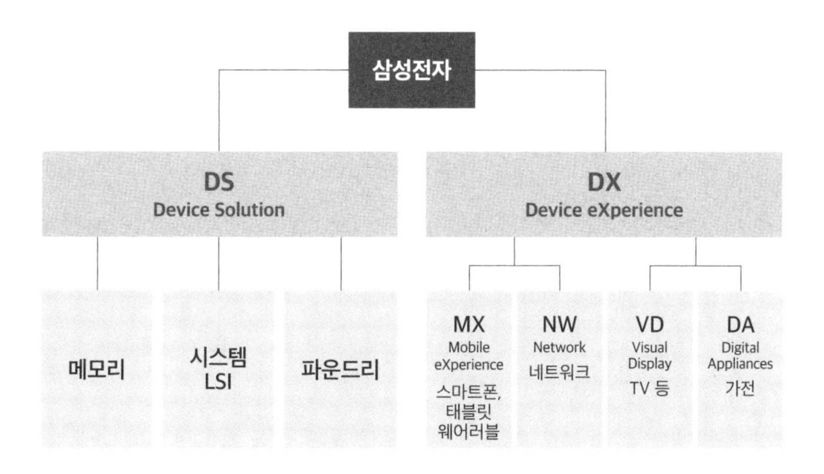

그 외 자회사 삼성디스플레이: OLED 등
하만Harman: 자동차 인포테인먼트 시스템

삼성전자 사업은 크게 소비자 제품 영역인 DX[7]Device eXperience(가전과 스마트폰, IT기기)와 반도체인 DSDevice Solution(반도체 설계와 제조) 부문으로 나뉩니다. DS[8]는 우리가 잘 아는 메모리, 위탁제조 파운드리, 반도체 설계인 시스템LSI로 나눌 수 있습니다. 100% 자회사인 삼성디스플레이는 OLED 같은 제품을 만들고, 하만은 자동차 스피커를 중심으로 하는 전장업체입니다.

매출은 스마트폰이 가장 많습니다. 2023년 기준 30%를 차지합니다. 보통 30~40% 안팎입니다. 반도체 부문이 그다음인데, 그중에서도 메모리가 압도적으로 많습니다.

영업이익은 메모리가 가장 많습니다. D램에서 압도적인 세계 1위인 데다, SK하이닉스와 마이크론을 제외하면 별다른 경쟁자도 없는 과점 체제여서 높은 영업이익을 냅니다. 메모리의 문제는 사이클입니다. 사이클이 좋으면 정말 거대한 이익을 내지만, 나쁘면 2023년처럼 어마어마한 적자를 내기도 합니다. 하여튼 삼성전자가 대규모 이익을 냈다면, 그건 메모리 반도체가 잘되어서입니다. 그래서 메모리는 삼성의 '본진'입니다. GOS가 드러낸 위기는 다행히 본진(메모리)의 위기는 아닙니다. 가장 큰 영업이익을 내는 부분과는 무관합니다.

설계, 파운드리 그리고 스마트폰 부문의 한계

우선은 스마트폰, 그리고 반도체 사업에서 메모리를 제외한 두 사업의 근원적 한계를 드러냅니다. 바로 반도체를 설계하는 시스템LSI와 제조를 하는 파운드리, 두 부문입니다. 시스템 LSI 사업부부터 보죠.

사실 LSI가 설계한 AP 엑시노스는 최고 성능을 자랑했습니다. 퀄컴 제품과 함께 최신 갤럭시S 시리즈 최고 모델에 늘 탑재돼 왔습니다. 그 자체가 삼성의 설계 능력이 최상임을 증명했죠.

게다가 삼성 전체 비즈니스의 선순환에 핵심 역할을 합니다. 일단 설계를 하면 제조 일감(파운드리)도 내부로 갑니다. 파운드리는 이 안정적 일감이 있으니, 설비를 확충하고 추가 투자를 할 수 있습니다.

또 퀄컴을 긴장시킵니다. 강력한 경쟁자가 되니까요. 그러면 협상력이 높아져서 퀄컴 AP를 더 싸게 사올 수 있습니다. 스마트폰 원가 경쟁력이 높아집니다. 이렇게 LSI는 삼성 스마트폰과 파운드리를 잇는 삼각 선순환의 핵심고리입니다.

애플도 처음 아이폰을 내놓을 때는 이 LSI 사업부의 고객이었습니다. 2007년 출시된 첫 아이폰(삼성의 S5L8900 사용[9])부터 2009년 3G, 3GS 제품까지 애플은 삼성의 LSI 사업부가 설계한 AP를 썼습니다. 스마트폰 시장이 처음 열릴 때, LSI 사업부는 세계 최고의 AP 설계업체(독립 회사라면 팹리스◆라고 부를 수 있습니다)였던 겁니다.

그런데 엑시노스 2100에서 삼성이 바닥을 드러냈습니다. 성능도, 발열도요. 후속인 2200 제품은 더 실망스러워서 아예 S23 시리즈에는 탑재하지도 못했습니다. 2024년 출시됐던 2400은 S24 제품군 가운데 일부에만 탑재됐습니다. 최고 모델인 울트라에는 아예 탑재하지 못했습니다. 그 아래 등급 모델에 한해 한국 등 일부 국가에만 탑재했습니다. 성능이 떨어지기 때문이죠. LSI 부문의 기술력 상실은 그 자체가 충격이지만, 앞서 살펴본 대로 스마트폰과 파운드리 사업부에 부담이 되는 악순환으로 이어진다는 점에서 더 큰일입니다.

팹Fab 및 팹리스Fabless

팹은 Fabrication Plant의 줄임말로, 반도체 칩을 직접 제조하는 생산 공장을 의미합니다. 웨이퍼 가공부터 칩 완성까지의 모든 공정을 수행하며, 초미세공정 팹 운영에는 대규모 자본 투자와 첨단 기술력이 필요합니다. 삼성전자와 TSMC가 대표적인 팹 보유 기업입니다.
팹리스는 Fabrication-less의 줄임말로, 자체 생산 시설 없이 반도체 설계와 개발에만 집중하는 기업을 뜻합니다. 팹리스 기업은 칩 제조를 팹 보유 기업에 외주로 맡깁니다. 엔비디아NVIDIA, 퀄컴Qualcomm 등이 대표적입니다.

최악의 사태는 파운드리 사업부에서 발생했습니다. 여기선 퀄컴이 피해자로 등장합니다. 퀄컴은 스마트폰의 두뇌인 AP 업계 최강자입니다. 스냅드래곤이라는 칩셋으로 세계 안드로이드 스마트폰 시장을 석권했습니다.

삼성과의 관계도 긴밀할 수밖에 없었습니다. 퀄컴의 칩을 가장 많이 사는 것이 삼성이었고, 또 퀄컴 칩을 가장 많이 파운드리했던 회사도 삼성입니다. 서로가 서로의 고객이면서 동시에 공급자였습니다. 파트너십은 그만큼 돈독했습니다.

GOS 사태로 모든 게 바뀌었습니다. 갤럭시S22 안에 탑재돼 '발열이 심한, 그래서 안전을 위해서 성능을 제어해야 하는 AP'가 바로 퀄컴의 스냅드래곤 1세대 모델이었습니다. 퀄컴이 설계하고 삼성 파운드리가 제조했죠. 이제 책임 추궁의 시간입니다. 퀄컴의 설계가 문제였을까, 삼성의 제조가 문제였을까?

당시 보도들을 살펴보면 퀄컴의 설계보다는 삼성 파운드리의 수율 문제가 압도적으로 많이 거론됩니다. 당시 4나노 공정의 수율이 형편없었다는 겁니다. 30% 안팎에 불과했다는 보도도 나왔습니다.

수율은 쉽게 말하면 '정상 제품의 비율'입니다. 100개를 만들면 30개 안팎이 정상, 나머지는 불량이란 의미입니다. 이 정도면 만드는 기술에 문제가 있다고 봐야합니다.[10]

그래서 GOS 사태 이후 퀄컴은 파운드리사를 교체합니다. 차세대 칩을 TSMC에서 생산했습니다. 결과는 성공적이었습니다. TSMC의 수율은 삼성의 2배 안팎이었고, 제품 발열은 낮아졌습니다. 2년 뒤

2024년 나온 스냅드래곤 3세대 AP(Gen 3)는 더 좋아졌습니다. '드디어 애플의 경쟁 칩 A17 pro 성능에 근접했다(멀티코어◆ 기준)'는 평가도 받게 됩니다. 삼성 파운드리를 떠나고 '환골탈태'한 겁니다.

반대로 삼성 파운드리에 대한 세계 IT 업계의 신뢰는 땅에 떨어지게 됩니다. 정확히 GOS 사태를 기점으로 파운드리 점유율은 급전직하합니다. TSMC 점유율은 안 그래도 높은 50%대에서 무려 60% 선까지 치솟고, 삼성은 10% 초반대로 떨어집니다.

문제는 삼성 안에서 이 파운드리가 차지하는 위상입니다. 파운드리는 삼성전자의 차세대 성장 동력 사업입니다. 막대한 투자를 단행했습니다. '100조 원을 투자하겠다, 2030년에는 TSMC를 제치고 1위를 하겠다'고 이재용 회장, 경계현 부문장이 직접 나서서 발표도 했습니다.

그런 발표를 하고 또 막대한 투자를 했는데 고객은 화를 내고 다른 회사로 떠났습니다. 새로운 고객을 얻기는 쉽지 않습니다. 반도체 제조는 경험할수록 노하우가 느는데(TSMC의 경쟁력은 수없이 다양한 반도체를 가장 많이 만들어봤다는 데서 옵니다.), 수주를 못하니 경험 자체를 할 수 없고 실력을 향상시킬 수 없습니다. 파운드리를 신성장 동력으로

멀티코어Multi-Core

멀티코어는 하나의 프로세서에 여러 연산 처리 장치(CPU 코어)를 내장한 마이크로프로세서의 구조와 기술을 의미합니다.
코어의 개수에 따라 동시에 처리할 수 있는 작업의 수가 늘어나며, 예를 들어 2코어는 2개, 4코어는 4개의 작업을 동시에 처리할 수 있습니다.

삼아 '비상'하겠다고 그룹 차원의 선언을 했는데, 오히려 처참히 실패하며 안 그래도 멀리 있는 TSMC와 점점 더 멀어지고 있습니다.

언젠가 파운드리 투자 자체가 감당하기 어려워 포기하는 날이 올지도 모릅니다. 반도체 산업의 역사에는 그렇게 거대한 자금을 화려하게 불사른 뒤, 빈손으로 사라져간 치킨게임 패배자들의 명패가 가득합니다.[11]

마지막은 완제품, 스마트폰입니다.

삼성이 왜 중국 스마트폰 시장을 잃었을까요? 왜 선진국 소비자들이 프리미엄 폰 시장에서는 아이폰을 절대적으로 선호하고, 갤럭시S 시리즈는 점점 외면하는 것일까요? 왜 삼성은 세계 점유율 1위를 다투는 기업인데도, 전 세계 개별 모델 연간 판매량 Top10은 애플이 장악하고 있고, 삼성은 인도 등 개발도상국을 겨냥한 저가 모델 두세 개만 겨우 올리게 된 걸까요?

우선은 기술적 우위를 상실한 데 있습니다. 삼성에 들어가는 고유한 두뇌 칩 AP는 더 이상 예전의 그 고성능 제품이 아닙니다. 애플에 뒤진다는 말씀을 드렸는데, 대만의 미디어텍에도 뒤집니다. 점유율도, 절대 성능도 뒤처집니다.[12] 중국 소비자들의 애국 소비 영향이 없다고는 못하겠지만, 삼성 제품에 차별적인 경쟁력이 없다는 점이 보다 근본적입니다.

2025년 초 출시한 최신형 플래그십 스마트폰 S25울트라, 이 모델에도 이 기술 굴욕의 역사가 어김없이 새겨져 있습니다. 가장 좋은 부품

2023년 연간 스마트폰 Top 10

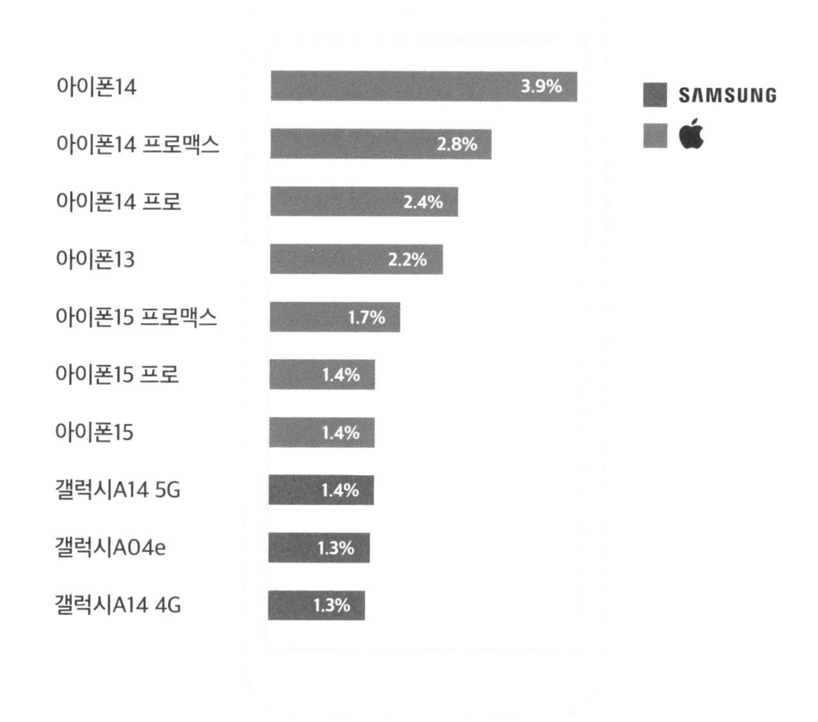

자료: 카운터포인트 리서치

만 골라 넣은 이 제품에는 삼성의 엑시노스가 없습니다. 놀라운 일도 새삼 부끄러울 일도 아닙니다. 2024년 S24 울트라에도, 2023년 S23 울트라에도 없었으니까요. GOS 사태를 겪은 뒤로 매년 그랬습니다.

더 굴욕적인 것은 그 자리를 퀄컴의 스냅드래곤Gen 3가 홀로 차지하고 있단 사실입니다. 삼성 파운드리를 믿지 못해 떠난 퀄컴이 설계한 칩, 게다가 삼성 파운드리의 최대 경쟁자 TSMC가 만든 칩을 삼성은 계속 써야 합니다. 굴욕적이지만 어쩔 수 없습니다. 최고의 칩을 쓰지 않으면 안 그래도 점점 축소되는 스마트폰 시장에서 입지를 통째로 잃을지도 모릅니다. 이것이 삼성의 현주소입니다.

삼성의 갤럭시S 시리즈(스마트폰 사업부)가 '성능만큼은 최고'이던 시절은 저물었습니다. 그 안으로 파고들어 가보면 더 이상 최고의 연산장치를 설계하지 못하고(LSI 사업부), 고객의 주문대로 제품을 만들지 못하는(파운드리 사업부) 풍경이 있습니다. 2022년 3월, GOS가 비춘 삼성은 그렇게 시대의 흐름에서 완전히 이탈해 있습니다. 그러니 GOS 사태는 경영자의 사과로 끝나지 않습니다. GOS 사태는 그저 그동안 곳곳에서 기술적 우위를 점점 상실해가던 삼성의 본원적 한계를 한꺼번에 극적으로 보여주는 사건입니다.

2장

2024년 10월 두 번째 사과

연이어 고개 숙인 삼성의 두 수장

2024년 초의 좋던 분위기는 하반기가 되자 다 사라졌습니다. HBM 때문이었습니다. 2024년 1월, 한국의 미디어들은 '돌아온 메모리 사이클'로 시작해 삼성의 실적이 엄청날 것이라고 앞다퉈 쓰기 시작했습니다. '11만 전자 가나?'[1]와 같은 제목도 있었습니다.

5월에 DS부문장, 그러니까 반도체 수장이 전영현 부회장으로 전격 교체됩니다. 경계현 전임 부회장에 책임을 물은 인사라는 얘기가 피어납니다. 그리고 분위기가 묘해집니다. HBM 이야기가 나오고, 엔비디아에 HBM을 납품한다, 혹은 못 한다는 설왕설래[2]가 삼성 뉴스를 뒤덮기 시작합니다.

그러다 하반기가 되니 본격적으로 불안감이 증폭됩니다. 3분기 실적이 예상을 하회한다는 뉴스[3]가 나오자 분위기는 심상치 않아집니다. 그리고 10월 8일, 예상치 못한 보도자료 하나가 발송됩니다. 전영현 부회장 명의의 사과문[4]이었습니다.

2년 전에는 DX부문장(한종희 부회장)의 사과가 있었습니다. 그리고 이번에는 DS부문장(전영현 부회장)이 사과합니다. 삼성의 사업은 크게 반도체인 DS와 완제품인 DX로 나뉘니까, 2년 사이에 삼성전자의 양대 부문장이 모두 사과를 한 겁니다.

사실 2024년이 시작될 때 삼성과 주주들은 희망 가득했습니다. 메모리 수요 악화로 전례 없는 규모로 감산까지 했고, 메모리 부문은 적자까지 냈던 2023년이 지났기 때문입니다. '업황 회복으로 올해 영업이익은 40조 원을 넘을 것이다. 본격적인 상승 사이클에 돌입할 것이다'[5]는 기대감이 지배했습니다.

그러니 사과는 뜻밖의 전개였죠. 3분기 실적이 부진하기는 했습니다. 9조 1천억 원밖에(?) 안 됐습니다. 10조 원이 훌쩍 넘을 줄 알았는데, 그렇게 쪼그라든 겁니다. 하지만 사실, 이 숫자 자체가 문제였다고 말하기는 조금 애매합니다. 우선 국내에서 분기에 9조 원의 영업이익을 내는 기업은 삼성전자 하나뿐입니다. 또 삼성전자의 과거 분기 영업이익과 비교해도 절대적으로 나쁜 수치는 아니었습니다. 오른쪽의 그래프를 보면 이해하실 겁니다.

그럼에도 불구하고 전 부회장 사과문의 내용은 유례없이 솔직하고 처절했습니다. (삼성은 이런 식으로 사과하는 기업이 아닙니다.) 그래서 이 사과문을 자세히 살펴보겠습니다. 저희가 지금까지 살펴본 '위기의 징후'와는 차원이 다른 위기를 암시하고 있기 때문입니다.

삼성전자 분기 영업이익의 흐름

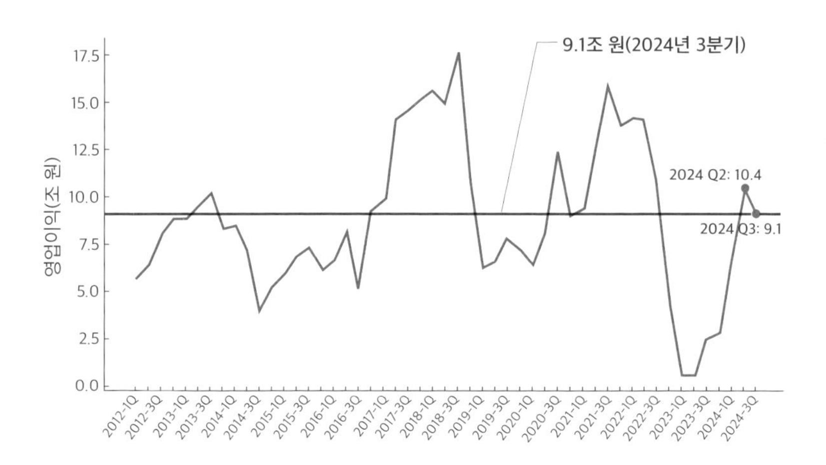

고객과 투자자, 그리고 임직원 여러분께 말씀드립니다.

삼성전자를 늘 사랑해주시는 고객과 투자자, 그리고 임직원 여러분. 오늘 저희 삼성전자 경영진은 여러분께 먼저 송구하다는 말씀 올립니다.

시장의 기대에 미치지 못하는 성과로 **근원적인 기술 경쟁력과 회사의 앞날에 대해서까지 걱정을 끼쳤습니다.** 많은 분들께서 삼성의 위기를 말씀하십니다. 이 모든 책임은 사업을 이끌고 있는 저희에게 있습니다.

고객과 투자자, 그리고 임직원 여러분. 그러나 삼성은 늘 위기를 기회로 만든 도전과 혁신, 그리고 극복의 역사를 갖고 있습니다. 지금 저희가 처한 엄중한 상황도 꼭 재도약의 계기로 만들겠습니다. 위기 극복을 위해 저희 경영진이 앞장서겠습니다.

무엇보다, **기술의 근원적 경쟁력을 복원하겠습니다.** 기술과 품질은 우리의 생명입니다. 결코 타협할 수 없는 삼성전자의 자존심입니다. 단기적인 해결책보다는 근원적 경쟁력을 확보하겠습니다. 더 나아가, 세상에 없는 새로운 기술, 완벽한 품질 경쟁력만이 삼성전자가 재도약하는 유일한 길이라고 생각합니다.

둘째, 미래를 보다 철저히 준비하겠습니다. 두려움 없이 미래를 개척하고, 한번 세운 목표는 끝까지 물고 늘어져 달성해내고야 마는 우리 고유의 열정에 다시 불을 붙이겠습니다. 가진 것을 지키려는 수성(守城) 마인드가 아닌 더 높은 목표를 향해 질주하는 도전정신으로 재무장하겠습니다.

셋째, 조직문화와 일하는 방법도 다시 들여다보고 고칠 것은 바로 고치겠습니다. 우리의 전통인 신뢰와 소통의 조직문화를 재건하겠습니다. 현장에서 문제점을 발견하면 그대로 드러내 치열하게 토론하여 개선하도록 하겠습니다. 특히, 투자자 여러분과는 기회가 될 때마다 활발하게 소통해 나가겠습니다.

존경하는 고객과, 투자자, 임직원 여러분. 저희가 치열하게 도전한다면 지금의 위기는 반드시 새로운 기회로 반전시킬 수 있다고 확신합니다. 삼성전자가 다시 한 번 저력을 발휘할 수 있도록 많은 응원과 격려 부탁드립니다.

감사합니다.

2024.10.8. 전영현 DS 부문장(부회장)

근원적인 기술 경쟁력이라는 표현이 두 번이나 등장합니다. 굵은 글씨로 표시했습니다. 사실 그 문장이 이 사과문의 골간입니다.

"근원적인 기술 경쟁력에 대해 걱정을 끼쳐서 사과한다, 앞으로 기술의 근원적 경쟁력을 복원하겠다."

저는 특히나 두 번째 문장에 밑줄을 긋습니다. 앞으로 복원하겠다는 표현에 주목합니다. 지금은 '기술의 근원적 경쟁력이 없다'는 자백을 한 겁니다. 쿨하게 인정했다고 해야 할까요, 진솔하게 받아들였다고 해야 할까요. 어느 쪽이건 사건입니다. 일단은 그런 적이 없었습니다. 늘 기술은 삼성이 가장 자신 있는 부분이었죠.

그리고 만약 기술적 위기가 노출되더라도 앞서 살펴본 GOS 사태 때처럼 삼성은 드러난 부분을 사과할 뿐입니다. 실제로는 기술이 문제이더라도, 정확히 어떤 기술 문제라고 잘 언급하지 않습니다.

GOS 파문 당시였던 지난 2022년 3월 16일 주주총회 풍경을 보면, 사과는 했지만 질문에는 정확히 답변하지 않았습니다. 주주들은 "정말 4나노 수율이 30%대밖에 안 되냐, 퀄컴이 파운드리를 TSMC로 옮기느냐" 질문을 쏟아냈습니다. 당시 경계현 사장은 "구체적인 부분은 확인이 어렵고, 퀄컴과는 많은 부분에서 협력을 하고 있다"거나 "점진적인 개선으로 안정화되고 있다"며 즉답을 피했습니다.[6] 현실적인 답변일 수도 있으나, 삼성은 위기의 내용을 구체적을 밝히거나 실패를 자인하는 방식으로 위기에 대응하는 기업이 아니었습니다.

그런 삼성이 자신의 '근원적인 기술'에 문제가 생겼다고 실토해야만 하는 사건이 발생한 겁니다. 그것도 스마트폰이나, 파운드리, 시스템 LSI가 아닙니다. 메모리입니다. 우선 HBM으로 먼저 가보겠습니다.

HBM이라는 악몽

2023년 하반기, 삼성은 제품명을 짓다가 체면을 구깁니다. 삼성은 차세대 HBM 제품 생산을 예고하며 제품명을 HBM3P라고 발표했습니다. HBM 제품명은 4세대까지 1, 2, 2E, 3으로 이어져 왔는데, 그다음 5세대 제품은 3P라고 부르겠다고 발표한 것이죠. 그랬다가 얼마 뒤부터 3E로 바꿉니다.

언론은 이와 관련해 엔비디아의 요구가 있었다[7]고 전합니다. 큰손인 엔비디아가 SK하이닉스와 함께 정한 이름 HBM3E, 그러니까 3E로 이름을 통일하자고 했단 겁니다. 삼성은 따라야만 했습니다.

기술 우위, 또 성능 우위가 어디에 있는지 단적으로 보여주는 일화인데, 사실은 맛보기에 불과했습니다. 진짜 HBM 악몽은 이듬해인 2024년에 닥칩니다. 그리고 삼성을 송두리째 뒤흔듭니다.

HBM은 메모리입니다. 메모리 중에서도 특정 목적에 맞게 맞춤형으로 가공한 특수 메모리입니다. 그래서 HBM의 혁신성을 이해하기 위해서는 먼저 메모리의 개념을 알아야 합니다. 그래야 삼성의 '본진'인 메모리에서 2024년에 무슨 일이 일어났는지 이해할 수 있습니다. 먼저 양해를 구하겠습니다. 약간 머리가 아플 수 있습니다. (최선을 다해 쉽게 설명해보겠습니다.)

CPU와 메모리

IBM이 컴퓨터를 대중화한 순간부터 지금까지, 컴퓨터는 크게 두 가지 구분된 기능을 중심으로 발전했습니다. 필요한 계산을 하는 두뇌와 그 두뇌에 계산할 데이터를 가져다주는 손이나 발, 두 부분입니다. 도식적이지만, 여기서 두뇌는 CPU이고 손과 발은 D램(메모리)이라고 단순하게 불러봅시다.

컴퓨터가 어떤 형태로 변화하든 이 구조는 변화가 없었습니다. 에드삭EDSAC(1949년) 같은 초기의 폰노이만 구조 컴퓨터부터 퍼스널컴퓨터(PC) 데스크탑이나 노트북, 기업용 서버, 나아가 스마트폰에 이르기까지 근본 구조는 동일합니다. 손발(메모리, 통상 D램)이 계산할 데이터를 가져다주고, 두뇌(통상 CPU)가 계산을 합니다.

주된 발전은 두뇌에서 일어납니다. 컴퓨터에선 CPU라고 부르지

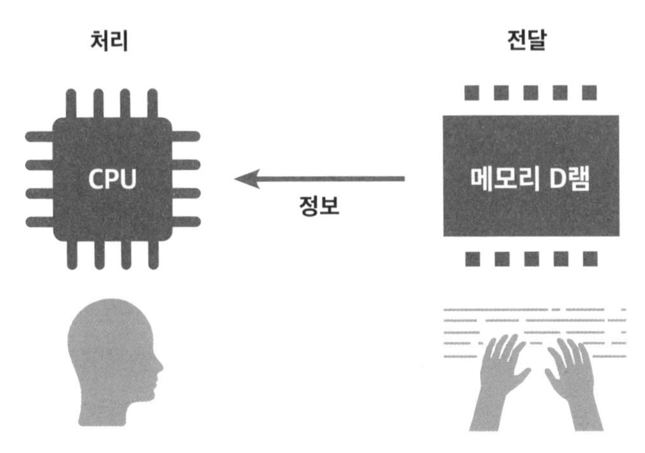

자료: KBS

만, 스마트폰에서는 CPU에 통신 장치와 그래픽 장치 등을 통합해 AP라고 부릅니다. 이 부문에서의 혁신이 기업 운명을 좌우합니다. 애플도, 엔비디아도, 테슬라도 여기서 비교우위를 만들고 있습니다.

그래서 이 반도체 산업의 주인공은 두뇌, CPU입니다. 메모리는 조연입니다. 주목받지 않습니다. 두뇌 옆에 붙어서 두뇌를 돕는 역할이니까요. 크기도 작고, 구조도 단순하며, 가격도 쌉니다.[8]

삼성이 주도하는 메모리가 조연이라서 실망이신가요? 전혀 그럴 필요 없습니다. 전장의 중심부에서 떨어져 있어서 좋은 점도 있으니까요. 우선 변화의 속도가 달라서 좋은 점입니다.

'두뇌' 연산장치는 매우 빠르게 변화합니다. 신제품 주기마다 설계를 크게 바꿔야 하죠. 그만큼 경쟁도 치열합니다. 관련된 수많은 IT기업들이 잠시 반짝 빛나다가 순식간에 사라져갔습니다. 현대적 컴퓨터 시스템을 처음 만든 IBM도, 또 CPU 시장의 절대 강자였던 인텔마저도 휘청거릴 정도니 말 다했죠. 특정 설계나 기술을 놓치면, 즉, 트렌드를 읽지 못하면 바로 도태됩니다. 달리 말하면 두뇌는 주요 혁신이 있을 때마다 급변했고, 그때마다 새로운 강자가 출현했습니다.

메모리는 달랐습니다. 큰 컴퓨터든, 노트북이든, 스마트폰이든, 태블릿이든, 비슷한 D램 메모리가 포장만 바꿔서 들어갑니다. 데이터를 저장할 수 있는 반복적이고 확장 가능한 구조였습니다. 시간이 지나도 구조가 변경되는 일이 적었습니다. '저장과 전달'이라는 근본 목적이 변하지 않았기 때문이죠. 또 수요가 늘 일정하게 우상향하는 축복의 산업이었습니다. 새로운 디바이스가 나타날 때마다 지속적으로 메모리 수요는 급증하기만 했습니다.

물론 주기를 탑니다. 사이클이 있다는 얘기죠. 좋을 때와 안 좋을 때의 격차가 큽니다. 시장을 주도하는 제품이 아니고, 시장 변화를 따라가는 제품이라 경기순환의 영향을 더 많이 받습니다. 먼저 생산해 재고를 많이 쌓아놓고 파는데, 그 가격은 경기가 좋을 때 몇 배로 비싸지고, 경기가 안 좋으면 형편없어집니다. 정리해보면, 메모리는 비즈니스의 룰이 심플합니다. 구조는 크게 변하지 않고, 수요는 사이클이 있지만 끝없이 우상향하는 '범용 상품'입니다.

이 메모리 제조 기업의 경쟁력을 결정하는 건 스피드입니다. 더 작고 더 빠르고 더 싼 제품을 지속적으로 더 많이 생산해 내는 경쟁의 연속이죠. 판매는 걱정하지 않아도 좋습니다. 시장 수요가 많으면 가격을 올리고, 적으면 가격을 내리면 됩니다. 그럼 다 팔립니다.

삼성은 이 시장에서 가능성을 보고 뛰어들었고 성공했습니다. 메모리 시장에서의 성공은 막대한 이익을 가져다줬습니다. 이 이익은 사업 부문을 디스플레이, 낸드플래시, 스마트폰으로 확장하는 마중물이 됐습니다. 삼성이 '메모리'에 철옹성을 짓고 IT 제조업의 거인이 되는 과정입니다. 과연 '본진'이라 부를 만하지요?

AI 시대, GPU의 부상

그런데 AI 시대가 오면서 메모리 구조의 문법이 달라지기 시작했습니다. 우선 '두뇌'에 대한 정의에 지각 균열이 왔습니다. 모두가 아는 것처럼 GPU의 중요성이 급격히 부각됐기 때문이죠.

오픈AI가 주도하는 챗GPT 라는 거대언어모델LLM은 엄청난 양의 정보를 동시에 학습하며, 학습 과정에서 전기를 엄청나게 소모합니다. 그래야 똑똑해지는데, 이걸 동시 병렬 연산이라고 합니다.

기존의 CPU는 이런 환경에 최적화된 연산장치가 아닙니다. 엄청나게 복잡한 연산도 매우 빠른 속도로 해내지만, 한 번에 하나만 계산하게 설계되어 있습니다. 이걸 보완하려고 멀티코어, 4코어, 8코어 CPU가 나오긴 했지만, 그래봐야 8코어도 동시에 계산할 수 있는 양은 8개밖에 안 됩니다. 이 CPU 칩에 챗GPT를 학습시키면 너무 오래 걸립니다. 아무리 똑똑한 천재 교수님도 하루에 계산을 만 개씩 하라고 하면 부하가 걸리는 이치입니다.

이때 GPU가 대안으로 등장합니다. GPUGraphic Processor Unit는 말 그

CPU와 GPU

자료: KBS

대로 그래픽, 그림 만드는 일을 잘하는 연산장치입니다. 그림을 빨리 잘 만들어주기 때문에 주로 컴퓨터 게임 이용자들이 열광하는 칩이죠. 이 칩을 AI 학습에 사용하니까 일이 훨씬 빨리 됐습니다.

왜냐하면 이 GPU는 계산하는 연산장치가 위 그림처럼 수십, 수백 개에 이르기 때문입니다. 하나하나의 연산장치는 단순합니다. 어차피 그림을 빨리 만들어주는 일은 디스플레이에 특정 색깔이 표시되게 하는 단순한 일이어서 그래도 상관없습니다. 그래서 CPU보다 훨씬 작고, 그래서 수십 수백 개를 하나의 칩셋에 올릴 수 있습니다.

AI 학습도 똑같이 단순한 일이었습니다. 복잡한 계산은 없어요. 단순한 정보 취득의 연속이죠. 그러니 대학교수님을 데려다 놓을 필요가 없습니다. 그보다는 더하기 빼기 곱하기 나누기를 잘하는 초등학생 수백 명을 쓰는 게 더 빠르고 효율적입니다. AI 시대에 CPU보다 GPU가 각광 받는 이유입니다. 초등학생 수백 명에 비유되는 GPU가 대학교수님 CPU를 이기는 세상이 온 겁니다.

자, 두뇌가 이렇게 변했습니다. 그런데 문제가 있습니다. 손과 발이 안 변했습니다. 똑똑한 교수님께 하나하나 순차적으로 정보를 제공하던 그 시절에 머물러 있습니다. GPU는 한 번에 정보 하나씩밖에 전달하지 못하는 이 메모리가 정말 못마땅합니다. 사실 CPU에 비해 발전 속도가 더딘 메모리는 오래전부터 지탄(?)을 받아왔습니다. 컴퓨팅 파워의 발전에 가장 큰 장애가 메모리로 지목될 정도였죠. 그럴 만한 이유가 없는 건 아닙니다.

우선, D램과 시스템 반도체는 설계 방식부터 다릅니다. D램의 미세화가 더 어렵다는 평가가 일반적입니다. 시스템 반도체는 개별 트랜지스터의 크기를 줄이는 데 집중하지만, D램은 데이터를 안정적으로 저장해야 하므로 트랜지스터와 캐패시터의 조합 구조가 필요합니다. 그런데 저 캐패시터라는 구조는 종횡비가 극단적으로 큽니다. 쉽게 말해 극단적으로 긴 직사각형입니다. 이 구조적 특성 때문에 작게 만드는 게 어렵습니다. 신호 간섭, 전류 누설, 발열 등이 데이터 안정성에 미치는 영향도 큽니다.[9]

또한, D램은 상대적으로 저렴해야 합니다. 시스템 반도체가 '두뇌' 역할을 하는 핵심 부품이라면, D램은 조연 역할로 가격에 민감합니다. 가장 널리 쓰이는 D램은 개당 10달러 미만이어야 하기에, 시스템 반도체보다 생산 비용 부담이 큽니다. 요즘 초미세공정 장비로 각광받는 EUV◆ 노광장비는 너무 비싸죠. CPU 만들 때처럼 미세장비를 많이 쓰고 돈을 퍼부으면 수지타산이 안 맞을 수 있습니다. 결국, 기술적 측면과 비용 측면 모두에서 D램의 미세화에는 시스템 반도체보다 더 많은 어려움이 따릅니다. CPU 연산장치는 3나노 수준까지 공정이 미세해졌는데, D램은 여전히 10나노에 머무는 이유가 여기 있습니다.

파괴적 변종, HBM을 데려와라

하여튼, GPU 입장에서 중요한 건 이대로는 안 된다는 겁니다. GPU로 각광받는 엔비디아가 요구합니다. D램 만들기가 어렵건 말건, 지금 메모리는 병목현상이 너무 심하다. 해결해 달라. 돈은 얼마든지 더 줄 테니, AI 시대에 맞는 새로운 구조의 메모리를 만들어 달라.

그래서 HBM이 주목받습니다. 엔비디아가 AI를 주도하는 시대를 상징하는 메모리입니다. 기본 컨셉은 어렵지 않습니다. '통로 하나에선 데이터를 한 번에 하나씩밖에 못 옮긴다고? 그럼 그 통로를 여러

EUVExtreme Ultraviolet

EUV는 극자외선을 이용해 반도체 회로를 매우 정밀하게 미세공정으로 구현하는 리소그래피Lithography(노광) 기술입니다. 파장이 약 13.5nm로 작은 반도체 패턴을 그릴 수 있습니다. 고해상도와 정확도를 제공합니다. ASML이 세계 유일한 공급업체로 잘 알려져 있습니다.

GPU와 HBM 구조

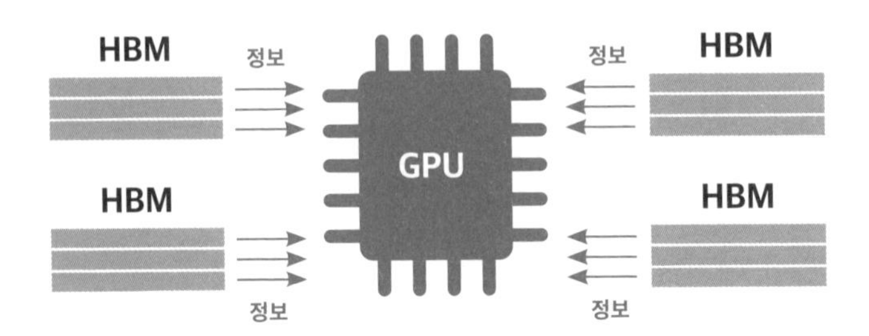

자료: KBS

개 만들면 되지 뭐.' 이런 겁니다. 즉, 메모리에서 GPU로 데이터가 이동하는 길을 최대한 많이 만든다는 거죠.

이를 위해 메모리를 겹쳐 쌓습니다. 8단은 메모리 8개를 수직으로, 12단은 12개를 수직으로 쌓는 겁니다. 서로 떨어지지 않게 메모리 사이사이는 잘 붙입니다. 그리고 그 메모리 사이를 통하는 구멍을 낸 뒤, 그 구멍이 데이터가 오가는 길이 되게 합니다. 이게 HBM입니다. 이제 메모리에서 GPU로 통하는 길이 확 넓어졌습니다. 그리고 이 HBM을 GPU 주위에 둘러쌓습니다. 그러면 GPU에 전달되는 데이터의 통로가 그 전과는 비교할 수 없을 만큼 넓어집니다. 엔비디아는 이제야 좀 만족합니다.

그런데 삼성에는 문제가 생겼습니다. SK하이닉스는 만들어서 납품하는 이 HBM을 삼성이 못 만듭니다. 정확히 표현하면 만들긴 만드는데, 삼성 제품의 성능에 엔비디아가 만족하지 않습니다. 엔비디아 퀄(퀄리피케이션: 성능테스트를 의미합니다)을 여러 차례 통과하지 못합니다. 삼성의 수율이 충격적으로 낮다는 표현[10]까지 등장합니다. 2024년 3월 이 상황을 묘사하며 쓴 기사가 있습니다. 제목은 이렇습니다.

'엔비디아가 이름을 불러주자 활짝 핀 삼성전자'[11]

엔비디아의 젠슨 황 CEO가 '삼성은 훌륭한 기업이고, 우리가 지금 삼성의 HBM을 테스트하고 있다'고 말하자 삼성 주가가 급등합니다. 그런데 기다리던 '퀄 테스트 통과' 소식이 안 들리니까 주가는 다시 흘러내립니다. 납품하겠거니 생각한 시점인 8월이 되자 다시 주가가 오르다가, 소식이 없으니 떨어집니다. 시장의 기대가 출렁거립니다.

명실상부 메모리 1등인 삼성에겐 악몽입니다. 1~2년이 아니고 30년 장기 집권했습니다. 누구도 향후 이 왕좌가 흔들릴 수 있다고 의심하지 않았습니다. 그러니 특정 기업 하나의 수요가 쥐고 흔들 회사가 아닙니다. 그런데 엔비디아가 '삼성 메모리를 샀다'도 아니고, '살 수도 있다', '살 것 같다'는 전망에 주가가 널뛰는 회사가 되어버렸습니다. 이런 일이 2023년 하반기에 시작되어, 2024년 내내 반복됩니다. 왜 이 악몽이 시작되었을까요? 삼성이 왜 HBM을 못 만들어 골치를 썩이게 됐을까요?

3장

HBM,
이윤율 떨어질 일

못해서 안 한 게 아닙니다

2023년 하반기, 이 문제가 일부 전문지를 통해 수면 위로 거론되기 시작할 때 취재를 했습니다. 그때 삼성은 차분한 목소리로 상황을 이렇게 설명했습니다.

> HBM이 기술적으로 어려운 것은 전혀 아닙니다. 신기술도 아닙니다. 10년 전부터 연구하던 기술입니다. 다만 삼성이 하지 않은 이유는 우선, '누가 살 것이냐'의 문제 때문입니다. 특수 기능 메모리이기 때문에, 만들었는데 산다는 사람이 없으면 그대로 재고가 쌓입니다. 최근, AI 산업이 주목을 받은 뒤에야 본격적인 수요가 생겼지, 그 전엔 아니었습니다.
>
> 동시에 기회비용의 문제도 있습니다. HBM은 만드는 공정이 (어려운

건 아니고) 복잡한 편입니다. 그걸 만들려면 메모리 라인을 하나 세우고 그것만 만들어야 하죠. 그 비용을 생각하면 무턱대고 만든다고 할 수는 없습니다. 이제 수요가 확인되었으니 만들면 됩니다. 삼성이 만들기 시작하면 훨씬 더 잘할 겁니다.

HBM 말고 다른 방식으로도 수많은 특수 메모리가 있습니다. 삼성은 그 모든 길목을 잘 알고 연구했고 개발할 역량도 있습니다.

혹시 삼성의 이 해명을 들으며 '그런 면이 있구나' 생각했다면 긴장해야 합니다. 이 해명에는 기업 흥망성쇠의 역사 속에서 잘 나가던 기업이 어떻게 쇠퇴하는지를 보여주는 전형적인 태도가 담겨 있기 때문입니다.

수익성을 생각했어요

삼성의 설명은 쉽게 말하면 '수익성을 생각해서 좀 미뤄뒀어요'입니다. IT 기업이 기술보다 수익성을 먼저 생각하면 어떤 일이 일어나는지를 가장 잘 보여주는 사례가 인텔입니다. 인텔은 CPU 시대의 핵심 회사였고, 과거의 제왕이지만 지금은 볼품없어졌습니다. 삼성보다 시가총액이 적습니다.

왜 그렇게 이른바 '에지'Edge 없는 회사가 되었는지 의견은 분분하지만, 모두가 동의하는 이유가 하나 있습니다. '모바일 시대'로 전환하는 길목에서 완전히 길을 잃어버렸다는 점입니다.

크리스 밀러의 글로벌 베스트셀러 《칩 워》에는 이렇게 묘사되어 있습니다.

> 모바일 기기가 등장했다. (그러나) 인텔은 작은 시장에 신경조차 쓰지 않고 있었다. 인텔은 컴퓨터 프로세서 시장을 과점하면서 엄청난 이윤을 누리고 있던 터라 틈새시장 따위는 거들떠보지 않아도 된다고 생각했다. 인텔이 스스로 패착을 깨달았을 때는 이미 너무 늦었다. 그저 또 다른 휴대용 컴퓨팅 기기일 뿐이고 틈새시장에 불과하다고 보았던 모바일 폰 시장을 빼앗기고 만 것이다. (중략)
> (반면) 애플의 잡스는 암의 아키텍처에 주목했다. 모바일에 최적화되어 있었고 전력을 효율적으로 소비했다. 아이폰은 틈새 상품이 아닌 핵심 시장을 장악하는 상품이 되었다. 오텔리니(인텔 CEO)는, 인텔이 스마트폰 산업에서 지분을 가져가기 위해 발버둥을 쳤다. 하지만 수십억 달러를 투입하고도 그에 걸맞은 성과를 낼 수 없었다. 인텔이 사태를 파악하기 전, 애플은 깊숙한 해자를 파고 거대한 이윤의 성채를 쌓아버린 것이다.
> 인텔은 오늘날 판매되는 칩 중 3분의 1을 차지하는 모바일 기기 분야에 발을 들일 방법을 찾지 못했고, 그 상황은 지금껏 계속되고 있다. **인텔에는 기술이 있고 사람도 있었습니다. 하지만 이윤율이 떨어질 짓을 하고 싶어 하지 않았죠.**[1]

삼성에는 기술이 있고 사람도 있었습니다. 하지만 이윤율이 떨어질 짓을 하고 싶어 하지 않았죠.

인텔에서 삼성으로 주어를 바꾸어도 이야기는 똑같습니다. 삼성은 '본진'이고 반드시 사수해야 할 D램에서 수익성을 생각했습니다. 본원적인 경쟁력을 강화하는 데 과감하게 투자하기보다는 '당장 재무제표에 부정적이지 않을까?'[2] 를 걱정했습니다.

HBM은 지난 30년 메모리 기술 변화의 길목에서 나타난 가장 중요한 '변종'입니다. 그러나 처음에는 시장이 작습니다. 선도기업은 이런 시장을 무시하기 쉽습니다. 삼성만 그런 것은 아닙니다.

그 결과는 치명적입니다. 변종이 정말 중요한 상품인 것으로 판명이 나면, 파괴적 혁신이 되니까요. 2024년 3분기에 이르러서는 엔비디아에 HBM을 사실상 독점 납품하던 SK하이닉스가 반도체 영업이익으로 삼성전자를 제치는 일까지 일어났습니다.[3] 4분기도 마찬가지였습니다.

세상은 삼성의 상상보다 빠르게 변합니다. 모건스탠리는 세계 HBM 시장 규모가 2023년 40억 달러에서 2027년 330억 달러로 커진다고 전망했습니다. 4년 만에 8배가 됩니다.[4] 그도 그럴 만한 것이, 엔비디아의 기존 최신 칩 H100의 경우 원가의 30~40%가 HBM 값입니다. 신형 블랙웰은 50~60% 정도입니다.[5] 아이폰이 처음 나와 전 세계를 휩쓸 때, 뒤에서 삼성이 웃은 것과 비슷한 상황이 지금 SK하이닉스의 상황입니다.

《반도체 삼국지》를 쓴 권석준 교수는 2024년 12월 기준 HBM3E(5세대) 글로벌 점유율이 55%이고, 2025년 이후 65% 이상이 될 것이며, 2026년 이후 본격화될 HBM4(6세대)는 80%에 육박할 것이라고 전망합니다.[6] 현 기술방식이 지속되는 한 HBM 최적화 기술의 독보적 경쟁력은 SK하이닉스의 것이라고 단언하고요.

미래를 상상하는 능력

변화는 지금의 HBM에서 그치지 않을 겁니다. 이 미래를 상상해야 합니다. 당장 HBM도 어제까지의 HBM과는 달라질 수 있습니다. 빅테크 기업들이 엔비디아에 반기를 들고 있기 때문입니다. 당장 미국의 7대 빅테크가 모두 SK하이닉스를 찾아와 '나를 위한 HBM을 만들어 달라'고 요구하고 있습니다.[7] 이들은 우선 엔비디아의 블랙웰과 같은 최신 제품을 가급적 많이 사고 싶지만, 공급이 제한되니 각자의 솔루션도 찾아야 합니다. 즉, GPU 옆에 붙는 엔비디아와는 다른 방식으로 HBM을 활용하려는 욕구가 큽니다.

실제로 마이크로소프트나 메타, 테슬라나 구글 모두 각자의 AI 가속칩◆을 설계하고 쓸 수 있습니다. 더 나은 HBM이 있으면 각자의 AI 칩도 더 나은 성능을 보이겠죠. 그러려면 각자에 맞는 맞춤 설계가 필요합니다. 이를테면, 테슬라는 자체 AI 칩(D1)을 장착한 슈퍼컴퓨터 '도조'의 성능 향상에 사활을 걸고 있는데, 과거 사용한 3세대(HBM2E)보다 개선된 제품을 요청하고 있습니다.

AI 가속칩AI Accelerator Chip

AI 가속칩은 인공지능 연산을 빠르게 처리하기 위해 설계된 특수한 반도체 칩입니다. 기존 CPU나 GPU보다 AI 알고리즘, 특히 딥러닝 작업(예: 행렬 연산, 추론 등)에 최적화되어 있습니다. 클라우드 컴퓨팅, 자율주행, 로봇 등 다양한 AI 응용 분야에 사용됩니다. 에너지 효율성과 연산 속도가 뛰어나 AI 시대의 핵심 기술로 주목받고 있습니다.

사실 차세대 HBM4 자체가 이런 가능성을 내포하고 있습니다. HBM4부터는 HBM과 GPU 사이를 잇는 베이스 다이Base die(연산기판)에 고객 요구에 맞춘 연산Logic 기능을 추가할 수 있습니다. SK하이닉스는 물론 삼성전자에도 맞춤형 HBM4 메모리를 요구합니다.[8] 공급이 부족하기 때문이죠.

맞춤형 HBM은 메모리 공장에서 완성되지 않습니다. 메모리 회사를 떠나 파운드리 회사로 가서 첨단패키징 후공정(AVP)을 거쳐야 합니다. 앞으로 HBM은 점점 더 파운드리 제품처럼 변해갑니다.

아예 두뇌(GPU와 기타 AI 반도체)가 또 변할 겁니다. 새로운 혁신을 위해 환골탈태할 것이고, 이때 두뇌는 새로운 손발(메모리)을 필요로 할 겁니다. 메모리라는 손발이 두뇌와 같은 칩 위에서 작동하고, 두뇌와 상호작용하면서 마치 한 몸처럼 결합할 가능성이 높습니다. 하여튼 HBM이 메모리의 최종 형태는 아닐 겁니다. 이미 다 만든 제품을 그냥 물리적으로 쌓아놓은 형태라니, 어쩐지 중간 과정의 임시방편처럼 느껴지지 않습니까?

즉, 그동안 안정적이던 메모리라는 범용상품 시장에 균열이 올 수 있습니다. 만약 온다면 막을 수 없습니다. 어쩌면 삼성전자 같이 한 기업이 메모리의 설계와 제조, 패키징, 테스트, 그리고 판매를 모두 다 하는, IDMIntegrated Device Manufacturer 비즈니스 모델 자체가 변할 수도 있습니다. TSMC의 혁신적인 파운드리 비즈니스 모델이 등장한 이후, 설계와 제조가 나뉘어진 CPU 비즈니스처럼요.

변화가 그렇게 커진다면 메모리 제조라는 독립 비즈니스는 사라집니다. 메모리 팹리스와 메모리 파운드리만 남게 될지도 모릅니다. 이 시장에서 삼성이 잘할 수 있을까요? 현재 답은 모두 부정적입니다. HBM을 왜 하지 않았냐고 물었을 때 '확실치 않아서' 라고 답했습니다. (물론 지금 삼성은 그렇게 말하지 않습니다.) 게다가 '일단 만들기 시작하면 금방 따라갈 것이고, 시장을 장악할 것'이라고 했는데, 지금 상황은 그 호언장담과는 다릅니다. 잘 만들지도 못한다는 뜻입니다.

사태는 2022년의 첫 번째 사과 때보다 한층 더 심각해졌습니다. 2022년의 기술 위기 신호는 그래도 '스마트폰'과 '파운드리(위탁제조)'와 '시스템LSI(설계)' 부문이었습니다. 본진은 아니었어요. 그런데 2024년의 위기는 삼성의 본진, 메모리로까지 확산됐습니다.

정확히 말하면 본진의 '특수 부문'인 HBM이긴 합니다만, 한 번 생겨난 의심은 좀처럼 사그라들지 않습니다.

짐 켈러 인터뷰[9]
: 혁신가의 반도체 비전

2024년, 다큐멘터리 〈삼성, 잃어버린 10년〉을 만들면서 만난 사람 가운데 가장 '신선' 같은 사람이 짐 켈러였습니다. 그는 뭔가 초월한 듯한, 거대한 상상력으로 거대한 그림을 그리는 사람이었습니다. 그런 그를 통해 미래를 상상할 기회를 가지게 됐는데요, 짧게 그 인터뷰 내용을 소개해보려 합니다.

짐 켈러

미국의 반도체 설계 전문가 짐 켈러는 2000년대 이후 만들어진 수많은 혁신에 관여했습니다. 애플의 AP 설계 능력은 애플이 짐 켈러를 불러들인 뒤 환골탈태했습니다. 파산 직전에 몰렸던 AMD에서도 혁신적인 아키텍처를 선보여 AMD를 기사회생시켰습니다. 테슬라 오토파일럿 시스템 칩 설계에 관여했습니다. 가는 곳마다 혁신적 성공을 일궈내 '반도체 설계의 미다스의 손'이라고도 불립니다.[10]

미국 캘리포니아에서 만난 그는 대담하게도 "GPU가 AI 소프트웨어 실행에 최적화된 칩은 아니다"라고 단언했습니다. 엔비디아는 훌륭한 기업이고, GPU는 현재 AI를 위한 최선의 선택이긴 하지만, 앞으로도 계속 그렇지는 않을 것이라는 거죠.

저는 엔비디아의 몰락을 점치는 것이냐고 물었습니다. 켈러는 그게 아니라고 했습니다. "엔비디아 칩에 의존하는 첫 번째 AI의 물결이 지나간 뒤, 그다음 시대가 온다는 의미"라고 했습니다. AI의 대중화 시대, AI가 광범위하게 확산되는 시대가 온다는 얘깁니다. 시대의 구조 변동에 대한 대가의 전망이었죠.

짐 켈러는 AI가 거대언어모델LLM을 넘어 우리가 사용하는 모든 기기로 확산될 미래를 내다봤습니다. "냉장고 안에 뭐가 있나? 없는 걸 주문해줘" 하는 날이 올 것이고 챗봇에게 "서울로 가는 비행기표를 최저가로 찾아줄래?" 하는 날이 올 거란 거죠.

이 거대한 시장이 결코 소수 대기업만의 차지가 되지는 않을 겁니다. 엔비디아 같은 대기업뿐만 아니라 수많은 가전, AI 기업들이 맞춤형 칩을 설계하고 장착할 겁니다. 이때를 바라보고, 최선의 칩이 무엇인지를 근본부터 다시 바라보자는 게 그의 생각입니다.

미래를 준비하는 사람들은 그럼 뭘 해야 하냐고 물었습니다. 그는 "흥미로운 질문"이라며 길게 말을 이어갔습니다. "기본기를 다져야 한다, 곧 사라질 특정한 기술이나 컴퓨터 언어 말고 수학·물리학·공학의 기본기를 다지고 책을 많이 읽어야 한다"고 했습니다.

그러면서 다음 10년의 기술 변화에 대비하려면 "정말 창의적인 뭔가를 해봐야 한다. 좋은 영화를 보는 것도 좋고, 정말 좋아하는 일을 해봐야 한다. 사고의 지평을 넓히고, 개방적인 자세로 바라보는 자체가 중요하다"고 했습니다.

그런 그가 인터뷰에서 추천한 책은 딱 하나였습니다. 토마스 쿤의 고전 《과학혁명의 구조》입니다. 과학의 패러다임 변동에 대한 설명으로 유명한 책이죠. "중대한 변화를 어떻게 만드는지에 대해 논하는 책인데, 이 책을 읽은 엔지니어들이 많지 않다는 건 참 기이한 일이에요"라고 그는 덧붙였습니다.

4장

제발 D램은 괜찮다 말해줘

"일본 나믹스에서 소재를 들여와야 할 걸"

처음에는 SK하이닉스가 독점 공급받는 소재에 비밀이 있다는 얘기가 나왔습니다. 삼성이 HBM에서 돌파구를 마련하지 못한 이유[1]로 특정 소재의 유무가 유력하게 거론된 겁니다. D램의 구조를 만드는 전공정Front-End Process◆보다는 만든 개별 D램 다이를 쌓는 후공정Back-End Process◆과 관련된 이야기입니다. 만들어진 D램을 겹겹이 쌓고 붙이는 '패키징Packaging'◆ 방법에 비법이 있다는 말이죠.

SK하이닉스는 MR-MUF[2]라는 방식을 씁니다. 이 방식의 특징은 칩과 칩 사이 공간을 고정시켜 보호하고 열을 빼내는 언더필 소재입니다. 고정시키는 물질(EMC[3])을 일본 나믹스사로부터 독점 공급 받는데, 방열 성능이 우수합니다. SK하이닉스는 개발 협력 과정에서 이 소재를 독점 공급받기로 계약[4]합니다.

그래서 삼성은 다른 패키징 방법인 TC-NCF[5]를 씁니다. 열과 압력을 동시에 가합니다. 이 방식이 발열 이슈에 취약하다는 얘기가 나왔습니다. 일본 나믹스사와 SK하이닉스 사이의 독점 계약이 풀린 뒤, EMC를 공급받아야 만들 수 있다는 얘기까지 나왔었죠. 다만 삼성과 같은 방식으로 HBM을 만든 미국의 마이크론은 성공했습니다. 삼성보다 먼저 엔비디아의 최신칩 블랙웰의 협력사가 됐습니다. 그러니 이 소재가 절대적인 원인이라 보기에는 힘듭니다.

젠슨 황은 2024년 11월 실적 발표 때 블랙웰 공급망 파트너로 메모리 부문에서 SK하이닉스에 이어 마이크론도 언급합니다.[6] 삼성은 언급하지 않았습니다.[7]

전공정Front-End Process

반도체 제조의 첫 단계로, 실리콘 웨이퍼 위에 회로를 그려 칩을 만드는 과정입니다. 노광Photolithography, 식각Etching, 이온 주입Ion Implantation 등으로 이뤄집니다. 이 단계로 D램 칩 구조가 일단 완성됩니다.

후공정Back-End Process

완성된 웨이퍼를 개별 칩으로 잘라내고, 패키징과 불량 검사 등을 합니다.

패키징Packaging

후공정의 핵심 작업입니다. 납땜Soldering(붙이기), 언더필Underfill 적용(방열·보호), 적층Stacking(쌓기) 등이 이루어집니다.

그게 아니면 설마 D램의 문제?

후공정의 문제만으로 설명되지 않는다면, 본질적인 원인을 전공정에서 찾아야 합니다. 즉, 실리콘 웨이퍼에 D램 메모리를 형성하는 제조 공정에 문제가 있는지 검토해야 합니다. 이는 삼성이 자랑하던 D램 메모리 제조 기술 전반에 대한 의구심으로 이어집니다.

2024년 악몽을 만든 HBM은 5세대, HBM3E 모델입니다. 업계에선 SK하이닉스 대비 성능이 떨어지는 것으로 보고 있습니다. 납품을 해도 엔비디아의 플래그십 제품인 블랙웰에는 들어가지 않는다는 말이 나옵니다. 수량도 소량이라고 하고요. 그 핵심 이유 가운데는 HBM을 구성하는 개별 D램의 성능차가 있습니다. 삼성의 개별 D램이 SK하이닉스의 D램보다 성능 측면에서 열등하다는 것이죠.

삼성은 4세대, SK하이닉스는 5세대 D램

왜 열등하냐? 우선 세대가 다릅니다. HBM3E에 SK하이닉스는 10나노[8]대 5세대(1b) D램을 씁니다. 삼성은 4세대(1a) D램을 씁니다. 세대가 다르면 미세화 수준이 다릅니다. 당연히 5세대가 4세대보다 더 미세한 공정을 사용합니다. 더 작고 빠르고 전력 효율이 좋습니다. 따라서 세대가 뒤처졌다는 것은 기술력이 뒤처졌다는 의미라 기본적으로 경쟁이 불가능합니다. (D램 공정에 대한 자세한 설명은 71쪽을 참고하세요.)

쉽게 설명을 하자면, SK하이닉스가 미세화 측면에서 '더 진화'하고 발열 측면에서 더 안정적인 D램으로 만든 HBM을 출시한 상황에서 삼성이 이전 세대의 발열에 취약한 D램을 이용해 만든 HBM을 들이민 셈입니다. 성능의 차이는 너무나 당연한 상황입니다.

그걸 알 텐데 삼성은 왜 한 세대 전 메모리를 썼을까요?

삼성, D램 제조에서 한계에 부딪혔나

근본적인 문제가 있었습니다. 삼성의 4세대(1a)공정 D램은 발열 이슈가 있습니다. 삼성은 양산에는 늦지 않았습니다. 또 더 정밀한 장비인 EUV도 더 많이 쓰는 레시피(제조 공정 세부사항)를 채택[9]했습니다. 첨단 기술을 적극 도입한 겁니다. 그런데도 발열로 인한 성능 저하와 수율 감소를 겪었습니다.

5세대(1b) D램은 아직 문제가 있습니다. 사실 2024년 내내 관련 기사가 나왔습니다. 특히 6월에 나온 보도가 눈에 띕니다. 100개를 만들었을 때 80~90개가 정상 작동해야 하는데, 이 수준에 오르지 못했다[10]는 겁니다. 이 전문지는 넉 달 뒤, '이제는 수율이 60%를 넘어섰다'는 추가 보도[11]를 합니다. 6월에는 수율이 50% 이하였다는 추론이 가능합니다.

그런데 2024년 12월 초까지도 1b D램을 생산하는 두 라인(평택, 화성) 가운데 한 라인에서만 정상적인 제품이 나왔고 다른 라인은 그렇지 못했습니다. 평택 라인의 경우 수율이 80% 안팎까지 올라오긴 했는데, 화성의 15라인 경우는 아예 품질 테스트를 통과하지 못했다는 것이죠.

일반 D램의 경우는 이러하고, HBM 쪽은 사정이 또 다릅니다.

HBM에 들어가는 D램은 일반 D램과는 조금 다르거든요.

우선 크기가 다릅니다. HBM에 사용되는 D램은 일반 D램보다 2배 정도 큽니다. 여러 D램을 위아래로 쌓고 연결해야 하다 보니, 연결구조가 추가되어야 합니다. 그게 실리콘을 관통하는 전극(TSV)[12]인데, 이 구조로 인해 물리적으로 커집니다.

또, 더 까다롭게 골라냅니다. 여러 D램을 쌓았을 때도 문제없이 작동해야 하기에 더 강인한 내구성 조건을 만족해야 합니다. 전기적으로 더 안정적이고, 발열이 더 적어야 합니다. 선별 과정이 더 까다로울 수밖에 없는 겁니다.

SK하이닉스는 이 과정을 거쳐 1b D램을 HBM3E에 장착하고 있는 것입니다. 삼성은 아직 HBM용 1b D램을 만들지 않습니다. HBM용의 '더 크고, 더 까다롭게' 골라낸 D램은 없습니다. 그래서 아직도 HBM3E 제품에 1b가 아닌 1a D램을 쓰고 있는 겁니다.

삼성은 자존심이 상할 겁니다. 경쟁사인 SK하이닉스는 이미 5세대 D램(1b)을 8단, 12단으로 쌓은 5세대 HBM3E의 납품과 양산을 하고 있으니까요.

차세대 1c 공정도 앞선 SK하이닉스

차세대인 6세대 D램, 즉 1c 공정의 D램은 어떻게 되고 있을까요? 우선 SK하이닉스는 2024년 8월 세계 최초 6세대(1c) 공정 16Gb DDR5 D램(범용 D램) 개발 성공을 발표했습니다. 제품 인증을 위한 샘플도 일부 공개했습니다. 수율도 이미 안정화했다고 발표했고,[13]

2025년부터 양산 절차에 들어가 있습니다.

삼성은 1년여 전 '2024년 하반기부터 1c D램을 양산하겠다'고 밝힌 기사는 나오지만, 구체적인 개발 성공이나 양산 일정 소식은 없습니다. 역시 내부 관계자들은 1c의 경우 평택3공장(P3)에서 생산해야 하는데, 아예 감도 못 잡고 있다는 얘기를 들었다고 말합니다. 2024년 연말까지의 이야기는 이렇습니다.

삼성, HBM '건너뛰기' 개발 시도

차세대 HBM 이야기는 더 복잡해지고 있습니다. 이제 삼성은 다음 6세대 HBM4는 건너뛰는 분위기입니다. SK하이닉스가 최대한 일정을 당겨서 2025년 중으로 공급을 하겠다는 HBM4 개발 경쟁은 하지 않습니다. 건너뛰는 겁니다.

그리고 승부는 7세대, 즉 HBM4E에서 보겠다고 말합니다. 차세대 HBM4E는 2025년 말 또는 2026년 초에 생산할 예정입니다.[14] 1c 공정의 D램을 사용합니다. 물론 그러려면 아직 양산 단계에 들어서지 못한 1c 메모리의 양산과 수율 안정에 성공해야 합니다.

이렇게 불확실한 데도 불구하고, 세대를 건너뛰고 다음 단계 제품을 시도하는 이유는 간단합니다. 지금 뒤처져 있기 때문이고, 다음에는 뒤처지지 않기 위해서입니다. 그러니까 삼성은 지금 SK하이닉스를 추격하는 데 온 힘을 기울이고 있습니다.

D램 설계 문제 의혹도

2019년 3월, 1z D램 개발을 끝으로 삼성의 '세계 최초' 기록은 5년째 멈춘 상태입니다. 일각에선 제조 문제가 아닌 설계상의 결함 의혹을 제기합니다. 멈추게 된 이유가 근본적인 데 있다는 보도도 나옵니다. 그래서 5세대(1b)뿐 아니라 4세대(1a) D램도 설계를 재검토한다[15]는 보도까지 나옵니다.

특히 위 보도에 인용된 삼성 내부의 반성 목소리는 충격적입니다. "1a D램의 양산을 시작할 때 수율이 충분히 높지 않은 상태에서 EUV 장비를 경쟁사보다 더 쓰는 방식으로 땜질 처방을 했다"는 겁니다. 설계의 문제, 혹은 공정 프로세스의 문제가 있을 수 있는 상황에서 더 좋은 장비에 의존해 문제를 미봉했다는 것이죠. 사실이라면 이제라도 그 덮어놓았던 문제를 다시 풀어 헤쳐서 수율 문제를 정면으로 해결해야 합니다.

다만, 그런 방식으로 개선이 진행된다면 상황은 매우 심각합니다. 시간이 매우 많이 걸리기 때문입니다. 설계를 다시 하고, 시제품을 만드는 기간이 필요합니다. 양산만 봐도 그렇습니다. 일단 웨이퍼를 팹에 투입한 시점으로부터 최소 90일 정도는 지나야 실제 제품을 받을 수 있는데, 아직 설계와 시제품 단계라면 해당 시점으로부터 4~5개월 이상 지나야 개선품을 시장에 공급할 수 있다는 이야기이기 때문이죠.

업계에서는 '사실이라면 너무 심각한 상황이거나, 필요 이상으로 큰 모험일 수 있다'는 이야기가 나올 정도입니다. 그래서 말이 설계

재검토이지, 실제로는 그 수준까지 가지는 않을 것이라는 촌평도 나옵니다.

본원적 경쟁력을 잃었다는 사과의 의미

이쯤 되면 이해가 갑니다. 전 부회장이 '본원적 경쟁력을 잃었다'고 사과하고, 환골탈태를 다짐하는 장면이 말이죠. 삼성이 뒤처지고 있습니다. TSMC라는 막강한 1위에 도전하는 파운드리 같은 분야가 아닙니다. 애플 등 경쟁업체와 치열하게 경쟁하는 스마트폰 분야도 아닙니다. 시스템LSI와 같이 시스템 반도체를 다루는 부문도 아닙니다.

30년간 세계 1위를 지켜온 메모리에서 뒤처지고 있습니다. HBM에서 뒤처질 때는 우선 전략적 판단 실수가 보였습니다. 수익성을 생각하다가 혁신의 길목에서 뒤처져 역사의 뒤안길로 사라진 기업들과 겹쳐 보였습니다. 기존 사업의 우위가 파괴적 혁신 앞에서 독이 된 상황이겠죠. 엄청난 상황이고, 전략적 실패이지만, 기술 자체의 문제라고 할 수는 없었습니다.

그런데 사과문을 읽고 메모리 산업 내부를 더 깊이 들여다보니, 본원적 기술로도 뒤처지고 있습니다. 지금의 초일류 기업 삼성전자가 존재할 수 있었던 것은 메모리에서 30년 넘게 1위를 지켰기 때문인데, 바로 그 '본진'인 메모리에서 기술이 흔들리고 있습니다. 사태를 직시해보니 그런 참혹한 사과를 하지 않을 도리가 없었던 겁니다.

D램 공정의 진화
: 갈수록 만들기 어려워지다

Q. 왜 1a, 1b 공정이라고 부르나요?

앞의 1은 10나노대 공정이란 의미이고, a, b는 순서를 나타내는 표기입니다. 간혹 a 대신 α(알파), b 대신 β(베타)라고 부르기도 합니다.

Q. 그러면 1a 공정은 10나노대 첫 번째 공정인가요?

아닙니다. 10나노대 공정은 1x, 1y, 1z, 1a, 1b, 1c 공정의 순서로 발전하고 있습니다. 그러니까 1a 공정은 10나노대 4세대, 1b는 10나노대 5세대 공정입니다. 현재 최신 공정은 6세대 1c 공정으로, SK하이닉스가 먼저 양산 단계에 들어가 있습니다.

Q. 왜 이름을 x부터 시작해서 붙이게 됐나요?

20나노대 공정이 그렇게 이름을 붙였거든요. 20나노대 역시 2x, 2y, 2z로 나갑니다. 차이라면 딱 이 세 단계로 20나노 공정은 졸업했습니다. 10나노대가 되었죠. 10나노대도 처음에는 세 개 단계를 거쳐 졸업할 계획이었나 봅니다. 똑같이 1x로 시작했죠.

그런데 하다 보니 세 단계는 부족해서 z가 끝난 다음에 a 공정, 다음에 b, c 공정이 등장하게 된 겁니다.

20나노 D램	2x	2y	2z			
10나노 D램	1x	1y	1z	1a	1b	1c
	1세대	2세대	3세대	4세대	5세대	6세대

Q. 10나노대는 왜 그렇게 세세하게 구분하게 된 건가요?

미세한 반도체를 만들기가 점점 더 어려워지고 있기 때문입니다. 10나노가 얼마나 작은지 아시나요? 2020년 이후 세계를 뒤흔든 코로나 바이러스가 50~100나노 정도 사이즈입니다.

그러니까 인간이 지금 바이러스보다 작은 단위를 측정해가면서 반도체를 만들고 있는 겁니다. 얼마나 어렵겠습니까? 사실 D램은 100나노대에서 60~80나노대로, 또 50, 40, 30나노 순서로 발전해왔습니다. 10여 년 전까지는 10나노 정도 줄이는 것이 한 세대를 의미했죠.

그러다가 20나노대로 내려오니 상황이 달라집니다. 제조업자들은 칩 만들기가 너무 어려워져서 '이번엔 10나노를 한 번에는 못 가겠고, 3번으로 쪼개서 가야겠다'고 해서 x, y, z 세 공정으로 나누게 됐습니다.

10나노대는 더 어려워졌습니다. x, y, z, 즉 세 단계로는 어림도 없고, 여기에 a, b, c를 추가해서 여섯 단계로 나누어서 가게 된 겁니다. 그런데 지금 1d 공정 얘기가 나오고 있어요. 그럼 일곱 단계로 넘어가는 거죠.

5장

삼성, 잃어버린 10년

잃어버린 성장 동력

2022년과 2024년, 두 번의 사과.

두 번의 사과 이면에는 삼성전자라는 기업의 근본적 위기가 있습니다. 우선 첫 번째 사과를 들여다 봅니다. GOS 사태를 표면적으로 사과하고 지나갔습니다. 그 안에는 총체적 기술 실패가 똬리를 틀고 있는데도 말이죠.

2024년 3월에 공개한 50분짜리 다큐멘터리 〈삼성, 잃어버린 10년〉은 그 응시의 결과물입니다.[1] 일본 경제의 장기침체를 표현할 때나 쓰던 표현을 삼성이란 기업의 수식어로 썼습니다.

"기술의 삼성이 스마트폰 기술에서 낙오하고 있다. 디자인이 아닌 기술에서 낙오하고 있다. 그 내면을 살펴보았더니, 설계 경쟁력을 잃고(LSI 사업부) 위탁생산 경쟁력도 상실(파운드리 사업부)한 풍경이 보인다."

사실 처음엔 의아해 하는 사람들이 적지 않았습니다. "삼성이 2023년에 상당히 힘들었던 것은 사실이지만, 올해(2024년)는 좋은 거 아냐? 영업이익이 수십 조에 달할 거라던데?" 이런 반응이었죠. 그러나 보기에 커 보이는 그런 숫자들과 무관하게 '잃어버린 10년'은 유효합니다. 기업은 성장해야 합니다. 성장하지 못하면 도태됩니다. 삼성의 역사가 바로 그 성장의 역사이고, 성장하지 못한 경쟁자를 끝없이 패배시켜 역사의 뒤안길로 사라지게 만든 역사였습니다.

'신성장 동력'인 파운드리 분야에서 뒷걸음질치고, 시스템LSI에서 필수적인 설계 능력을 상실해가고, 그로 인해 스마트폰 시장에서의 현상 유지를 장담할 수 없는 상황에 내몰린 기업의 미래가 밝을 수는 없다는 분석은 조금도 빛이 바래지 않습니다.

삼성을 바라볼 때 우리가 새겨들어야 할 경구는 '가장 강한 것이 끝까지 정상의 자리를 지키는 법은 없다. 누구든 몰락할 수 있고, 대개는 결국 그렇게 된다'[2]는 경영이론 대가들의 충고입니다. 이건 제 개인의 전망이 아닙니다. 성공한 기업일수록 현재의 비즈니스 모델에 안주해 파괴적 혁신을 간과하기 쉽습니다.[3] 그런 기업은 결국 쇠퇴하고 실패합니다.[4] 산업구조는 지속적으로 변화하는데 정체된 기업은 변화를 인식하지 못하거나 대응하지 못해 경쟁력을 잃는다[5]는 건 클레이튼 M. 크리스텐슨, 짐 콜린스, 마이클 포터 같은 세계적인 경영학

삼성의 매출 역성장

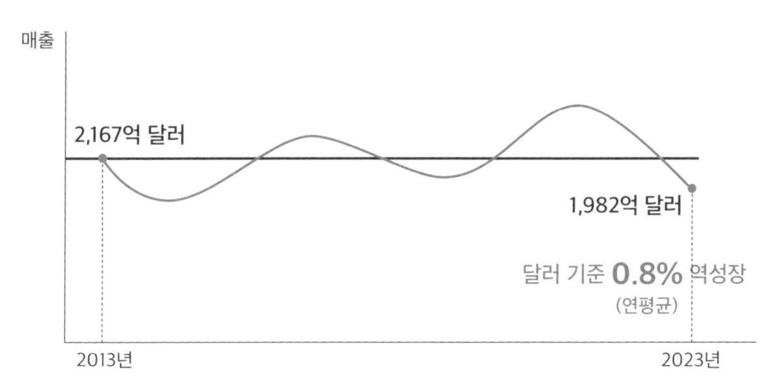

자료: 리더스인덱스, KBS

자들의 공통된 견해입니다.

삼성의 미래는 2024년에 이미 불투명해져 있었습니다. 다큐에서 제시했던 증거는 매출입니다. 스마트폰이 전성기에 다다랐던 2013년 삼성전자의 매출을 달러로 환산하면 2,167억 달러[6]였습니다. 2023년의 매출은 1,982억 달러입니다.

10년 전보다 현재의 매출이 더 적습니다. 삼성은 달러 기준으로 10년 동안 역성장을 했습니다. 원 달러 환율의 차이가 있는 것은 분명하지만, 삼성이 만든 제품은 90%가 해외에서 팔리기 때문에 달러로 보는 것이 더 정확합니다.

삼성이 제자리걸음을 할 때, 엔비디아 매출은 6.3배가 됐습니다. 애플은 2.25배, TSMC는 3.6배가 되었습니다. 하다못해 SK하이닉스도 2.3배(달러 기준 2배)가 됐습니다.[7] '메모리에는 사이클이 있고, 올해

엔비디아, 애플, TSMC, SK하이닉스의 매출 증가 비교

	2013년 매출	2023년 매출	증가율
엔비디아	42.8억 달러	270억 달러	6.3배
애플	1,700억 달러	3,832억 달러	2.25배
TSMC	5,970억 대만달러	2조1,617억 대만달러	3.6배
SK하이닉스	14조 1,650억 원 (125억 8천만 달러)	32조 7,657억 원 (253억 8천만 달러)	2.3배 (2배, 달러 기준)

는 좋아지고', 그런 것은 변명이 되지 않습니다. 2024년 삼성의 매출이 나아지기는 했습니다. 300조 원 안팎입니다. 그러나 달러 기준으로는 2,200억 달러 수준에 그칩니다. 2013년의 2,167억 달러와 큰 차이가 없습니다.

SK하이닉스만 더 돋보입니다. 66조 원으로, 달러 기준으로는 470억 달러 정도입니다. 2013년의 약 4배네요. SK하이닉스가 달러 기준으로 4배 성장할 동안 삼성은 멈춰 있었습니다.

놓쳐버린 기술 경쟁력

다큐가 방송된 지 7개월이 지난 2024년 10월, 전영현 부회장의 사과가 나옵니다. 앞서 두 번째 사과로 명명된 바로 그 사과입니다. 갑자기 삼성전자에 '본원적인 위기'가 찾아옵니다. 솔직히 이 정도 사태까지 예견한 것은 아닙니다.

실제로 다큐 〈삼성, 잃어버린 10년〉을 만들면서도 "그렇다고 삼성이 당장 어떻게 된다는 얘기는 아니"라고 거듭 말해왔습니다. 그래도 여전히 D램 부문에서의 지위는 확고하다고 말했습니다. HBM 역시 조만간 엔비디아에 납품할 것이라고 믿었습니다. D램에서의 확고한 본원적 기술 경쟁력을 의심하지 않았기 때문입니다. 그래서 '삼성이 엔비디아에 HBM을 납품한다는 뉴스가 조만간 나올 텐데, 그 뉴스가 나오면 삼성이 정신을 좀 차렸구나 여기시라'[8]고 말했습니다.

두 번째 사과, 2024년의 사과는 그런 믿음을 앗아갔습니다. D램에서 가진 것이 없다고 실토하는 것은 '지금 삼성에 남은 것이 없다'는 고백과 같기 때문입니다. 이제 2년 전의 사과와는 차원이 다른 상황이 펼쳐지고 있습니다. 삼성의 문제는 성장 동력이 아닌 생존으로 전환됐습니다. 공포의 영역에 있습니다.

지금부터 쫓아가면 된다고 말할 수는 있습니다. 말은 맞습니다. 따라가면 됩니다. 그런데, 삼성이 HBM은 쉽게 따라가던가요? 공언했던 납품을 시점에 맞춰 해내던가요? 그러지 못했습니다. 2024년 내내 희망고문을 했습니다.

사실 기업 경영의 역사를 보면 이런 풍경은 낯설지 않습니다. 한 시절을 풍미한 대기업이 사그라들 때, 그 소멸의 중력을 박차고 다시 부활하는 것은 너무나 어렵습니다. 그리고 이 뒤안길로 사라지는 장면에는 '소프트 랜딩'이 존재하지 않습니다. 에너지를 다 쏟아낸 기업은 성장이 서서히 둔화되는 것이 아니라 절벽에서 떨어뜨린 돌처럼 급격히 추락합니다.[9] 기업 역사에 점진적인 하강은 없습니다.

거대 기업의 성장이 왜 정체하는지를 연구한 매튜 S. 올슨, 데릭 C.

M. 반 베버, 세스 베리[10]가 1955년에서 2006년 사이 정체를 경험한 포천Fortune 100대 기업과 글로벌 100대 기업, 500개를 조사한 뒤에 낸 결론입니다.

물론 기회가 없다고 말하기는 이른 시점입니다. 이 책도 기회가 없음을 역설하는 것이 아닙니다. 이 책의 목적은 이제 남은 가능성이 무엇인지 알아보는 겁니다.

그러기 위해서는, 세 번째 사과가 나와서는 안 됩니다. 사과할 일이 생겨선 안 된다는 말입니다. 지금 삼성의 스마트폰 사업은 정체되어 있습니다. 파운드리 부문은 사실상 잠시 내려놓습니다. 신성장 동력으로 삼으려 했지만 실패했고, 지금은 우선순위에서도 밀려났습니다.

파운드리에 파견했던 우수 인력을 다시 D램 부문으로 돌립니다. 본업 경쟁력을 잃은 기업이 힘을 분산하는 것은 사치란 것을 경영진은 본능적으로 깨닫고 있습니다.

이 상태의 기업이 다시 한 번 사과를 하게 되는 상황은 노력이 헛되었다는 고백일 겁니다. 절치부심한 결과물조차도 초라했다는 발표일 겁니다. 그런 상황으로 내몰린다면, 그때는 기회가 없을 겁니다. 그 사과는 탈출 신호입니다. 삼성이라는 배에서 내려야 합니다.

최종적 실패 선언이 될 그 세 번째 사과를 막아야 합니다. 삼성은 물론 우리 경제 전체에 파괴적인 영향을 미칠 그 상황이 오지 않게 하기 위해 나서야 합니다.

우선은 그간 삼성이 걸어온 길을 되짚어 봅니다. 그러면 성공의 역사와 실패의 흔적 뒤에 얼마만큼의 피땀 어린 노력이 있었고, 또 얼마만큼의 행운이 존재했는지 알 수 있을 겁니다. 그 여정의 걸음걸음에서 세계 IT 업계의 흐름이라는 거대한 파도는 어떤 방향이었는지, 대한민국은 삼성의 성공 과정에 어떤 역할을 했고, 또 가장 전략적인 산업인 칩 산업을 둘러싼 세계 지정학과 도전이 무엇인지를 총체적으로 검토해보려 합니다. 이 과정에서 삼성의 주변에 존재하는 다른 큰 기업들의 현황과 삼성을 비교하는 일은 적잖은 의미가 있을 겁니다.

유명한 경영 이론도 조금 등장할 겁니다. 하지만 길게 등장시키진 않겠습니다. 그런 이론에 의존해 상황을 설명할 생각은 없습니다. 저는 경영이론가가 아닐 뿐 아니라, 그런 이론에서 흥미를 느끼는 사람도 아니기 때문입니다.

저널리스트인 제가 잘 해낼 수 있는 일은 그보다는 여러분들께 숲을 선보이는 일이라고 생각합니다. 뉴스와 뉴스의 점 사이를 잇는 선을 그리고, 그 선들을 무수히 이어 붙여 흐름을 만들어 보이겠습니다. 그렇게 삼성이라는 우리 경제의 가장 큰 버팀목을 탐색하다 보면, 지금의 위기가 어디서 기인하는지와 어떻게 극복할 수 있는지 윤곽을 잡을 수 있을 거라고 생각합니다.

2부

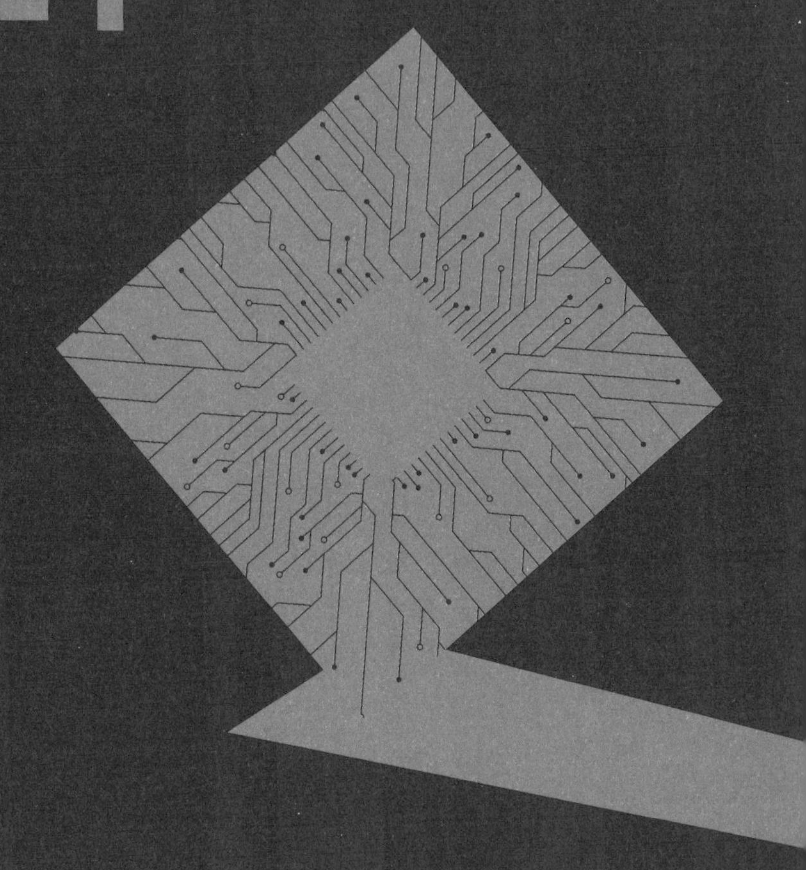

전에는 있었으나 지금은 없는 것

아마존, 애플, 페이스북(지금의 메타), 구글,

빅테크 맨 앞자리에 이들이 있다.

그런데 한 회사가 누락되어 있다.

마이크로소프트는 아니다.

생각을 하는 사람이라면 MS는 더 이상 낄 자격이 없단 걸 안다.

어딜까? 반짝이는 그 회사는, 바로 삼성이다.[1]

2013년 1월 북미 최고의 IT 전문 미디어 가운데 하나인 〈테크크런치〉는 이렇게 전망했습니다. 테크크런치는 매년 북미 최대의 테크 컨퍼런스 '테크크런치 디스럽'TechCrunch Disrupt을 주관하는데, 우리 산업통상자원부와 KOTRA, 한국정보기술연구원KITRI이 공동으로 한국관을 구성해 참가할 정도죠.[2] 그런 미디어가 빌게이츠의 마이크로소프트를 제외하면서, 삼성을 다섯 번째 빅테크 회사로 꼽았습니다.

새로 등장한 회사에 대한 환상이 있느냐? 그런 건 아닙니다.

미국 회사도 아니고, 지저분한 차고에서 시작한 스타트업도 아니다. 미국 테크 회사처럼 운영되지도 않는다. 심지어 국가적 부패 스캔들에 연루되기도 한 가족 기업이다.

그저 숫자를 보았습니다.

2011년 매출이 1,550억 달러로 애플의 2012년 매출과 거의 같다. 아마도 삼성의 2012년 매출은 1,900억 달러에 가까울 것이다. 애플을 제외한 빅테크(아마존, 페이스북, 구글)를 다 합친 매출이 불과 1,000억 달러다.

이윤의 측면에서 봐도 그렇다. 아마존이나 페이스북은 거의 이익을 내지 못한다. 삼성은 2011년 120억 달러, 2012년에 200억 달러를 냈다. 애플만은 못하지만, 구글의 2배다.

월스트리트저널WSJ도 같은 달 '애플이 삼성에게 쿨함을 빼앗겼나?'[3]라는 기사를 냅니다. 2012년 4분기에 삼성 매출이 76%나 급증했는데, 기술뿐 아니라 디자인도 우수하다면서 애플의 심기를 건드렸죠. 특히 마케팅에 주목해요. 삼성이 막대한 자금과 엔지니어 역량, 제조 역량에 더해 마케팅까지 쿨하단 거죠.

'Next Big Thing is Already Here' 시리즈 광고가 빅히트합니다.[4] 코미디예요. 재미있습니다. (유튜브에 'NextBigThing 60 Final'을 검색해보세요[5]) 우선 새 아이폰을 사기 위해 줄 선 사람들을 등장시켜요. 그들은 "정말 흥분돼!"라고 말합니다만, 갤럭시를 보고 점점 이상한 기분에 빠져듭니다. 더 큰 스크린, 더 빠른 속도, 더 다양한 기능. 그런데 정말 중요한 건 스펙이 아닙니다. 갤럭시를 보다 보니 나도 모르게 "대체 그거 뭐야!"라고 소리 지르게 되는 경험입니다. 새로움입니다. 줄 서서 기다리면 뭐하나, 더 좋은 건 이미 갤럭시에 다 있는데, 하는 이야기죠.

이 광고는 2011년 연말에 시작되어 삼성 스마트폰의 전성기를 함께합니다. 2011년 3분기, 출하량 기준으로 삼성이 세계 스마트폰 1위 기업에 등극합니다. 광고처럼 애플과의 양강 구도가 분명해집니다.

2013년 연말, 뉴욕타임스도 대서특필의 대열에 합류합니다. '삼성의 진화'라는 제목으로 생선가게가 스마트폰 회사로 거듭나는 과정을 기사와 인포그래픽으로 보여줍니다.[6]

> 늘 추격자였던 삼성전자가 앞에서 시장을 이끄는 것이 쉽지는 않겠지만, 하여튼 한국 GDP의 약 4분의 1을 생산하는 삼성이 의미 있는 성과를 거두고 있다. 올해 3억 5천만 대 이상의 스마트폰을 출하해 시장 1위를 확고히 할 것으로 보인다. 글로벌 컨설팅회사 인터브랜드가 선정한 세계에서 8번째로 가치 있는 브랜드가 되었다. 반도체 칩부터 LCD, AP 등 기타 부품을 수직적으로 통합한 가치가 빛난다.

아마도 이때가 삼성의 전성기가 아니었나 싶습니다. 이후로도 '메모리 호황 사이클이 오면 참 엄청난 회사다. 그리고 코리아라는 나라를 상징한다'는 내러티브는 얼마간 지속합니다. 메모리가 호황이던 2017년 5월, 영국 파이낸셜타임스는 이렇게 씁니다.

> 올해 코스피는 아시아에서 가장 많이 상승한 시장 가운데 하나다. 메모리 사이클이 고공행진하여 3년여 만에 최고 영업이익을 기록한 삼성 덕분이다. 지수 20%를 차지하는 삼성의 주가가 올해 25% 올랐다. 삼성과 함께 코스피는 역사적 고점에 다다랐다.[7]

그로부터 두 달 뒤, 월스트리트저널은 다시 한 번 삼성으로 애플을 골립니다.

> 삼성은 2분기 영업이익이 전년동기 대비 72% 증가한 121억 달러를 기록할 것이라고 밝혔다. 반면 애플은 101억 달러에 그칠 것으로 보인다. 영업이익의 60%는 반도체에서 나온다. 서버와 모바일 수요가 폭발한 덕이다.
> 올 연말 애플의 스마트폰이 판매되면, OLED와 메모리를 공급하는 삼성에도 도움이 될 것이다. 애플은 아마도 다른 업체에서 공급받고 싶겠지만, 올해는 쉽지 않을 것이다.[8]

격세지감이 느껴지지 않나요?

2022년과 2024년, 두 번의 사과를 해야만 했던 삼성은 더 이상 빛나고 쿨한 회사가 아닙니다. 광채는 사라졌습니다. 사실 상황이 그렇게 많이 변한 것도 아닙니다. 스마트폰은 여전히 안드로이드 1위입니다. 부품 경쟁력도 여전합니다. 애플은 (이전보다는 덜하지만) 여전히 삼성에 의존합니다. 메모리도 1위입니다. 사이클이 좋으면 다른 기업은 상상하지 못할 큰 영업이익이 납니다. 파운드리도 2위입니다. 한국 경제에서 차지하는 비중도 여전히 막대합니다.

그런데도 빛바래 보이는 이유, 2부는 이 차이를 온전히 이해하는 데 써볼까 합니다. 상승과 하강의 이야기가 모두 있습니다. 6장부터 9장까지는 삼성이 어떻게 세계 최고의 자리에 앉게 되었는지에 대한 이야기입니다. 성장하는 이야기에 가슴이 뛸 겁니다. 그 자체가 흥미로워서도 그렇겠지만, 삼성이 곧 우리 대한민국인 듯 느껴지는 부분도 있기 때문입니다.

10장부터 12장까지는 지금 삼성 앞에 놓인 한계와 벽에 관한 이야기입니다. 희망은 아직 멀리 있습니다. 그것은 우리나라에 대입해도 마찬가지입니다. 다만 너무 실망하진 마시기 바랍니다. 정해진 건 없으니까요.

2013년, 〈테크크런치〉가 '이제는 전혀 선두주자가 아니'라고 했던 마이크로소프트는 2025년 현재 시총 1위를 다투는 기업으로 재탄생했습니다. M7의 선두주자입니다.

운명은 바뀔 수 있습니다.

6장

일본을
집어삼킨 비결

삼성을 망하게 할 사업

외할아버지는 자신이 죽고 나면 삼성이 곧 무너질 거라고 예견하셨습니다.

삼성 창업주 이병철(1910~1987)의 외손자 헨리 조[1]의 말입니다. 이유는 반도체였습니다. 삼성이 다른 사업에서 거둔 수익을 몽땅 반도체에 집어넣었는데 경영 개선은 더뎠습니다. 거대한 투자를 했는데 이익은커녕 엄청난 손실만 입었습니다. 말년에는 폐암 진단까지 받아 조급했습니다.

1987년, 이 회장이 떠나던 그해, 눈덩이처럼 불어난 삼성 반도체의 손실이 정점에 다다랐습니다. 그래서 창업주는 반도체 때문에 삼성이 망할 수 있다는 걱정을 했다는 얘기입니다.

사실 창업주는 처음부터 비관적이었는지도 모르겠습니다.

우리가 너무 늦었구나.[2]

1982년 미국을 방문해 IBM과 GE, HP의 반도체 라인을 둘러본 뒤 창업주가 아들(고 이건희 전 회장)에게 한 말입니다. 이들과 비교하면 삼성은 너무나 낙후했습니다. 냉혹한 현실 앞의 탄식이었습니다. 우리가 정말 이들 같이 첨단 제조를 할 수 있는가? 처음부터 걱정이었던 겁니다. 돌아오는 비행기 안에서 아들은 아버지를 거듭 설득했습니다. 그런 두려움 속에서 사업을 본격적으로 시작합니다.

64K D램이란 걸 만들어 팔 때, 원가가 1달러 30센트 정도인데, 판매가격은 30센트였어요. 만들 때마다 1달러씩 적자를 봤습니다. 그때 삼성 전체가 반도체 때문에 망한다는 얘기가 많았죠.[3]

진대제 전 사장의 말처럼 뒤늦은 시장 진입 후 초창기 적자는 가혹했습니다. 세계 경기 차원에서 보면 반도체 불황 사이클 탓에 세계적인 '치킨 게임'이 벌어진 영향이 컸죠. 하지만 당시 D램 개발을 주도한 진대제 전 사장은 기술 격차를 근본 원인으로 꼽습니다. 우리는 후발주자였으니까요. 경쟁에 앞서 넘어야 할 산이 있었단 얘기입니다.

우리가 시작할 때 격차는 6년이었습니다. 메모리로 두 세대 뒤진 겁니다. 마라톤할 때 200미터 떨어지면 따라갈 수 없습니다. 그것보다 더 큰 격차예요. 무지하게 열심히 일했습니다.

전문가들은 '뼈를 갈아' 넣었고, 건설 현장에선 속도전이 벌어졌습니다. 산업 표준상 3년이 걸린다던 기흥 반도체 공장 건설을 삼성은 6개월 만에 해냅니다.

정부 지원도 뺄 수 없습니다.[4] 수도권 과밀억제권역에 공장을 지을 수 있게 규제를 완화했고, 개발자금도 지원했습니다. 삼성을 포함한 대기업들은 4억 달러를 투자하겠다[5]는 정부의 약속을 믿고 진출했습니다. 관세를 유예하고, 절차도 간소화했습니다.

'방향과 계획'도 제시했습니다. 1982년 당시 반도체 육성 장기계획이 대표적입니다. 국책연구소(한국전자통신연구원, ETRI) 주도로 삼성전자와 럭키금성, 현대전자(현 SK하이닉스), 아남산업 등 산업계와 서울대 등 여러 기관이 함께 반도체를 개발합니다.[6] 불모지에 시스템과 생태계를 조성한 것은 정부였습니다.[7]

그리고 인재를 영입합니다. 혁신은 인재가 합니다. 사실 진 전 사장과 황창규 전 사장 등이 대표적 사례입니다. 진 전 사장은 IBM을 떠나 삼성으로 올 때 미국의 동료들에게 "핵폭탄을 만들러 간다"[8]고 했습니다. 그러면서 "일본을 집어삼키겠다"고 호언장담했습니다. 성공을 버리고 조국으로 떠나는 일, 그들에겐 그 정도의 의미가 있는 결단이었죠.

혁신으로 돌파구를 마련하다

이제는 대한민국 반도체 신화의 살아있는 전설이 된 진 전 사장, 그는 스택Stack 방식 도입을 가장 중요한 돌파구 중 하나로 꼽습니다. 4M D램 개발 당시, 셀 구조를 설계할 때 대부분의 업체는 웨이퍼 아래로 구멍을 파는 트렌치Trench 방식을 사용했으나, 삼성은 위로 쌓는 스택 방식을 채택해 기술 격차를 빠르게 좁혔다고 설명했습니다.

1983년 도쿄 선언[9] 이후 시작할 때 6년이던 기술 격차는 이 스택 방식으로 4M D램을 개발한 1988년에 6개월로 축소됩니다. 사실상 격차가 사라진 겁니다. 게다가 서울 올림픽이 열린 그해, 호황 사이클까지 겹칩니다. 삼성은 엄청난 돈을 벌어들입니다. 한 해 순이익은 3,200억 원에 달했습니다.[10] 그간 봤던 적자를 일거에 만회하고도 남는 액수였습니다. 선두권에 선 삼성은 특히 반도체 경기 사이클을 이용하는 데 뛰어났습니다. 이 반도체 사이클은 수요와 공급의 불일치에서 발생합니다. 진 전 사장의 말을 들어보시죠.

산업 전체로 보면 수요는 계속 늘어납니다. PC와 인터넷, 노트북 이런 식으로 새 기기가 계속 나오니까요. 그런데 문제는 수요는 점진적으로 늘어나는데, 공급은 공장을 지을 때마다 갑자기 확확 증가한다는 점입니다. 생산량이 많아지면 공급과잉이 발생합니다. 공장을 짓는 데 2~3년이 걸리다 보니, 주기적으로 공급과잉이 발생합니다.

흥미로운 점은 공급이 5%만 많아도 값은 반으로 떨어지고, 수요가 5%만 많아도 값이 두세 배 올라간단 속성입니다. 4년마다 일어난다고 해서 사이클이라고 불렀는데, 당시에는 올림픽 때 좋고, 월드컵 때 안 좋았어요. 그래서 올림픽만 기다렸어요.(웃음)

얼마나 심했냐? 1995년 초에는 16메가 D램이 50달러였어요. 원가는 5달러였죠. 얼마나 돈을 벌었겠습니까? 그런데 1996년이 되면 D램 값이 5달러, 96년 말에는 1달러가 됩니다.

삼성은 그런 불황에 '과감히 베팅'했습니다. 고통스런 불황의 골은 버티는 자체가 힘든 일인데, 삼성은 불황 때마다 대규모 투자를 단행했다는 거죠. 불황이 끝난 뒤 찾아올 호황을 누리기 위해서입니다.

재벌그룹인 점도 유리했습니다. 투자를 하려면 주머니가 두둑해야 합니다. 자금이 필요합니다. 반도체 메모리만 영위하는 사업체는 그러기 쉽지 않습니다. 단일 제품 회사는 제때 거액을 투자하기 힘듭니다. 그러나 삼성은 다릅니다. 종합 가전사입니다. TV와 냉장고 등 각종 가전제품을 만듭니다. 그리고 사업군이 끝없이 다양한 재벌입니다. 다른 곳에서 번 돈을 메모리 산업의 연구개발과 설비에 투자합니다.

그래서 삼성을 바라보는 외부인들이 한국의 재벌 연구에서 배울 수 있는 한 가지 큰 교훈은 '거대한 규모를 갖추고, 시장의 불안과 급변하는 무역 전쟁에서 버틸 수 있는 강력한 성을 구축하는 것'의 중요성입니다.[11]

일본은 왜 실패했을까

관점을 삼성 바깥으로, 산업 전체의 흐름으로 좀 넓혀가 보겠습니다. 그러면 좀 더 깊은 이야기가 보입니다. 저명한 인사의 도움을 받겠습니다.

다시 크리스 밀러의 《칩 워》를 소환합니다. 마치 소설처럼 흥미로운 이 이야기에는 도스토예프스키 소설처럼 맨 앞에 '주요 등장인물'을 소개하는 페이지가 있는데요, 모리스 창이 노벨상을 수상한 잭 킬비, 인텔의 공동 창업자 앤디 그로브와 로버트 노이스, 고든 무어처럼 기라성 같은 인물을 제치고 첫 번째로 등장합니다. (제일 마지막에는 삼성전자의 창업주 이병철 회장이 등장합니다.) 2025년 반도체 스토리에서 가장 중요한 인물로 꼽기에 부족함이 없는 모리스 창의 목소리를 빌려 질문을 하나 해보겠습니다. (인용하는 말은 모교 MIT에서 2023년 11월에 했던 강연의 일부입니다.)[12]

> 1970년대와 80년대, 일본 회사들이 칩 제조 산업에서의 리더십에 도전합니다. 그러나 여러 요인으로 인해 90년대 초에 실패로 끝납니다. 왜 용두사미가 됐을까요?

답은 간단합니다. 삼성이 부상했기 때문입니다. 한때 반도체 산업의 정점은 '일본의 메모리 5공주(후지쓰, 미쓰비시, NEC, 도시바, 히타치)' 차지였습니다.[13] 어떤 이들은 5공주에 마쓰시타 전기산업(현재의 파나소닉)과 오키 전기공업을 더해 7공주라고 부르기도 합니다.

일본이 미국을 무너뜨린 비결은 선발주자보다 반 발 앞선 기술개발 투자입니다. 일본 정부의 산업정책 덕분이었죠. 거의 0%에 가까운 자금 대출, 공동 R&D, 국내시장 보호에 힘입어 급부상합니다. 그러나 그들의 봄은 짧았습니다. 불과 10여 년의 짧은 전성기를 뒤로 하고, 벚꽃처럼 흩날리다 사라져버렸습니다.

메모리의 진짜 봄은 삼성 차지였습니다. 30년 넘게 왕좌를 유지합니다. 어떻게 그럴 수 있었을까? 앞으로 좀 더 다각적으로 살펴보겠지만, 이번 이야기의 주제에 맞게 기술적인 부분에만 집중해보죠. 우선 일본이 그랬던 것과 똑같이 반 발 앞서 투자했습니다. 일단 따라잡은 뒤에도 멈추지 않고 더 투자하고 계속 치고 나갔습니다. 기술적 우월성을 유지했습니다.

그게 거의 전부였습니다. 기술만 뛰어나면 게임은 반쯤 이긴 겁니다. 메모리 반도체 산업의 특수성입니다. 무어의 법칙이 지배하기 때문이죠.

잔인한 무어의 법칙

무어의 법칙을 오해하는 시선이 있습니다. '일정 기간이 지나면 반도체 회로의 집적도(밀도)는 두 배가 된다' 이 자체가 무어의 법칙이라고 생각하는 경우가 많습니다. 표현을 문제 삼는 게 아닙니다. 집적도를 성능이라고 표현해도 좋고, 일정기간을 18개월, 2년, 3년이라고 더 구체적으로 적시해도 좋습니다. 표현은 중요하지 않습니다.

중요한 것은 본질입니다. 무어의 법칙의 속뜻을 이해하는 것입니다. 그래서 세계적인 석학을 비롯해 칩에 대해 인터뷰를 할 때마다 물었습니다. 무어의 법칙이 무엇인가요? 스탠퍼드의 반도체 소재 전문가 스라반티 초우더리 교수는 '예언'이라고 말합니다.

어떤 반도체 기업이 생존하는지에 대한 예언입니다. 고든 무어는 세계가 더욱 더 많은 컴퓨팅 파워를 원하게Hungry 될 것이란 사실을 알았습니다.

그러니 제조업자라면 무어의 법칙이 예언하는 대로, 칩을 더 작게to scale down 만들어서 이 욕구를 충족시켜야 합니다. 만약 무어의 법칙을 충족시킨다면 생존하겠죠. 하지만 충족시키지 못한다면? 파산하는 거죠. 기업의 생존은 결국 이 예언이 현실이 되게 만드는 능력에 달려 있습니다.[14]

그리하여 예언에 따라 무어의 법칙을 실현하면 칩은 더 축소되고 더 강력해지고, 더 싸집니다. 하나만으로도 강력한 경쟁력이 되는데, 세 가지가 함께 나타나니 당할 방법이 없습니다. 진대제 전 사장의 말도 비슷합니다.

한 번 놓치면 따라갈 수가 없어요. 새 기술로 바뀔 때 초기에 돈을 많이 법니다. 1년이 지나면 그 제품으론 돈을 못 벌어요. 먼저 나가는 사람, 퍼스트 무버한테 굉장히 유리한 속성을 갖고 있어요. 빨리빨리 개발하는 게 중요합니다.

《칩 워》를 쓴 크리스 밀러는 중요한 건 '경제학'Economics이라고 말합니다.

무어의 법칙은 인텔 창업자 고든 무어가 1965년 발표한 이론입니다. 무어는 10년 정도 예측했는데, 60년이 지난 지금까지도 이어져오고 있습니다. 기술이나 물리학이 아니라 경제학에 의해서죠. 컴퓨팅 파워에 대한 수요는 매우 높기 때문에 더 많은 컴퓨팅 파워를 제공할 수 있는 방법을 찾는 사람이 성공한 기업가가 됩니다. 투자자, 개발자, 기업이 더 많은 자원을 투자하게 만드는 이유죠. 엔비디아의 기업 가치는 1조 달러가 넘습니다. AI 기술에 필요한 최첨단 컴퓨팅 파워를 생산할 수 있기 때문이죠.

결국 무어의 법칙은 기술의 표피를 한 기업 생존의 법칙입니다. 그리고 매우 잔인한 생존법칙입니다.

승자 기업 입장에서 아주 좋은 기술이었지만, 나머지 패자 기업들에게는 굉장히 가혹한 규칙이었던 거죠. 그리고 소비자한테는 무조건 좋아요. 90년대에는 보통 몇 백 킬로바이트KB 수준밖에 못쓰던 메모리를 이제 기가바이트GB 단위로 쓰고, 가격은 더 싼 시대가 됐으니까요. 반도체 시장은 계속 성장했고, 산업 전체로도 이득이었습니다. 다만 패배의 대가는 무척 잔혹했기 때문에 지난 30여 년간 그 이익은 소수에게 독점되는 형태가 된 겁니다.[15]

학습곡선의 의미

무어의 법칙과 함께 칩 산업을 지배한 규칙이 또 있습니다. 학습곡선입니다. 쉽게 말하면 '만들면 만들수록 더 잘 만든다, 만들면서 배우니까'라는 얘깁니다. 모리스 창은 이 학습곡선으로 반도체 시장의 경쟁을 설명합니다. 칩 시장에서의 생산량과 마지막 한 단위의 생산에 들어가는 원가 사이의 관계를 살펴보니, '누적 생산(판매)량이 배로 증가할 때마다 단위의 원가는 30%가 감소'하더라는 겁니다. 창은 이 곡선을 '눈물겨운 곡선'으로 불러도 지나치지 않다고 했습니다.[16] 역시 승패를 명확히 갈라버리기 때문입니다. 역시 '기술'적 표현인데 결국 의미는 경제학적입니다.

그리고 학습곡선의 진정한 의미는 '시장 점유율'입니다. 똑같은 기술을 가졌다고 전제했을 때, 시장 점유율이 높으면 더 많이 만들고, 또 더 많이 만들면 원가가 낮아진다. 원가가 낮아지면 더 싸게 팔 수 있고, 경쟁자를 압박할 수 있다. 결국 '시장 점유율'을 많이 가져가면 갈수록 기업은 강력해진다는 이야기입니다. 어떻게 하면 더 많이 생산할 수 있나요? 더 큰 공장을 지으면 됩니다. 그러기 위해 연구개발도 지속해야 합니다. 쉼 없이 달려야 합니다.

반도체 치킨 게임

다 왔습니다. D램은 기술 개발을 위해 먼저 투자하는 쪽이 성공합니다. 불황의 골이 무서워도 투자를 멈추면 안 됩니다. 그 순간 낙오됩니다. 그리고 한 번 더 거대하게 투자해 가능한 거대한 공장을 지어야 합니다. 수요가 따라오지 못할까, 경쟁자도 그런 공장을 지을까, 두려워 망설이는 순간 끝입니다. 조금 작은 공장은 결국 치명적인 약점이 됩니다.

- 먼저 투자합니다. 더 작고 강하고 싼 칩을 개발하는 데 성공합니다.

- 더 큰 공장을 짓습니다. 시장 점유율을 확보해 더 싸게 만듭니다.
- 더 작고, 강하고, 싼 칩을 더 싸게 만들어 경쟁자를 압살합니다.
- 막대한 시장을 독점, 과점해 거대한 이익을 독식합니다.

왜 이리 잔혹할까요. 무어의 법칙과 학습곡선이 결합하면, 필연적으로 '치킨 게임'으로 향합니다. 외길에서 마주보고 달려 서로를 향해 위협합니다. "나는 멈추지 않고 달린다, 충돌을 피하려면 먼저 내려라. 더 투자하고, 더 많이 생산해서 나 혼자 살아남겠다."

이 시장의 법칙은 공존이 아닙니다. 공존을 꿈꾸고 적당히 투자하고, 적당히 타협했다가는 곧바로 파산과 퇴출의 골짜기로 떨어집니다. 적자생존, 약자소멸입니다. 모리스 창은 결론지어 말합니다. 무어의 법칙과 학습곡선이 이 D램 산업에 출현해서 많은 사람의 일자리와 부를 빼앗아가고, 궁극적으로는 대부분의 기업 자체를 파산하게 했습니다.[17]

삼성의 승리

삼성의 시대는 그렇게 수많은 경쟁자의 주검을 밟고 선 자리에서 열립니다. 대부분 일본의 메모리 기업들이었습니다. 1997년 메모리 사이클이 다시금 고통의 골짜기로 들어섰을 때, 일본의 오키 전기공업(일본의 D램 7공주 가운데 하나)의 대표 에이이치 아라타니는 한국 업체들을 부러워합니다. 불황인데도 어마어마한 설비투자를 지속했거든요. 그러면서 한국 업체들이 '백지수표'라도 가진 게 아니냐며 이렇게 탄식합니다.

한국 회사들은 그저 다른 (일본)회사들을 죽이고 싶을 뿐입니다.[18]

도태된 회사가 한두 개였겠어요? 예를 들면 1985년, 1986년 당시만 해도 메모리 회사가 전 세계에 50개쯤 있었을 겁니다. 지금은요. 3개밖에 없잖아요. 경쟁을 통해서 메모리 회사들이 대부분 사라졌습니다. 그 부침이 어마어마하게 심한 게 90년대였어요. 삼성전자가 치고 올라가면서, 결국은 일본 회사들이 2013년에 다 소멸해버렸어요.[19]

진대제 전 사장의 말입니다. "일본을 집어삼키겠다"던 그의 장담은 현실이 됐습니다. 창업주의 걱정과는 달리 삼성은 살아남았습니다. 그리고 번영의 반석 위에 올랐습니다.

7장

삼성,
번영의 휠을 돌리다

LCD

미국 기업은 돈을 너무 많이 벌면 대체로 주주 환원을 합니다. 자사주를 매입해 소각하고, 배당을 지불하죠. 애플 같은 빅테크 기업들도 이 대열의 맨 앞에 있습니다. 하지만 삼성은 예나 지금이나 그런 회사가 아닙니다. 앞서 말씀 드렸죠? 이건희 전 회장은 멈추는 법이 없었다고요? 메모리에서 벌어들이는 막대한 수익을 바탕으로 계속해서 새로운 목표를 찾아 나섰습니다. 새로운 초일류 산업을 찾았습니다.

우선 LCD에 투자했습니다. 여전히 브라운관TV가 잘 팔릴 때, 또 일본 업체들이 여전히 브라운관과 PDP TV에 집착할 때 과감히 LCD 사업으로 전환했습니다. LCD는 D램과 유사점이 많은 사업입니다. 고도의 미세 정밀 기술이 필요하고, 거대한 생산라인을 만들기 위해 대규모 투자를 해야 합니다. 비슷한 재료와 장비를 쓰기에 공급망도

중첩되고, 무엇보다 수율을 높이기 위한 공정 최적화가 중요합니다.

이렇듯 D램의 경험이 LCD에서 활용되기 때문에 '기술 확산'의 관점에서, '경영과 투자 전략'의 관점에서 주목하는 연구[1]가 많습니다. 초기 업황도 D램과 유사했습니다. 투자는 하는데 제품은 잘 만들어지지 않고, 비싸니 잘 팔리지도 않았습니다. 엄청난 손실이 발생했습니다. 'LCD를 개발한 일본이 괜히 투자를 안 한 게 아니다, 시기상조다, 일본이 이유 없이 아직 브라운관TV를 계속 생산하겠나'는 비판이 줄이었습니다.

주주가 있는 주식회사에 이런 식의 투자는 결코 쉽지도 흔하지도 않습니다. 미국 기업이 이런 식으로 '위험하고 단기 수익을 해치는' 방식의 투자를 하면 주주들은 CEO를 해고해버릴 겁니다.

그러나 우리나라의 재벌은 대체로 이런 경로를 거쳐 성장했습니다. 현대도, 삼성도, 대우도, 엘지도 모두 한 계열사의 성공을 밑거름으로 다른 계열사를 성공시켰습니다. 대구에서 상점으로 시작한 이병철의 삼성은 제일제당을 통해 제조업에 진출합니다. 여기서 쌓은 성공 경험과 역량을 바탕으로 모직과 제지, 전자 산업 등에 진출했습니다. 점점 더 부가가치가 높은 제조업으로 이동한 것이죠. 경영학자들은 이를 안행형Flying Geese(날으는 기러기 떼) 사업 전개[2]라고 부릅니다.

다행히 LCD라는 도박은 성공했습니다. 거대한 투자가 성공을 부른 것이죠. 또 하나, 얇고 큰 TV화면이 대세가 될 것이라는 판단을 했고, 확신을 가지고 밀어붙인 점을 꼽아야겠죠. 막대한 이익을 얻습니다. 다시 한 번, 소니를 비롯한 일본의 가전 업체들을 무릎 꿇립니다.

플래시 메모리

그 다음은 플래시 메모리였습니다. 하드디스크HDD를 역사 속으로 사장시키고 저장장치 시장을 장악한 제품이죠. 사실 플래시 메모리는 실패의 과정에서 출현합니다. 반도체 CTF 기술Charge Trap Flash(전하를 가두는 플래시 메모리 기술)을 만들려다 실패한 것이 그 시작이었습니다. CTF 기술은 기존 방식(Floating Gate: 부유 게이트)보다 더 많은 데이터를 저장하고 전력을 덜 쓰는 혁신적인 기술이었지만, 당시엔 기술적 어려움으로 성공하지 못했습니다. 그러나 이 실패 과정에서 저장장치의 가능성을 발견했고, 이를 통해 지금의 플래시 메모리가 탄생[3]하게 되었습니다.

이 플래시 사업은 LCD보다도 더 D램과 유사합니다. 웨이퍼에서 찍어내고, 무어의 법칙과 학습곡선의 중력 아래에 있습니다. 수율이 중요[4]하니 삼성이 잘할 수 있는 일로 보였습니다. 다만, 정말 성공할지는 장담하기 어려웠습니다. 처음 개발한 도시바를 비롯해 일본 기업들은 이번에도 소극적이었습니다. 가볍고, 작고, 전력을 적게 먹는다는 장점도 있었지만, 무엇보다 비쌌기 때문입니다. 또 하드디스크가 수백만 번 썼다 지울 수 있는 저장장치라면, 플래시는 수십만 번에 그칩니다. 장점만큼 한계도 뚜렷[5]했죠.

그리고 기술 표준도 다양했습니다. 인텔을 비롯한 기존 기업들이 노어Nor 방식을 선택했는데, 삼성은 낸드Nand를 택합니다. 낸드는 속도는 조금 느린데 용량은 훨씬 더 큰 특성을 지니고 있죠. 갈림길이 이렇게 많았습니다. 삼성은 이렇게 플래시 사업에 뛰어들며 자신만의 길을 선택했습니다.

물론 그 아래는 분명한 자신감이 있었습니다. 삼성 반도체의 또 다른 거인 황창규 전 사장을 빼놓을 수 없습니다. 그는 플래시의 가능성을 확신했습니다. D램 시장이 붕괴되고 3년이 지난 1999년, 이건희 회장이 플래시 메모리 투자 계획을 세우자 당시 전무였던 황창규 전 사장은 회장에게 이렇게 말합니다. "그냥 제게 맡겨주십시오."[6]

황 전 사장의 지휘 아래, 과감한 결단도 여러 차례 내립니다. 특히 원천 기술 특허를 보유하고 시장 점유율도 크게 앞섰던 일본의 도시바가 2001년 제안한 합작 개발을 거절합니다. 그렇게 독자 기술 개발과 대량 양산에 도박을 걸었습니다.

그리고 결정적 기회가 애플로부터 찾아왔습니다. 아이팟을 내놓고 세계적 성공을 거둔 애플은 하드디스크 대신 가볍고 전력 소모가 적은 플래시 메모리를 사용한 새 아이팟을 내놓고 싶었습니다(아이팟 나노입니다). 2005년 출시된 이 제품의 관건은 '대량의 플래시 메모리'를 공급받을 수 있는가[7]였습니다. 애플의 스티브 잡스는 이 때문에 삼성의 황 사장을 쫓아다니며 납품을 거의 애걸복걸합니다. 팀 쿡은 전용기를 타고 한국에 직접 들어와 거래를 성사시킵니다.[8]

이후 CD나 HDD 기반의 음악 감상 장치들은 도태됐습니다. 플래시 메모리가 매우 많이 필요했고, 수요는 치솟았습니다. 삼성전자에 엄청난 순이익이 들어오기 시작했습니다.[9] 그렇게 플래시에서도 최첨단 기술을 가장 먼저 개발하고 가장 높은 수익을 올리는 기업이 됐습니다.[10] 다시 한 번, 일본은 설 자리를 잃습니다.

이미 준비된 사업, 스마트폰

그렇게 막강한 부품 경쟁력으로 무장한 상태에서 스마트폰 시대가 찾아옵니다. 스티브 잡스가 소비자를 열광시킨 시대, 기존의 강자 노키아가 완전히 무너지고, 인텔이 무너지는 계기가 되고, 마이크로소프트도 맥을 못 춘 파괴적 혁신의 시대가 옵니다.

사실 수많은 기업이 좌초됐지만, 삼성에겐 축복이었습니다. 아이폰의 LCD 스크린, 메모리와 플래시는 물론, 두뇌인 AP까지 모든 것이 'made by Samsung'이었으니까요. 아이폰이 팔릴 때마다 삼성은 천문학적인 돈을 벌었습니다.[11] 파괴적 혁신의 수혜자가 되었죠.

그뿐 아닙니다. 스마트폰을 만드는 데 필요한 거의 모든 핵심 부품을 가지고 있는데, 왜 직접 만들지 못하겠습니까? 게다가 삼성은 완제품도 만드는 회사이며, 기존 휴대전화 시장에서도 Top3에 들어가던 회사인데요? 그렇게 빠른 시간 안에 갤럭시를 내놓는 데 성공하고, 그 다음은 우리가 잘 알고 있는 대로입니다. 성공을 거듭하며, 그룹 전체 매출의 30~40%를 담당하는 거대한 사업부로 성장합니다.[12]

"미래를 상상하고, 확신하고, 밀어붙인 삼성"

취재 과정에서 미국 캘리포니아에서 전 삼성 엔지니어이자 전 TSMC

엔지니어이면서, 현재 구글 연구원인 권기태 씨를 만났습니다. 장소는 실리콘밸리 마운틴뷰에 있는 컴퓨터역사박물관Computer History Museum이었습니다.

권 씨는 해박한 지식을 바탕으로 컴퓨터의 역사에 남은 거대한 천공기부터 메인프레임과 미니컴퓨터, PC와 그 이후를 흥미롭게 안내해 주었습니다. 컴퓨터와 연산, 정보처리에 관한 훌륭한 지식을 바탕으로, 또 삼성에서 일했던 경험을 바탕으로, 삼성의 성공을 이렇게 평가했습니다.

사람들의 인식과는 달리 저는 과거의 삼성이 새로운 시도를 하고 시장의 트렌드를 선도하는 회사였다고 생각합니다. 삼성은 미래의 기술에 대한 비전을 갖고 그것에 투자하고 다른 빅 플레이어들이 다른 길을 가더라도 '이거야'하며 고집스럽게 추진하여 시장이 열리는 순간 거의 독점적으로 시장을 선점하는 회사였었죠. 그래서 성공했습니다.

1990년대 초에 일본 메모리 회사들이 로직 반도체로 가야한다며 메모리 쪽은 투자를 꺼릴 때 삼성은 D램 쪽에 어마어마한 투자를 발표하죠. 일본 쪽에선 이 베팅이 안 되면 삼성은 망할 거다, 이런 얘기를 했는데 1995년에 윈도우95가 나오면서 메모리 수요가 갑자기 급증합니다. 준비되어 있어서 공급할 수 있는 회사는 삼성밖에 없었죠.

1990년대 말에는 사실 일본이 먼저 개발한 LCD, 그러니까 평판 TV에 들어가는 디스플레이 기술을 삼성이 계속 개량하고 발전시켜 갑니다. 투자를 어마어마하게 했거든요. 당시에 디스플레이 리더였던 소니 같은 경우는 트라이트론 모니터라고 하는 평판이 아닌 브라운관 TV를 평판에 가깝게 만드는 기술로 브라운관 TV를 계속 팝니다. 20년 가까이, 1억 대를 팔았어요. 그래서 브라운관 TV에 집중했고, 그 다음 파나소닉은 PDP 방식에 집중했죠. 삼성만 다른 걸 한 거예요. 결국은 삼성이 베팅한 게 맞았던 거죠. 그러면서 모든 디스플레이 업계나 TV 업계를 거의 평정하는 계기도 됐습니다.

또 1990년대 말, 2000년대 플래시 메모리가 새롭게 등장하는데, 인텔은 그때 노어Nor 방식이라고 해가지고 용량(밀도)은 좀 적은데 속도는 빠른 그런 메모리를 밀었어요. 삼성은 달랐죠. 용량이 더 크고, 대신 속도가 조금 느린 방식을 선택했죠. 결국은 낸드가 시장의 표준으로 자리 잡으면서 플래시 메모리 시장을 완전히 석권합니다.

스마트폰도 그래요. 큰 스크린의 스마트폰은 삼성이 갤럭시 노트로 처음 냈죠. 5인치가 넘었는데, 애플은 여전히 3.5인치에 집중했고요. 첫 해에 미국 미디어는 다 비웃었는데 소비자 반응이 너무 좋았죠. 그렇게 대화면 스마트폰 시대를 엽니다.

남들이 하니까 우리도 하는 게 아니었죠. 미래를 보는 특별한 관점을 가지고 테크놀로지가 미래를 주도한다는 믿음을 가지고 밀었죠. 미래를 상상하고 그것을 확신하고, 밀어붙인 겁니다.[13]

삼성은 세상을 바꾸려는 혁신가들의 바람을 들어주었습니다.[14] 그 대가로 시장의 강자가 되었습니다.

플라이휠Flywheel

플라이휠은 무거운 디스크입니다. 엄청 무거워서 처음 돌리기는 어렵지만 한 번 돌아가면 쉽게 멈추지 않고 돕니다.[15] 자동차 바퀴를 굴러가게 할 때 이 플라이휠을 씁니다. IT 업계에선 좀 다른 의미로 씁니다. 처음 돌아가게 만들기는 어려우나, 일단 한 번 돌면 알아서 돌아가는 비즈니스 모델이나 사업을 의미합니다. 무한 동력기관 같은 의미라고나 할까요?

미국의 빅테크 기업인 아마존을 보시죠. 싼 가격으로 입소문을 타면서 온라인 상거래 시장을 장악했습니다. 일단 한 번 시장을 장악하면 그 뒤로는 쉽습니다. 고객들은 아마존만 찾죠. 가장 싸고 가장 많은 제품이 거기 있다는 믿음이 있기 때문입니다. 그러면 다시 판매자들도 아마존으로 더 몰려듭니다. 거기 고객이 가장 많으니까요. 판매량이 늘면 비용도 줄어듭니다. 더 싸게 팔 수 있게 됩니다. 고객은 다시 아마존만 찾습니다. 선순환이죠.

이게 아마존의 플라이휠입니다. 이걸로 거대한 비즈니스를 일군 아마존은 뭘 했을까요? 여기서 벌어들이는 매출과 온라인 비즈니스 경험을 토대로 '클라우드 사업'을 번창시켰습니다. 전자상거래 업체가 세계 최대의 클라우드 기업이 된 이유[16]입니다.

구글도 마찬가지입니다. 구글은 검색의 강자가 됐습니다. 고객이 모여드니 광고가 불티난 듯 팔렸습니다. 광고로 부자가 됩니다. 검색 서비스의 알고리즘 향상을 위한 인력과 기술개발에 더 투자할 수 있게 되고, 고객은 더더욱 구글 검색을 찾습니다. 구글의 플라이휠은 이겁니다.

구글은 그 돈으로 좋은 회사를 마구 사들였습니다.[17] 스마트폰 소프트웨어의 양대 강자가 된 안드로이드, 노벨상을 받은 허사비스가 창립한 AI 기업 알파고(이세돌을 이긴 바로 그 AI입니다.), 그리고 유튜브. 여기서 안드로이드는 구글이 모바일 플랫폼을 장악해 플레이스토어라는 또 다른 플라이휠을 돌릴 수 있게 했고, 유튜브는 막강한 동영상 플랫폼이 되어 더 많은 광고 수입을 올리게 하는 또 다른 플라이휠이 되어 돌아갑니다.

이런 식입니다. 테크 업계는 이렇게 플라이휠을 가진 기업들이 이끌어갑니다. 한 번 반석 위에 올라가면 내려가는 일은 좀처럼 벌어지지 않습니다. 삼성도 그런 일종의 플라이휠을 가졌습니다. 메모리라는 '본진'에서 일단 경쟁자를 밀어내고 SK하이닉스, 마이크론 등과 함께 시장을 과점한 뒤, 사이클이 좋을 때마다 엄청난 돈을 벌게 됐습니다. 때마다 '막대한 투자'를 하고, '위기의식'을 가지고, '혁신을 계속'하면 언제나 1등이었습니다. 그렇게 30년간 1등을 하면서 무한할 것 같은 왕좌에 앉습니다.

물론 다른 빅테크들과 다른 점도 있긴 해요. 반도체 제조는 '제조업'이라는 점입니다. 다른 테크 기업들은 직접 물리적인 뭔가를 만드는 일은 하지 않아요. '서비스' 산업이라 비용이 적게 듭니다만, 삼성은 지속적으로 거대한 자본을 투입해야 했습니다. 그리고 일종의 물리 법칙이라고 할 수 있는 무어의 법칙, 그리고 학습곡선의 영향력 아래에 놓입니다. 더 작게, 더 많이, 더 빠르게 만들기 위해 더 많은 돈을 투입해야 하는 쳇바퀴를 벗어나기 힘듭니다. 이 점이 결국 삼성의 발목을 잡게 되는데, 이 이야기는 잠시 후에 해보기로 하죠.

메모리라는 플라이휠을 가진 삼성이었기에 이후 LCD, 플래시, 스마트폰 등 굵직한 신사업을 연이어 성공시키며 끝없는 성장 가도를 달릴 수 있었던 겁니다.

오직 삼성의 능력?

하는 일마다 미다스의 손처럼 다 대박을 냈다니. 삼성은 모든 걸 알고 있는 기업인가요? 노력하고, 또 투자하고, 연구해서 확신을 가지고, 그런 뒤 위험을 부담한 그 모든 경영과 연구 활동의 당연한 결과일까요?

세상에 내 힘만으로 이뤄지는 것이란 아무 것도 없습니다. 내가 통제할 수 없는 무언가, 그래서 나를 어디론가 이끌어가는 커다란 힘이 작용합니다. 흔히 행운, 혹은 운이라고 부릅니다. 예술가들은 타고난 재능이나 시대적 흐름을 운명처럼 받아들이며, 작가들은 창작 과정에서 영감을 얻는 순간조차 운명과 같다고 느낄 때가 있습니다. 결국, 단순히 노력의 결과로만 볼 수 없는 어떤 요소가 크고 작은 성공과 실패 뒤에 자리한다는 걸 우리는 알거나 느끼고 있는 겁니다.

기업도 마찬가지입니다. 그런 '운'이 있습니다. 지금부터는 삼성의 성공을 구성한 운을 두 가지로 분리해 볼 겁니다. 우선은 산업 내부의 '운'입니다. IT 세계의 흐름이죠.

이건희 경영학
: 끝없는 위기를 만들라

경영학자들은 대규모 투자 자체가 삼성의 경영기법이라고도 설명합니다. 선발주자를 추격하기 위해 대규모 투자를 합니다. 그러면 불안하죠. 이병철 회장처럼요. 불안한 바로 그 만큼 위기의식과 긴장감은 커질 겁니다.

끝없는 위기를 조성하는 '이건희 경영학'

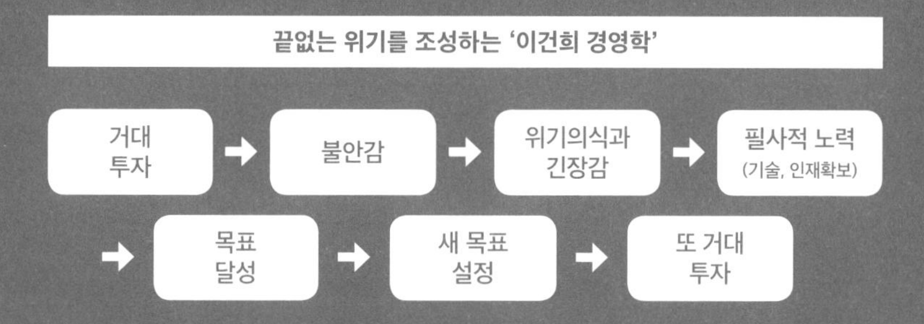

높아진 위기의식은 실패하지 않기 위한 필사적인 노력이 됩니다. 이때 믿을 건 기술밖에 없습니다. 그게 핵심 인재 확보에 사활을 거는 모습으로 나타나고, 문화가 됩니다. 당연히 이 과정에서 또 투자할 수밖에 없습니다.

그런 과정에서 경쟁력이 생겨나고, 이 투자의 목적을 달성해 일류가 됩니다. 거기서 끝이 아닙니다. 일류가 되면 이번엔 초일류를 목표로 삼습니다. 그리고 그에 걸맞은 대규모 투자를 또 단행합니다. 순환의 논리입니다.[18]

실제로 지난 2013년, 스마트폰 호황에 삼성의 사업이 정점에 이르렀던 바로 그때, 그렇게 잘나가는데도 이건희 당시 회장은 "오히려 위기"라며 더 채찍질합니다. 직원들에게 "우리가 충분히 잘하고 있다는 생각을 버려야 한다. 안주하면 안 되고 더 높은 목표와 이상에 도달해야 한다"[19]고 독려합니다. 이 전 회장은 항상 그렇게 위기의식을 조장하고, 최악의 상황에 대비해야 한다며 고삐를 죄는 경영을 했습니다.[20]

8장

IT 혁신 그 위에 올라타다

당돌한 질문

TSMC 창업주 모리스 창을 만날 수 있다면, 물어보고 싶은 것이 하나 있습니다.

"왜 D램으로 시작하지 않았죠?"

모리스 창이 텍사스인스트루먼트TI에서 퇴직하고 새로운 일거리를 찾을 때, 그리고 마침내 대만 정부의 지원을 받을 수 있게 됐을 때, 그는 왜 D램이 아니고 하청을 선택했을까요?

너무 당돌한 질문인가요. 파운드리라는 이 시대 최고의 혁신적 비즈니스 모델을 만들어낸 거인에게, 파운드리를 파운드리가 아니라 '하청'이라고 말해가며 질문할 생각을 하다니요. 하지만 사실 그럴 만도 했던 것이, 당시 파운드리는 단순히 반도체를 대신 만들어주는 '하청 업체' 같은 이미지가 강했기 때문입니다. 2000년대에 이르러 반도체 설계와 제조가 분리되는 트렌드가 확산되기 전까지, 파운드리는 그저 소소하지만 안정적인 수익을 내는 사업일 뿐이었죠. 한 업계 관계자는 이렇게 설명합니다.

> 예를 들어보죠. 300밀리미터mm 동그란 웨이퍼 한 장에 (삼성처럼) 메모리칩을 만들어서 팔면 매출이 장당 3,000~4,000달러 정도 나옵니다. (인텔처럼) 마이크로프로세서(CPU)를 만들면 또 한 4,000~5,000달러 나옵니다. 그런데 (TSMC처럼) 파운드리를 하면요, 2,000달러 받기가 어려워요.
> 그러면 한 번 생각해보세요. 똑같은 시설 투자를 해서 파운드리를 하고 싶어요, 메모리가 하고 싶어요?
> 지금은 어떻게든 파운드리에서 미래 비전을 만들겠다는 삼성과 인텔이 사실 처음에는 파운드리를 그렇게 봤습니다.
> TSMC는 둘 다 못하니까 파운드리를 한 거라고 볼 수도 있습니다. 딱 만드는 데만 집중해서 웨이퍼당 2,000불을 받아도 원가를 절감하고 효율화해서 이익을 많이 낼 수 있는 겁니다. 삼성이나 인텔이 보면 덩치 자체가 작은 사업인거죠.
> 삼성은 이렇게 생각할 수 있죠. '내가 이만한 웨이퍼에 메모리를 찍어 팔면 5,000달러 받는데, 그 2,000달러 보고 그걸 해? 남을 위해서? 을이 되어 가면서?'[1]

이해가 되시죠? TSMC는 처음에는 큰 주목을 받지 못했습니다. 모리스 창도 2023년 MIT 강연에서 "처음 시작했을 때는 아무도 관심을 두지 않았어요. 성공하고 나서야 모두가 부러워하며 주목했죠"[2]라고 회상했습니다. 2007년 젠슨 황과 나눈 대화에는 아예 "그땐 우리 서비스가 좀 비쌌던 것 같아요. 사실 그래서 아무도 투자하려 하질 않았어요. 딱 미래가 없는 회사처럼 보였을 겁니다."[3]

그러니 궁금한 겁니다. "대만 정부가 전폭적으로 지원하고, 당신은 칩 제조 수율 관리의 신으로 불리었고, 누구보다 비즈니스의 특성도 잘 이해했는데 왜 더 큰 수익을 낼 수 있는 D램으로 시작하지 않았나요?"

아마도 창은 우선 "나는 D램 전문가가 아닙니다" 하겠죠. "이미 TI에서 일종의 파운드리 비즈니스도 해봤고, 내겐 그림이 있었어요."라면서요. 그래도 멈추지 않고 "MIT 강연을 보니 D램 산업에 대한 충분한 식견과 관심, 통찰력을 가지셨던데요?"라고 다시 물을 겁니다. 듣기를 간절히 원하는(?) 답은 '너무 치열한 경쟁', 그리고 '지나치게 큰 투자 규모' 때문이었다는 겁니다.

모리스 창이 대만으로 건너간 것은 1985년, 그리고 TSMC의 문을 연 것은 2년 뒤인 1987년 2월입니다. 그때 세계 메모리 업계에선 일본 업체들이 주도하는 혹독한 치킨게임이 벌어지고 있었습니다. 84년 약 4달러 하던 64K D램 가격은 85년 30센트까지 곤두박질치듯 떨어졌습니다. 메모리 가격은 원가를 턱없이 밑돌고, 일본 기업들은 그 낮은 가격에 메모리를 공급하며 미국 업체들을 다 학살하고 있었습니다. 삼성은 이때 막대한 적자 때문에 '삼성그룹 전체가 망한다'는 소리를 듣던 때였습니다.

그러니 "이런 레드오션에 신규 진입자가 어떻게 뛰어들겠어요? 성공도 장담할 수 없는데, 그 막대한 투자를 어떻게 감당하란 것이죠?" 라고 답할 수 있지 않을까요?

실제로 TSMC는 1994년, 뱅가드인터내셔널VIS이라는 대만 정부 주도의 메모리 기업에 주요 주주로 참여했습니다. 메모리 진출에 도전한 건데 실패합니다. 삼성전자 등 한국에 밀려 2000년에 메모리 시장에서 철수[4]합니다. 닷컴 버블이 꺼질 때 D램 시장은 전례 없는 수준으로 붕괴되었거든요.[5] 철수 발표를 모리스 창이 했습니다. 창은 당시 TSMC와 VIS의 회장을 겸임했거든요. 이후 VIS는 자동차 부품 반도체 중심의 파운드리 기업이 됩니다.[6]

메모리 시장의 객관적 조건이 그만큼 혹독합니다. 모리스 창이라 할지라도 성공하기 어려울 정도죠. 어떤 측면에서 모리스 창은 운이 나빴습니다. 삼성이 자리를 차지한 뒤에 도전해야 했으니까요.

그러나 아시다시피 전화위복이 됐습니다. 파운드리에서 결국은 금맥을 찾았죠. 앞서 말씀드린 2023년 MIT 강연에서 모리스 창은 이걸 언급하면서 일본의 착오를 지적합니다. 일본은 왜 붕괴했을까? (앞으로 말할 플라자 합의가 1번 이유이고) 다른 측면에선 '꼭 D램이 아니어도 되는데 D램에 집착했다'고 말합니다. 파운드리라는 비전을 가진 TSMC의 성공을 보라는 것이죠.[7]

"역사적 기회, 운명적 산업"[8]

삼성은 달랐습니다. 우선 조금 빠른 시점에 진입할 수 있는 행운이 있었습니다. 삼성이 1983년에 도쿄 선언으로 메모리 사업 도전을 발표했다고 말씀드렸죠? 미국에서 PC 시대가 시작되고, 이 PC에서 D램이 필수 부품으로 자리 잡은 것이 그 계기가 되었습니다. D램은 70년대 초반부터 존재했지만, 시장의 수요가 폭발한 것은 이 시점부터입니다. 정확한 연도를 딱 꼽긴 어렵지만, 1977년 애플이 애플2를 출시했을 때부터 1981년 IBM이 표준적인 PC를 출시[9]한 사이를 D램 시장의 태동기로 볼 수 있습니다.

이렇게 보면 1982년 보스턴대학교 명예박사 학위를 받으러 가는 길에 아들과 함께 미국 반도체 공장들을 시찰하고, 1983년 선언, 1984년 본격 생산에 나선 것이 그리 늦어보이진 않죠? 당시 D램 시장에는 수십 개의 영세 업체들이 경쟁하고 있었으니까요.

앞서 진대제 전 사장을 통해 '시작할 때 일본이나 미국과의 기술격차는 6년'이라고 말씀드렸죠. 그때는 엄청난 격차라고 말씀드렸지만, 역사적으로 냉정하게 판단하자면 넘을 수 없을 정도로 높은 장벽은 아니었던 겁니다. 만약 "지금처럼 3개 거대업체가 이미 시장을 과점해버린 뒤라면, 새로운 업체가 들어서지 못했을 것"[10]입니다.

삼성전자 사장을 지내고 SK하이닉스에서 부회장을 역임한 임형규 전 사장은 이를 '역사적 기회'라 표현했습니다.

1960년대에 PC가 출현했다면 우리는 D램을 만들 수 없었을 겁니다. 대한민국은 이제 겨우 전쟁의 폐허를 딛고, 가발이나 합판을 만드는 단순 제조업으로 공업화의 길을 시작했습니다. 그런 상황에선 도전 자체가 불가능합니다. 준비가 되어있지 않았으니까요.

하지만 PC는 1980년대 초반이 되어서야 본격적으로 확산합니다. 우리나라가 60~70년대 건설과 철강, 중공업, 자동차, 가전 등의 고부가가치 제조업으로 영역을 확장해 경험을 쌓은 뒤에 PC의 시대가 온 겁니다. 우리가 최소한의 역량을 갖춘 뒤였죠. 도전을 해볼 수 있게 됐습니다. 얼마나 다행인가요.

대기업 위주 개발 전략도 주효했습니다. 초기 성과가 이들 재벌 집단에 축적되어, 거대 투자를 감당할 자본을 마련할 수 있었습니다. 삼성뿐 아니라 현대, 금성(현 LG)이 함께 반도체를 만들겠다고 뛰어든 배경엔 이런 역사적 상황이 깔려 있습니다.

비유하자면 아무리 똑똑해도 초등학생이 대학의 '선형대수'나 '실해석'을 배울 수는 없습니다. 최소한 고등학생 정도는 되어야 '한번 배워볼까' 생각할 수 있죠. 다행히 IT 시대가 시작될 무렵 대한민국은 고등학생 정도는 되어 있었습니다. 임 전 사장은 "그때의 진입은 역사적 기회를 붙잡은 것이었고, 그로 인해 반도체는 우리에게 운명적인 산업이 된 것"[11]이라고 말했습니다.

30년 동안 끄떡없는 아이템

다음 행운은 '기가 막힌' 아이템이라는 것입니다. 이미 HBM을 다루면서 언급했듯이 '메모리'는 정말 탁월한 아이템이었습니다. 주연(CPU)이 아닌 조연이고 가격도 CPU보다 저렴하지만, 메모리는 그 형태도 크게 변하지 않았고 또 시장의 수요도 계속 좋았습니다.

파괴적 혁신의 사각지대

빠르게 변화하는 '두뇌'를 담당하거나 PC 완제품을 만들던 IBM이나 인텔, 그리고 HP 같은 기업의 운명은 롤러코스터를 탑니다. 특히 시장을 지배하는 IT 트렌드가 바뀔 때마다 '파괴적인 변화'가 일어납니다. 특정 시점에는 압도적 존재감으로 시장을 주도하다가도, 틈새에서 시작된 새로운 기술이나 서비스가 나타나 시장의 판도를 바꾸면[12] 기업의 운명이 풍전등화에 놓이는 거죠. 메인프레임의 시대에서 PC의 시대로 넘어갈 때, PC에서 인터넷의 시대로, 또 노트북의 시대로 넘어갈 때, 마침내 스마트폰의 시대로 넘어갈 때. 그때마다 시대를 상징하던 IT 기업들은 명멸합니다.

그러나 메모리는 달랐습니다. 트렌드 변화에 따라 두뇌가 프로세서에서 마이크로프로세서로, 또 서버용 프로세서로, AP로, 최근에는 GPU나 기타 가속기로 바뀌어도 메모리는 그대로 메모리였습니다. 두뇌가 어떤 계산을 하든 관계없이 '계산할 데이터를 저장해서 가져다주는' 역할에는 전혀 변화가 없었습니다.

점진적인 변화만 이어졌습니다. 무어의 법칙에 따라, 학습곡선의 지령에 따라 지속적으로 더 작고, 더 싸고, 더 빠른 메모리를 만들어 내기만 하면 됐습니다. 주연들의 시장에서 수많은 IT 기업이 나타나고 사라질 때, 메모리에서는 삼성이란 거인이 계속 자리를 지켰던 이유입니다.

끝없이 우상향하는 수요

어떤 디바이스가 지배하는 시대이건 IT 산업 자체가 없어지지 않는다면 메모리 산업은 변치 않고 이어진다고 말씀드렸죠? 더 행운인 점은 필요한 메모리의 개수, 즉 수요는 끝없이 증가했다는 점입니다.

컴퓨터가 메인프레임이나 미니컴퓨터처럼 전문가의 전유물이던 시절에서 개인용 컴퓨터의 시대로 전환되자, 대중 수요가 급증하며 메모리 수요도 함께 늘어났습니다. 인터넷 시대에 접어들자 PC 수요는 더욱 증가했고, 큰 기업들은 서버를 구축하기 시작하며 이로 인해 메모리 시장이 급팽창했습니다. 휴대용 PC, 즉 노트북의 등장도 메모리 수요 폭발을 가속화했습니다.

더 놀라운 수요 폭증은 스마트폰 시대에 이르러서 확인됩니다. 스마트폰은 이제 모든 사람이 손 안에 한 대 이상 가진 디바이스가 됩니다. 연간 판매량은 2024년을 기준으로 12억 대 안팎입니다. AI 시대라고 다를까요? 사람들은 더 많은 스마트 기기를 몸에 지니게 될 겁니다.[13] 사이클은 피할 수 없지만, 전반적으로 수요가 우상향[14]하는 행운, 이게 메모리 시장에 자리 잡았습니다.

자, 이제 삼성에게 주어진 산업 내부 '운'의 정체가 보이시나요? IT 산업은 끝없이 성장했습니다. 30년 넘게 메모리는 안정적으로 선두

기업에게 수지맞는 장사가 되어 주었습니다. 삼성의 든든한 본진이 되어주었습니다.

바로 이 안정적인 바탕 속에서 삼성은 '미래가 보이는 곳'에 과감하게 투자할 수 있었습니다.

LCD, 플래시, 스마트폰. 다 같은 이야기입니다. 메모리를 시작할 때 이 수많은 행운이 겹쳐져 있지 않았다면, LCD가 미래라고 느꼈더라도 기술이나 사업에 뛰어들 자금을 마련할 수 없었을 겁니다. 노어Nor가 아닌 낸드Nand 방식이 미래라고 상상할 수도 없었을 것이고, 스티브 잡스가 아이폰을 꺼내들어도, '혁신적이군' 생각은 했을지언정 '내가 만들 수 있어'라고 말하지는 못했을 겁니다.

IT 산업의 거대한 파도에 몸을 싣자, 삼성은 두둥실 떠올랐습니다.

모리스 창(1931~)
: 칩 산업의 패러다임을 바꾸다

MIT를 졸업하고 1958년 TI◆에 입사한 모리스 창은 트랜지스터 수율을 올리며 엔지니어로서 주목받게 됩니다.

모리스 창

수율은 웨이퍼에서 생산된 반도체 칩 중 정상적으로 작동하는 칩의 비율입니다. 제조사의 품질 기준을 충족하는 비율이죠. 수율이 높을수록 불량품이 적고 생산 효율이 높음을 나타냅니다. 그러니까 창은 불량률을 확 낮추는 제조 공정 관리에 탁월한 재능을 보인 겁니다.

입사 9년 만인 1967년, 36세에 IC 총괄 관리자가 됩니다. 그는 반도체 가격책정 공식을 바꿔버립니다.[15] 가급적 비싼 가격을 매겨 비용을 빨리 회수하려는 것이 전통적 가격 책정 방식이라면, 창은 싸게 파는 방식을 주창합니다.

왜일까요? 답은 앞선 7장에 나와 있습니다. 학습곡선입니다. 많이 만들어본 회사가 더 잘 만듭니다. 생산량이 많을수록 제조 경험이 축적되고 수율이 개선되며, 자연히 원가도 하락합니다. 그러면 많이 만드는 그 자체가 몹시 중요한데, 그러려면 소비자들의 진입문턱을 낮춰야 합니다. 가격을 낮춰야 한다는 결론에 이르는 것이지요. 치킨게임의 그림자가 보이죠?

텍사스인스트루먼트TI

TI는 1950년대까지는 트랜지스터 단품을 판매했고, 60년대 중반 이후부터 여러 트랜지스터 등을 반도체 칩 위에 통합한 집적회로IC를 제조한 기업입니다. IC 칩을 처음 만든 게 TI의 잭 킬비이고, 이 공로로 2000년에 노벨 물리학상을 받습니다.

창은 TI의 생산라인을 최대한 가동해 시장 점유율을 늘리고 경쟁사를 압박하며, TI를 세계 최대 IC 기업으로 성장시켰습니다.

그러나 좋은 날은 오래가지 않았습니다. 승진을 거듭해 1978년, 소비자 제품 총괄 부사장이 됩니다. CEO로 가는 길인 줄 알았지만, 실패를 맛봅니다. 계산기, 손목시계를 만들어 소비자에게 파는 이 부문에서 미국은 당시 '떠오르는 고질라', 일본의 상대가 되지 못했기 때문입니다. 결국 창의 승승장구는 멈추고, 입사 25년 만이던 1983년에 TI를 떠납니다.

모리스 창은 이후 제너럴인스트루먼트General Instrument Corporation의 최고 운영 책임자로 2년간 근무했 으며, 이후 반도체 산업을 키우고 싶었던 대만 정부의 적극적인 제안을 수락해 산업기술연구소ITRI 회장직을 맡습니다. 그리고 2년 뒤 TSMC를 창업합니다.

9장

마지막 퍼즐,
지정학적 행운

일본의 가격 후려치기

2001년, 한국 D램 때문에 고통받던 일본의 네 개 전자회사가 일본 정부에 호소합니다. 한때 세계 D램 시장 1위였던 NEC를 비롯해 히타치와 도시바, 미쓰비시가 함께 일본 정부에 매달렸습니다. "한국 업체들의 덤핑 공세를 제발 멈춰주세요!"[1]

한국 D램이 싸도 너무 싸다는 겁니다. 일본 정부는 이 요구를 받아들여 이듬해 보복 차원에서 상계관세를 부과합니다. 우리 정부는 반발하며 WTO에 제소합니다. 2007년, '일본 정부 조치가 WTO 협정 위반'이라는 판결을 받아냅니다.[2] 근거가 없는 보복 조치라고 인정받았습니다.

사실 일본의 보복은 자가당착입니다. 일본 기업들이야말로 80년대 중반, 삼성전자의 싹을 처음부터 잘라놓으려고 덤핑공세를 벌였기

512M D램 출시 후 가격 변화

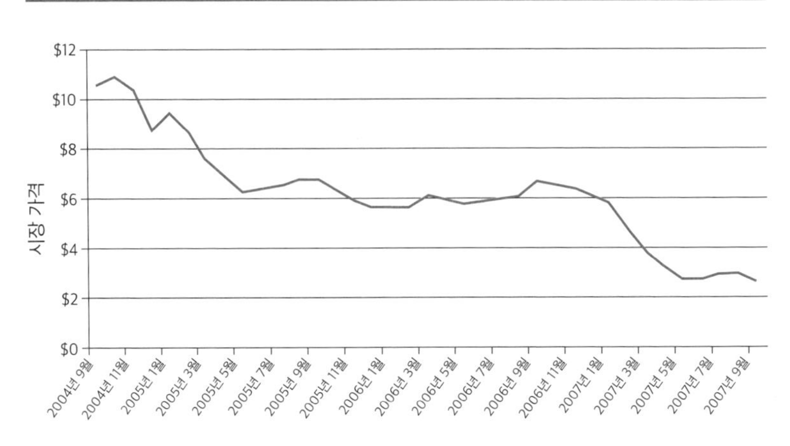

자료: Monolithic IC 3D

때문입니다. 삼성전자가 새 D램을 내놓을 때만 되면 가격을 후려쳤습니다.[3] 후발주자를 견제한 겁니다.

D램 가격 공부를 좀 하고 가겠습니다. 원래 가격은 출시 초기에 가장 비쌉니다. 우선은 막대한 R&D 비용을 회수해야 해서 그렇고, 신제품은 수율이 낮아서 원가가 높기 때문입니다. 신제품이니 수요 대비 공급이 달려서 그렇기도 합니다.

그러다가 시간이 지나면 가격이 급격히 떨어집니다. 생산량은 늘고, 공급과잉이 발생하게 됩니다. 평균 판매가격을 내릴 수 있게 되는 겁니다. 실제로 위의 그래프[4]를 보면, 2004년 출시 당시 11달러였던 512M D램은 3년 뒤 3달러 아래로 떨어집니다.

그리고 또 하나, 시간이 흐르면 회계적으로 가격을 내릴 수 있는 여지가 생깁니다. 반도체 제조장비는 엄청나게 비쌉니다. 이 설비투자 비용을 원가에 반영하죠. 회계 용어로 감가상각이라고 합니다. 5년에 걸쳐, 매년 20% 정도 반영한다고 해보죠. 이 경우 5년이 지나면 더 이상 반영할 필요가 없습니다. 감가상각이 100% 끝난 겁니다. 그러면 회계상 제조원가가 확 싸집니다. 가격을 더 내릴 여지가 생깁니다.

자, 공부가 끝났으니 다시 일본의 가격 후려치기로 가죠. 삼성이 처음 만들어 시장에 판 D램은, 일본 기업 입장에서는 감가상각이 끝난 제품이었습니다. 그에 따라 회계 원가는 저렴했습니다. 의지만 있으면 가격을 얼마든지 깎을 수 있었고, 실제로 그렇게 한 겁니다. 우리나라 최고의 반도체 애널리스트 가운데 한 분인 이승우 유진투자증권 리서치센터장은 당시를 기억합니다.

> 당시 삼성이 메모리를 시작한다고 하자, 일본도 경계를 했습니다. 그래서 일본 업체들이 꺼내든 카드가 가격 인하였어요. 삼성이 만드는 반도체에 대해서는 의도적으로 가격을 굉장히 큰 폭으로 인하를 했었습니다. 당시 삼성이 만들던 제품들은 감가상각이 끝난 라인에서 제조가 됐기 때문에 원가가 굉장히 낮았거든요.
>
> 일본이 물량을 쏟아내기 시작하니까 삼성은 시작하자마자 엄청나게 큰 폭의 적자를 보는 어려운 상황이었습니다. 만약 그 상태가 지속됐으면 사실은 삼성 반도체가 지금 살아남지 못했을 가능성도 있습니다.[5]

이 위기를 우리 기업들은 어떻게 극복했을까요? WTO 제소요? 아닙니다. 정답은 '극복하지 않았다'입니다. 대신 운이 좋았습니다. 서양 속담에 '운 좋은 건 못 당한다' 했습니다. 바로 그겁니다.

냉전의 그림자

《칩 워》를 쓴 크리스 밀러는 원래 역사학자입니다. 2024년 미국 보스턴에서 만난 밀러는 "냉전과 러시아사를 연구하다가 반도체에 관심을 가지게 됐다"고 말했습니다. "소련은 냉전에 들어갈 때 미국과 똑같이 핵무기와 장거리 미사일을 가졌었는데, 왜 30~40년 뒤에 한참 뒤처지게 될까? 방어체계의 정밀도, 통신, 센서가 모두 엉망이 되었을까?"라고 묻고는 '첨단 반도체 생산능력의 부재'를 발견합니다.

> 소련의 패배는 첨단 반도체 생산에 실패했기 때문입니다. 그래서 컴퓨팅 산업에서 뒤처졌어요. 컴퓨터 자체도 부족했고요. 결국 정밀유도 미사일 등 무기 체제를 빠르게 발전시키지 못하게 됩니다. 군비 경쟁에서 밀린 것은 직접적으로 이때문입니다.[6]

소련도 시도했지만 실패합니다. 서방이 합심해서 반도체 기술이 공산권으로 이전되는 것을 막았습니다. 그 유명한 대공산권수출통제위원회COCOM가 지휘했습니다. 통제를 우회한 밀반입에는 한계가 분명했습니다. KGB 첩자였던 알프레드 사란트와 조엘 바(미국 뉴욕 태생)는 소련 컴퓨터 산업을 돕기 위해 소련으로 망명했지만, 반도체를

만드는 데는 실패합니다.[7]

이렇게 냉전 상대인 소련은 강력하게 봉쇄했지만, 반대로 일본은 지원했습니다. 일본은 미국 태평양 정책의 핵심이었으니까요. 기술을 가져가도, 시장을 뺏어가도 너그럽게 이해했습니다. 군사력은 통제하지만, 경제는 풀어준 겁니다.

문제는 1980년대에 이르러 일본이 경제적으로 너무 커버렸다는 데서 발생했습니다.[8] 당시 미 상무부 자문위원이었던 클라이드 프레스토위츠는 "디스크 드라이브, 로봇, 프린터, 광섬유, 위성지상국, 첨단 산업용 세라믹까지 모두 일본이 지배"한다며[9] "일본이 실리콘밸리를 제치고 혁신의 메카가 될 수도 있다"고 강력한 대응을 촉구했습니다. 특히 문제는 반도체였습니다.

미·일 반도체 협정

1970년대 초까지도 미국의 반도체 산업 점유율은 괜찮았습니다. 세계 60%, 내수 95%였습니다. 일본 시장도 25% 점유했죠.[10] 하지만 1982년이 되면, 미국의 세계시장 점유율이 51%로 떨어져버립니다. 일본이 35%를 차지하죠. 1989년에는 숫자가 반대가 됩니다. 미국이 35%, 일본이 51%가 됩니다.[11]

그나마 전체 반도체 시장 통계는 나은 편입니다. D램만 떼어놓고 보면 공포스럽습니다. 1985년 기준으로 일본 기업은 미국에서 팔리는 256K D램의 92%를 점령했습니다.[12]

미·일 반도체의 세계 시장 점유율 변화

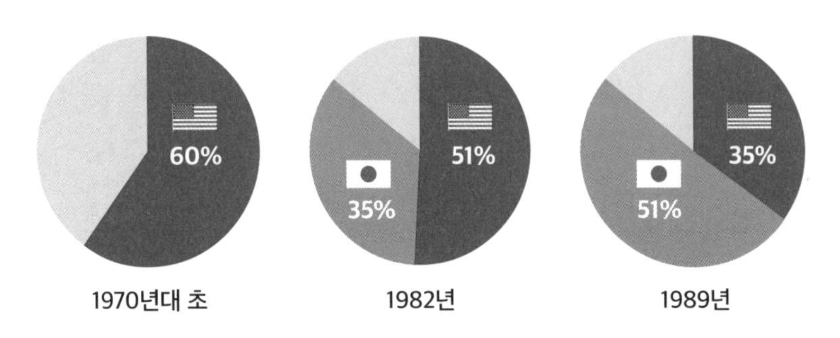

미국 시장의 256K D램 점유율

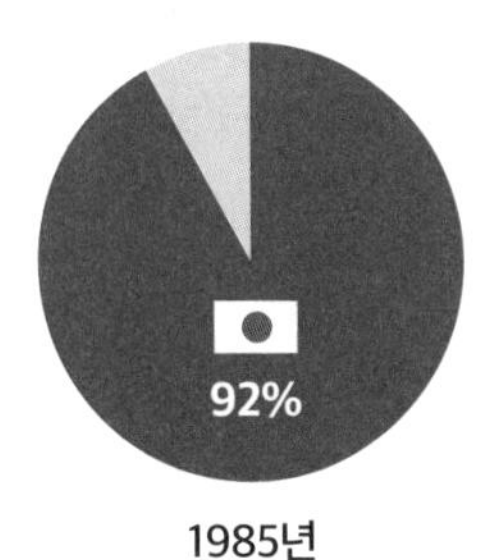

자료: 미국 반도체 국가자문위원회

공포에 질린 인텔 등 미국 D램 기업들은 일본 제품 수입을 막아달라고 요구합니다. 그리고 미국의 레이건 정부는 행동에 나섭니다. 일본을 압박해 1986년의 미·일 반도체 협정을 이끌어냅니다. 당시 레이건은 "미국의 국가 경쟁력에 직결되는 칩 산업이 불공정한 무역관행 때문에 위태로워지는 걸 보고 있을 수 없다"고 하고, 뉴욕타임스는 "왜냐면 칩은 국가 안보에 직결되니까"[13]라고 화답합니다.

내용은 황당합니다. 미국의 헤리티지 재단이 요약한 당시 협정의 핵심[14]을 쉽게 표현하면 아래와 같습니다.

1. 일본 정부는 미국에 수출하는 일본 기업의 반도체 제조 원가를 모니터링해서 생산 원가보다 싸게 팔지 못하게 만듭니다.
   (덤핑 금지)
2. 위 조치는 미·일 양국 이외의 다른 나라들에도 적용합니다.
   (제3국 규정)
3. 일본 기업은 미국 정부와 협의해서 판매 가격을 설정합니다.
   (수출가격 협의)
4. 일본은 자국 시장을 미국 기업에 개방합니다. 미국 제품에 최소한의 점유율을 보장하세요. (시장 개방)

기업의 생산 원가를 알려면 장부를 들여다봐야 합니다. 세무조사를 해야 합니다. 또 기업의 가격 결정을 다른 나라 정부와 상의하다니요? 그걸 자본주의의 심장 미국 정부가 요구하네요. 일본 시장의 강제 개방 요구는 더 황당합니다. 미국 반도체가 비싸서 안 팔리는데, 강제로 시장의 10%를 할당하라는 요구니까요. 나중에 일본 정부는 비율을 맞추려고 '미국 제품'에 보조금을 주기까지 합니다. '가장 논쟁적인 1980년대 무역 정책'[15]이란 평가가 나오는 이유입니다.

경제를 경제가 아닌 안보의 논리로 바라보면 이렇게 냉혹해집니다. 이것이 지정학의 세계입니다. 산업을 지키고, 나아가 패권을 지키기 위해, 동맹도 하루아침에 적으로 간주하고 압박하는 것이 강대국 미국의 두 얼굴인 겁니다.

그런데 말입니다, 1986년 미국의 이 무시무시한 일본 압박이 한국 기업 삼성전자 입장에선 어떻게 보였을까요?

구세주였습니다. 새로운 경쟁자를 압박해 시장에서 퇴출하려던 일본을 미국이 압박해주니 우리는 한숨 돌릴 수 있게 됐죠. 일례로, 미국에서 팔리는 1M D램의 가격은 협정 체결 뒤 5달러가 됩니다. 올랐습니다. 일본 제품 가격이 관세와 강제 조정을 통해 비싸졌으니까요. 유럽에선 3.9달러인데, 규제를 하는 미국에선 20% 넘게 비싸진 겁니다.

한국 제품이 좀 더 잘 팔리겠죠. 실제로 비싸진 D램 가격 때문에 규제를 받지 않는 한국 제품의 미국 진출은 가속화됩니다.[16] 한국의 삼성이 일본에 위협이 되어 일본 입장에선 '앞에는 인텔, 뒤에는 삼성'이 위협하는 구도[17]가 만들어집니다.

미국은 이 구도를 반기기까지 합니다. 실제로 실리콘밸리는 일본에 맞서는 방법으로 한국을 떠올립니다. 한국을 일본보다 더 저렴한 D램 공급원으로 하고, 미국은 R&D 에너지를 더 부가가치가 높은 제품에 집중하는 계획입니다. 인텔의 창업자 밥 노이스는 실제로 동료 창업자 앤디 그로브에게 "한국과 함께하면 한국이 더 싸게 팔 테니, 일본이 덤핑을 해도 D램 시장을 독점하는 건 불가능해지고, 일본은 결국 치명적인 결과를 맞게 될 것"[18]이라고 말합니다.

미국은 그렇게 삼성전자에게 '시장'을 주었고, '기술'도 함께 줬습니다. 이정동 교수는 저서 《최초의 질문》에서 이 상황을 선배 엔지니어의 말을 빌려 이렇게 이야기합니다. "그때 미국이 이상할 정도로 쉽게 기술 이전을 해주더라."[19]

플라자 합의

하지만 이 그림을 완성하는 건 역시 우리 모두가 알고 있는 '플라자 합의'입니다. 미국 뉴욕의 플라자 호텔에서 1985년 9월 22일 이뤄진 미·일·영·프·독 5개국의 합의입니다. 쉽게 말하자면 '미국의 처지가 곤란하니, 수출을 많이 하는 일본과 독일의 통화 가치를 좀 높입시다' 하는 합의입니다.

미국이 이런 합의를 강요한 것은 불황에 빠진 경제 상황 때문이었습니다. 국제수지도 적자, 재정수지도 적자인 쌍둥이 적자이기도 했습니다. 이렇게 경제가 힘든데, 일본(과 독일)의 경제 상황은 너무 좋습니다. 자동차와 가전제품을 미국에 끝없이 수출합니다. 미국의 자동차와 가전제품 기업은 곤경에 빠집니다. 반도체만의 문제가 아니었던 거죠. 급기야 일본의 1인당 GDP는 1980년대 후반에 미국을 추월합니다.

이런 상황에도 환율은 이상하게 강달러였습니다. 미국 경기가 안 좋고 일본 경기가 좋으면 엔화가 강해져야 합니다. 그게 '국제경제학' 교과서에서 말하는 환율의 자연스런 흐름인데, 현실에선 그렇지 않았습니다.

플라자 합의와 달러/엔 환율 변동

미국은 심기가 불편해서 이런저런 무역 보복, 관세 보복을 해보지만 소용이 없습니다. 그런데 '일본은 수출로 천문학적 흑자를 보는데도 왜 엔화 환율이 약세지? 너무 이상하다, 환율 조작하는 것 아니냐?' 하는 의심까지 들고, 그러니 '진정 떳떳하다면 정당한 수준까지 통화가치를 높여(환율을 평가절상 해!)'라는 요구를 한 겁니다.

일본이 약속한 절상 폭은 약 10% 정도였습니다. 이제 G2가 된 일본은 '강해지는 스스로의 국력'을 의식하고 책무를 다한다[20]는 생각으로 약간의 희생을 감당하기로 한 겁니다. 실제로 합의 6주 뒤, 일본 엔화는 14% 정도 평가절상 됩니다. 이 정도는 약속한 대로죠.[21] 문제는 이후입니다. 일본 엔화 가치가 계속 오르는 겁니다. 3년이 지나면서 환율이 합의 전의 50% 수준까지 떨어집니다. 엔화 가치가 2배로 치솟았다는 얘기입니다.

엔화 가치가 2배가 되었다는 말은, 수출 가격이 2배가 되었다는 뜻입니다. 일본 기업은 똑같은 가격에 파는 것인데, 미국으로 가는 순간에 제품 가격은 2배가 됩니다. 일본 반도체가 미국을 휩쓸고 미국 업체들이 고통을 호소했던 이유는 '가격 경쟁력' 때문인데, 그게 옅어지는 겁니다.

이제 이번 장을 마칠 때가 됐습니다. 이 장을 시작하면서 "삼성이 덤핑 공세로 압박하는 일본을 어떻게 이겨냈나요?"라고 질문한 뒤 "극복하지 않았다"라고 말씀드렸죠. 지금까지가 '어떻게 극복하지 않고 메모리 시장을 접수했는지'에 대한 지정학적 답이었습니다.

지정학이 미국으로 하여금 일본 반도체의 영향력을 견제하게 했고 그 과정에서 한국을 도왔다는 이야기, 어떤 속담이 떠오르지 않으십니까? 크리스 밀러가 말합니다. "적의 적은 나의 친구죠.[22] 지정학적으로는 특히 그렇습니다. 상업적인 측면에서도 마찬가지고요."[23]

1988년, 삼성의 해

플라자 합의로부터 3년 뒤, 그리고 미·일 반도체 협정으로부터 2년 뒤인 1988년으로 가봅니다. PC 수요가 회복되면서 오랜 반도체 불황이 갑자기 호황으로 전환됩니다. D램 품귀현상이 빚어집니다. 첫 번째 이유는 일본의 치킨게임 공세에 견디다 못한 미국 D램 업체들이 대거 시장에서 나갔기 때문입니다. 인텔이 대표적입니다. 두 번째로 일본 기업들은 무역 갈등을 빚은 데다, 불황에 자신감을 잃어 투자를 줄

여버렸습니다.[24]

이때 삼성이 화려하게 등장합니다. 1984년부터 1987년까지 1,500억 원 안팎의 천문학적인 적자를 내면서도 공장 증설을 계속했기 때문입니다. 임원들은 2라인을 너무 빨리 지었다고 후회했는데, 이병철 회장은 멈추지 않고 3라인(1M D램 라인) 건설을 지시합니다.

왜 늦냐, 빨리 해라. 우리에게 좋은 기회가 오고 있다

회사에선 "누가 회장을 말려서 포기하게 해야 한다"는 말까지 나왔다죠.

내일 착공해라, 내가 직접 착공식에 참석하겠다.[25]

폐암 말기로 남은 날이 얼마 없던 이 회장은 막무가내로 종용했고, 결국 비가 오던 1987년 8월 8일 3라인 착공에 들어갑니다. 이 회장은 석 달 뒤 11월 19일 영면에 들지만, 삼성의 운명은 이듬해 바뀝니다. 반도체 품귀로 D램 가격은 급등했고, 삼성은 공장을 풀가동합니다. (3라인은 1988년 10월에 준공합니다.)

삼성전자는 한국반도체를 인수한 지 14년 만에, 도쿄 선언을 발표한 지 5년 만에 첫 흑자를 냈습니다. 첫 이익 규모는 상상을 초월했습니다. 5년간의 누적 적자를 제하고도 순이익이 1,600억 원에 달했습니다.[26]

그림이 완성되다

2부를 시작하면서 6장에서 모리스 창의 질문을 하나 활용했었습니다. 아래 질문입니다. 기억나시나요?

> 1970년대와 80년대, 일본 회사들이 칩 제조 산업에서의 리더십에 도전합니다. 그러나 여러 요인으로 인해 90년대 초에 실패로 끝납니다. 왜 용두사미가 됐을까요?

중간 점검을 해보죠. 우선, 6장에서는 '삼성이 잘해서요'라고 답했습니다. '공존'을 허락하지 않는 반도체 산업의 특성은 삼성이 부상하고, 일본 업체들이 몰락하는 상황으로 이어졌습니다. 진대제 전 사장 말대로 일본을 집어 삼켰습니다. 그리고 7장에서는 '그 잘한 일을 무한 증식했다'고도 말씀드렸습니다. 메모리에서 번 돈과 경험으로 LCD, 플래시, 스마트폰으로 영토를 넓혔습니다. 특히 스마트폰이 결정적입니다. 2013년 즈음에는 '삼성이 다섯 번째 빅테크'라는 말까지 들었죠. 여기까지가 '삼성의 부상'에서 삼성이 한 일입니다.

그다음부터는 '운'이 엄청나게 좋았다는 얘길 했어요. 8장에서는 '삼성이 세계 IT 산업의 흐름이라는 파도를 기가 막히게 탔다'는 이야기를, 이번 9장에서는 '지정학적 행운'을 말했고요.

제 이야기는 여기까지입니다.

저 질문에 대해서 모리스 창의 답은 무엇이었을까요? 이건 별책부록입니다만, 그는 짧게 이렇게 말합니다.

많은 이유가 있겠지만, 가장 중요한 이유 가운데 하나는 플라자 합의예요. 합의 이후로 일본 엔화 가치가 급등했어요. 불과 2년 반 만에 거의 2배가 됐죠.

삼성의 능력보다, 플라자 합의를 제일 먼저 꼽은 겁니다. 그리고 농담처럼 한마디 덧붙입니다.

어쨌든 나는 그때(1987년) TSMC를 창업했어요. 혁신적인 비즈니스 모델에 기반한 회사였죠.

이 말은 다음 혁신의 시대를 의미하는데, 곧 다시 얘기할 기회가 있을 겁니다. 더 급한 문제로 바로 갑니다. 승리의 기쁨을 만끽하던 삼성의 시간은 지나고, 공든 탑이 지금 무너지고 있습니다. 일단 그 첫 번째 이유로 가 보시죠.

10장

한계에 부딪히다, D램의 위기

더 작게 더 싸게

D램 미세화에는 이제 진전이 없습니다.[1]

D램 미세화의 전성기에 D램 생산 비용은 대략 10년마다 가격이 100분의 1로 떨어졌습니다. 다음 쪽의 그래프를 보시죠. 1985년에 기가바이트당 100만 달러 수준이던 D램 생산 비용은 10년 뒤 1만 달러 수준으로 떨어집니다. 다시 10년 뒤인 2005년에는 100달러 수준이 됩니다. 10년마다 생산 비용이 대략 100분의 1씩 줄어들었습니다.

생산 비용이 급격히 떨어지는 이유는 D램 크기가 급격히 작아졌기 때문입니다. D램 하나의 크기가 작아지면 작아질수록, 똑같은 크기의 웨이퍼 1장에 찍어서 생산할 수 있는 D램의 개수는 훨씬 많아집니다. 똑같은 재료(웨이퍼)에서 더 많은 D램을 만드니 생산 비용이 싸

기가바이트당 D램 생산 비용 추이

자료: semianalysis.com

진 겁니다. 동시에 빨라지죠. 이동 거리가 짧아지면 배달이 빨라지듯, D램도 작아질수록 신호 이동이 빨라져 성능이 향상됩니다. 이것이 무어의 법칙의 위대함입니다. 더 작으면 더 빠르고 곧 생산 단가도 더 싸집니다.[2]

하지만 다시 10년 뒤인 2015년, 생산 비용은 10달러 수준으로 떨어지는 데 그쳤습니다. 100분의 1이 아니라, 10분의 1밖에 안 떨어졌습니다. 비용 하락 속도가 느려졌습니다. 그리고 10년 뒤인 2025년 생산 비용은 1~2달러 선에 머물고 있습니다. 역시 10분의 1 혹은 5분의 1 수준이 되는 데 그칩니다. 비용 하락 속도가 매번 느려지고 있습니다.

작게 만들기가 어려워졌습니다. 이미 너무 작아져서 더 작게 만드

D램 공정 미세화 타임라인(2000년대 이후)

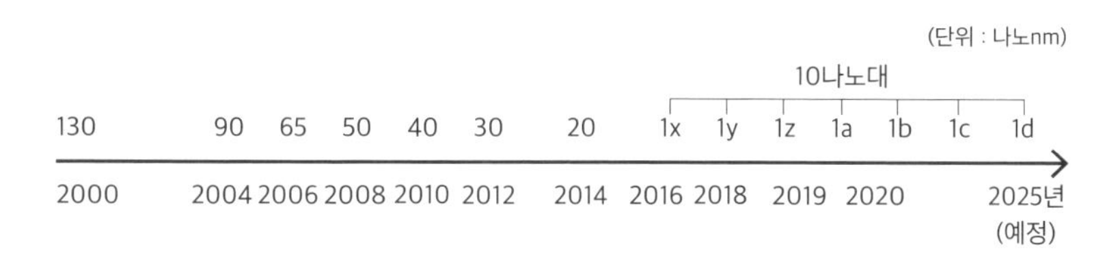

는 게 물리적으로 힘든 겁니다. 경제적으로도 힘듭니다. 너무나 작은 칩을 만들려면 그만큼 극도로 정밀한 장비와 소재와 약품을 써야 합니다. 아무나 못 만들고, 그래서 모두 다 너무 비쌉니다.

그리하여 작아지는 속도가 느리고, 그만큼 성능 향상 속도도 느리고, 가격은 덜 떨어지는 시대가 되었습니다. 같은 이야기를 2000년대 이후의 공정 미세화 타임라인으로 다시 한 번 살펴보시죠.

위의 장표를 봐도 상황은 똑같습니다. 점점 더뎌지고 있습니다. 특히 2016년 10나노대 공정에 처음(1x) 들어선 뒤, 10년이 지난 지금까지도 10나노대에 머물러 있습니다.[3] 그나마도 최신 6세대 1c공정은 SK하이닉스만 공식적으로 수율과 품질의 측면에서 양산 단계에 들어섰다고 발표한 상황입니다.

그리고 다음 공정도 10나노입니다. 10나노 7세대, 1d 공정이 예정되어 있습니다. 앞으로는 1나노 전진하는 것도 쉽지 않을 겁니다.[4] 실제로 삼성전자는 9나노 이후로는 더 이상 미세화로 성능을 향상시키는 것이 어려워질 수 있다[5]고 내다보고 있습니다. 기술적으로 가능할지는 몰라도, 경제적으로 그럴 만한 가치가 있는지 따져봐야 한다고 했습니다. 너무 많은 돈이 들기 때문이죠. 메모리칩 미세화는 이렇게 한계에 다다르고 있습니다.

무어의 법칙은 끝났다?

아이폰16이나 갤럭시24에 들어가는 AP칩은 크기가 손톱만합니다. 그 안에 무수히 많은 트랜지스터가 들어 있습니다. 개수는 무려 200억 개 안팎입니다. 손톱만한 공간에 200억 개, 상상이 잘 안 가실 겁니다.

《칩 워》를 쓴 크리스 밀러는 이 트랜지스터를 바이러스와 비교합니다. 최신 트랜지스터 하나의 크기는 대략 코로나 바이러스 입자의 절반 크기라는 것이죠.[6] 맨눈으론 당연히 볼 수 없고(코로나 바이러스를 맨눈으로 목격한 분 안 계시죠?) 어지간한 현미경으로도 보이지 않습니다. 이런 제품을 만드는 일은 당연히 너무나 어렵습니다.

물리적 한계보다 더 중요한 것은 경제적 한계입니다. 모리스 창은 일찍이 무어의 법칙이라는 러닝머신 위에서 반드시 속도를 유지해야 한다고 말했습니다.[7] 그러지 못하고 떨어지면 바로 시장에서 낙오하기 때문이지요.

D램의 경우, 과거 일본과 한국 기업이 치열하게 경쟁할 때는 세대 전환이 지금과 비교하면 상대적으로 간단했습니다. 그래서 삼성 같은 신규 진입자들이 매우 빠르게 새로운 세대 팹을 짓고 또 짓는 식으로 빠르게 공정을 진화시켰죠.[8] 지금은 다릅니다. 한계가 분명합니다.

더 작은 칩을 만들기 위해 써야 하는 장비가 점점 많아지고 대당 가격은 비싸집니다. 자연히 팹의 규모도 커집니다. 이제는 정말 이렇게까지 비용을 들여야 하나, 하는 수준까지 왔습니다. 그래서 지금 시장에 단 세 개의 회사만이 남아 있는 겁니다.

반도체 회로를 빛을 이용해서 그리는 리소그래피라는 핵심 장비가 있습니다. EUV[9]Extreme Ultraviolet(극자외선)를 사용하는 최신형 제품 기준으로 1대에 2,000억 원을 훌쩍 넘습니다. 이런 장비가 한 라인에 몇 대씩 필요합니다. 그 외 고가 장비도 셀 수 없이 많습니다. 수십 대를 이어 붙여야 한 라인이 완성됩니다. 이런 공장 하나가 200억 달러를 호가합니다. 현재 TSMC나 삼성전자가 미국에 짓고 있는 반도체 공장fab이 그렇습니다. 우리 돈 28조 원 안팎입니다.

앞으로는 더 많이 듭니다. 이게 지속 가능한지 물음표를 품은 사람들이 많아진 이유입니다. 무어의 법칙은 물리 법칙이지만, 진정한 의미에서는 경제학적인 원리에 의해 실현 가능한 건데, 단위 트랜지스터당 가격이 올라가는 상황으로 간다면 그것은 의미 없는 무어의 법칙이 되는 것이죠. 그래서 무어의 법칙은 곧 끝난다는 말이 나오는 겁니다. 다만, 회사별로 차이는 있습니다.

6번 접는 삼성, 7번 접는 경쟁자

비유적으로 얘기해볼까요? 혹시 옆에 A4 사이즈 종이가 있다면, 몇 번이나 반으로 접을 수 있는지 한번 접어보시죠. 저는 6번이 한계였습니다. 열 번 이상 접을 수 있을 줄 알았는데, 생각보다 어려웠습니다. 6번을 접고 나니 제 능력으로는 더 접기가 불가능했습니다.

직관적으로는 이게 무어의 법칙의 한계입니다. 처음에는 쉬웠습니다. 그런데 이 일을 반세기 정도 해보니까, 더 작게 만드는 게 불가능하다 싶을 정도의 순간이 온 겁니다. 삼성에게도, SK하이닉스에게도, 또 마이크론에게도 이 한계는 똑같습니다. 그런데 아직은 완전히 극복할 수 없는 단계에 들어선 것은 아닙니다. A4 종이 접기가 6번이 한계인 저 같은 사람도 있지만, 그래도 7번, 혹은 7번에서 한 걸음 더 나아가는 사람도 있을 수 있으니까요.

메모리 업계의 유일한 생존자, 삼성-SK하이닉스-마이크론 사이에도 이런 유사한 차이가 있습니다. 일단 2019년 이후로 삼성은 선단 공정 개발 경쟁에서 지고 있습니다. 마이크론과 SK하이닉스가 번갈아 먼저 나아갑니다. 2025년 최신 공정인 10나노대 6세대 1c 공정의 경우 SK하이닉스가 먼저 양산을 시작했습니다.

비유하자면 SK하이닉스가 종이를 먼저 한 번 더 접었습니다. 삼성은 2019년 이후 먼저 접어본 적이 없습니다. 우선 삼성은 이렇게 더 작게 만드는 전쟁에서 뒤처지고 있습니다.

패키징: 더 작게 만드는 대신

그런데 우리는 더 작게 만들지 않고도 메모리 성능을 향상시킬 수 있는 다른 방법을 알고 있습니다. 삼성의 두 번째 사과에 등장하는 제품입니다. 삼성이 엔비디아에 납품하지 못해서 곤경에 처했다고 설명해드린 바로 그 특수 메모리 HBM입니다.

HBM의 핵심은 패키징입니다. 더 작게 만드는 대신, 여러 개의 메모리를 쌓아 올리는 패키징을 통해서 성능을 향상시킨 제품입니다. 메모리 업체들이 작게 만드는 걸 너무 힘들어하자, 답답해진 AMD나 엔비디아 같은 회사가 우회로로 삼은 방법론이죠.

'더 작게는 못 만든다고? 그럼 한번 쌓아봐.'

AMD가 먼저 방법을 찾기 시작했지만, 더 다급하고 적극적이었던 것은 엔비디아였습니다. AI 시대에 각광받는 엔비디아 GPU의 동시 병렬 연산 성능이 제대로 발휘되려면 무조건 빠른 메모리가 필요했으니까요.

처음에는 모두가 반신반의했습니다. 가장 큰 문제는 가격이었죠. 너무 비쌌습니다. 일반 D램의 3배에서 5배에 달합니다.[10] 쌓는 공정이 들어가는 데다, 수율이 안 좋거든요. 당연합니다. 위아래 메모리를 특수 소재로 붙이는 과정에서 필연적으로 열이나 압력을 가해야 합니다. 불량도 많고, 재료비도 많이 듭니다.

다만 만들다 보면 노하우가 생기기 마련입니다. 신소재가 등장하기도 하고요. 그러면 어느 순간, 수율이 비약적으로 높아질 수 있습니다. 이게 SK하이닉스가 한미반도체, 나믹스, 엔비디아, TSMC와 함께 HBM을 만들면서 경험한 발전입니다. 그렇게 HBM이라는 AI 반도체와 궁합이 딱 맞는 새로운 반도체가 등장했습니다.

이젠 가격도 문제가 되지 않습니다. 빅테크 기업들에겐 AI 시대에 뒤처지는 것보다 무서운 것은 없으니까요. 얼마가 됐건 만들기만 하면 팔리는 상황, 없어서 못 파는 상황이 됐습니다.

파괴적 혁신의 승자

저명한 경영학자 클레이튼 M. 크리스텐슨이 살아 있다면 분명 HBM을 둘러싸고 벌어진 일을 파괴적 혁신◆이라고 말할 겁니다.

HBM은 처음에 분명 성능이 좋아지는 측면은 있어 보이는데, 너무 비싸집니다. 처음 개발할 때만 해도 시장이 작고 수익성이 낮아보였습니다. 기존 D램 고객 대부분은 별로 필요로 하지도 않았습니다. AMD, 엔비디아만 호들갑이었죠. 반면 수율이 낮고 각종 부대비용은 크게 늘어 비효율적이었습니다.

삼성은 그래서 HBM 개발을 중간에 멈췄습니다. 기존 시장에서 30년간 1위를 유지하며 거대한 매출과 이윤을 유지하고 있었습니다. 이 매출을 희생하면서 기대할 수 있는 HBM의 매출과 이익의 규모가 상대적으로 적었기 때문입니다. AI 시장은 아직 별로 크지 않아보였

파괴적 혁신 이론[11]

성능은 좋지만 비싸고, 기존 주류 고객층이 필요성을 느끼지 못하는 기술은 초기 시장에서 비효율적으로 보이기 쉽습니다. 그러나 이러한 기술은 틈새시장을 공략하며 점차 성능 개선과 비용 절감을 이룰 수 있습니다. 결국, 파괴적 혁신이 되어 기존 시장을 대체하거나 새로운 시장을 창출하게 된다는 클레이튼 M. 크리스텐슨의 이론입니다.

습니다. 기존 조직의 프로세스와 가치가 초기 신생 제품에 적합하지 않았던 겁니다.[12]

SK하이닉스는 좀 다르게 접근했습니다. 1등과 상당한 격차를 두고 떨어진 2등입니다. 특히 막대한 영업이익을 바탕으로 사업을 무한 확장해 거대한 칩 비즈니스를 영위하는 삼성과는 달리 SK하이닉스에겐 메모리 비즈니스밖에 없었죠. 매출 규모는 현저히 작습니다.

그러다 보니 HBM으로 얻을 수 있는 이익이 상대적으로 삼성보다 커보였을 겁니다. 게다가 한미반도체, 일본의 신소재 업체, 엔비디아와 함께 연구개발을 하는 과정에서 독점적인 소재와 노하우를 가지게 됐습니다.

그 와중에 갑자기 세상이 변해버린 겁니다. 챗GPT가 등장했습니다. AI는 폭발적인 관심 속에서 모든 빅테크 회사가 달려가야 할 방향이 되어버렸습니다. 엔비디아에 엄청난 스포트라이트가 쏟아졌고, 빅테크 회사들은 얼마를 불러도 좋으니 제발 최신 GPU칩셋을 달라고 애원하기 시작했습니다. 혁신은 가격의 문제가 아니거든요. 이 대열에서 낙오하는 순간 사업을 접어야 합니다.

떼돈 벌 기회를 가진 엔비디아는 SK하이닉스에 달려갑니다. GPU는 HBM이 있어야 제 속도로 일할 수 있는 물건이니까요. 아직 SK하이닉스 말고는 누구도 제대로 만들지 못하니까요. 엔비디아는 가격은 얼마여도 좋으니 만들기만 하라며 SK하이닉스에 1년치 선금을 내놓는 상황이 됐습니다. 엔비디아 최신 GPU칩셋 블랙웰 원가의 50~60%가 HBM 값[13]이라니 말 다했죠.

한발 늦은 기존 시장 1위 업체 삼성은 연구개발을 멈춘 탓에 노하우를 쌓지 못했고, 독점 소재에 접근하지도 못하게 됐습니다. 이렇게 기존 시장의 선두주자가 뒤처진 사이, SK하이닉스는 파괴적 혁신의 선두주자에게 따르기 마련인 막대한 이익을 거두면서 점차 기존 선두기업의 지위를 위협하게 됩니다.[14]

필승의 법칙은 어디에?

파괴적 혁신 이론은 기존 시장 선두기업의 비극적 최후를 예고합니다. 5.25인치 디스크 드라이브 시장에 익숙하던 회사들은 3.5인치 시장에서 낙오하고 맙니다. 뒤늦게 뛰어들어봐야 이미 앞서가는 신생업체를 쫓아갈 수 없었습니다. 모두 시장에서 도태됐습니다.

삼성은 아직 그 정도는 아닙니다. 다음 HBM을 공언한 대로 너무 늦지 않게 내면 기회는 있습니다. 물론 파괴적 혁신에서 후발주자에게 주어질 이익은 선발주자 대비 소소합니다. 그래도 생존을 위해서는 따라가야죠.

다만, 삼성의 성공을 이끈 가장 큰 요인이 사라진 것은 분명합니다. 앞서 삼성의 성공을 세 요인으로 분해할 때, 첫 번째로 언급했고 가장 중요하다고 말한 것이 삼성의 기술 경쟁력입니다. 메모리에서 앞서 나갔습니다. 이후 그 승리가 보장하는 막대한 이익으로, 신성장 동력을 키워 삼성의 영역을 무한 확장해 나갔습니다.

메모리 경쟁력은 필승 법칙의 첫 번째 단추입니다. 이게 없으면 지속적으로 거대한 이익을 낸다고 확신할 수 없습니다. 그러면 신성장 동력을 확보하는 과감한 투자에도 나설 수 없습니다. '본진' 메모리에서 이익이 나기는커녕, 경쟁력을 담보할 수 없는 상태에서는 '멀티' 확장이 불가능합니다.

그런데 그게 지금 없습니다. 무어의 법칙을 실현하지 못해 나타나는 '메모리 병목 현상' 앞에서 경쟁 기업들보다 삼성이 더 큰 어려움을 겪고 있습니다. 혁신 제품 경쟁에서는 완전히 뒤처져버렸고요. 삼성의 성공을 가능하게 했던 첫 번째 필승의 법칙은 이제 희미해졌습니다.

클레이튼 M. 크리스텐슨의 파괴적 혁신 이론을 통해 HBM에서 일어난 일을 다시 한 번 곱씹으면서 이번 장을 마치도록 하죠.

크리스텐슨의 파괴적 혁신Innovator's Dilemma
: 영원히 위대한 기업은 없다

선도 기업들은 혁신을 통해 시장을 지배했지만, 승리는 영원하지 않다. 혁신 기업이 역사 속으로 저무는 현상, 클레이튼 M. 크리스텐슨은 '파괴적 혁신'이라는 개념으로 정의했다. 기존 혁신 기업들이 직면한 딜레마를 심도 깊게 탐구했다. 1952년 생으로 하버드 경영대학원 교수로 재직하다 2020년 세상을 떠났다.

클레이튼 M. 크리스텐슨

1. 파괴적 혁신

파괴적 혁신은 기존 시장의 틀을 깨고 새로운 시장을 창출하는 기술이나 제품을 말한다. 크리스텐슨은 이를 두 가지 형태로 구분했다.

- 저가형 파괴적 혁신: 기존 시장의 저가 고객층을 타깃으로 하여, 낮은 가격과 단순한 기능으로 시장을 잠식한다.

- 새로운 시장 창출형 혁신: 새로운 소비자층을 발굴하거나 기존 제품을 대체할 완전히 새로운 가치를 제공한다.

이러한 파괴적 기술은 초기에는 기존 제품보다 낮은 성능을 보이지만, ① 점차 발전하여 기존 제품을 능가하거나 ② 새로운 고객 가치를 창출한다. 혁신이 단순히 점진적·기술적 발전이 아닌, 시장의 재편·근본적 변화를 요구함을 강조했다.

2. 플래시 메모리로 보는 파괴적 혁신의 6단계

• [1단계] 기존 기업 내에서 개발

파괴적 기술은 종종 가장 많은 연구개발을 하게 마련인 기존 선도 기업들에 의해 처음 개발된다.

예 플래시 메모리가 등장하자 하드디스크HDD 업체도 개발에 참여한다.

• [2단계] 고객의 부정적 반응

기존 고객이 새 기술보다, 기존 제품에 만족한다.

예 기존 고객들은 더 크고 더 싼 HDD에 만족한다. 기업들은 비싸고 용량이 작은 플래시가 시장을 대체할 수 없다고 판단한다.

• [3단계] 존속적 기술의 우선순위

기존 기업은 주력 기술에 자원을 집중, 새로운 기술을 후순위로 미룬다.

예 플래시는 의료기기, 로봇 등 작은 시장에만 쓰인다. HDD가 주력이니, HDD 용량 증가와 성능 개선에 집중한다.

• [4단계] 신생 기업이 시장을 발굴

신생 기업들이 소규모 시장에서 파괴적 기술을 활용하며 틈새시장을 공략한다.

예 삼성과 샌디스크가 플래시 메모리를 휴대폰, 디지털 카메라, USB메모리 등 틈새시장에서 활용해 파이를 키운다.

• [5단계] 고급 시장으로 이동

시장 급변(스마트폰이나 챗GPT 같은 서비스의 출현)이나, 신생 기업들이 기술을 개선하며 기존 시장의 고급 세그먼트로 진입한다.

예 삼성이 주도하는 플래시 메모리 기술 혁신으로 점차 용량이 증가하고 가격이 하락해 SSD로 발전, 고성능 PC와 데이터 시장에서 HDD를 대체한다.

• [6단계] 기존 기업의 뒤늦은 대응

기존 기업은 새롭게 부상한 기술에 적응하려 하지만, 신생 기업에 비해 높은 비용 구조로 인해 경쟁력을 잃는다.

예 뒤늦게 시게이트, 퀀텀이 뛰어들지만, 이미 시장은 삼성전자와 샌디스크가 주도한다.

3. HBM과 파괴적 혁신

HBM은 기존 D램보다 가격이 높고 초기 시장이 작았지만, AI와 고성능 컴퓨팅HPC의 부상으로 새로운 가치를 창출했다. 초기에는 삼성도 개발했으나, 주력 시장의 고객들이 이를 요구하지 않았다. 현 주력 시장에 비해 작은 규모인 새 시장에는 큰 관심을 두지 않고, 자원 투자를 멈췄다. 그러나 틈새시장 정도에 자리하던 HBM은 챗GPT 이후 AI 학습의 유일무이한 인프라로서 엔비디아 GPU가 각광받으며 지위가 완전히 바뀌었다. 현재는 최상위 시장에 자리 잡고 있다.

4. 통찰 : "존재하지 않는 시장은 분석할 수 없다."

분석하고 개량해서 시장의 선도자로 우뚝 선 기업들은 파괴적 혁신을 분석할 수 없다. 파괴적 혁신은 나타나기 전까지는 존재하지 않기 때문이다. 더 기획하고, 열심히 일하고, 고객과 친화적이더라도 파괴적 혁신에 대비할 수 없다.

오히려 파괴적 기술은 처음에는 고객들이 거부하고, 낮은 수익만 약속하고, 기존 기술의 성능을 저하시키고, 하찮은 시장에서만 판매 가능해서, 기존의 성공 문법으로 보면 혁신적으로 보이지도 않는다.[15]

파괴적 혁신은 당장의 성장, 성장률 유지, 총이익률 유지, 주가에 도움이 안 된다. 우선 기존 기업은 기존 분야에서 커지고 성공할수록 반드시 진입해야 하는 초기 단계 신생시장에 진입하는 데 필요한 명분을 모으기가 어렵게 된다. 그래서 인텔은 모바일 시장(AP)에, 시게이트는 플래시에, 삼성은 HBM에 진출할 명분 모으기가 어려웠다.

11장

파운드리, 놓쳐버린 새로운 혁신

망해가던 그래픽 칩 회사

예정대로 출시하면 너무 형편없는 제품이 되고, 출시를 안 하면 회사가 망하는 상황이었어요.[1]

1996년, NV2라는 제품을 준비하던 미국의 게임 그래픽 칩 회사 하나가 돌연 제품 개발을 중단합니다. 창업 3년차, 아직 제대로 된 제품은 하나도 내놓은 적 없는 스타트업이었죠. 이 제품이 마지막 희망이었습니다. 일본의 게임사 '세가'가 차세대 게임기에 탑재하기로 하고 계약도 했습니다. 그런 제품 개발을 갑자기 중단한 겁니다.

이게 안 되면 회사 문을 닫아야 합니다. 그런데도 제품 개발을 중단해야 했던 이유는 만들어봐야 망할 게 뻔했기 때문입니다.

우선 경쟁사들이 모두 채택한 그래픽 구현 방식을 혼자만 안 썼어요. 무엇보다 치명적인 점은 호환성이었습니다.

1995년, IT 업계의 판도를 바꾼 한 제품이 출시됩니다. 금테 안경을 쓴 천재가 내놓은 '윈도우95'였죠. 이 새로운 PC 운영 체제는 PC 산업의 모든 것을 바꿔 놓습니다. (삼성전자도 그래픽 중심의 윈도우95 덕분에 메모리 호황 사이클을 맞습니다.) NV2는 이 윈도우95에서 작동이 안 됐습니다. 출시 이전부터 개발을 했기 때문에 호환성을 맞출 수 없었던 거죠.

NV2가 우선 기술적으로 다른 제품들보다 뒤떨어졌다는 사실을 깨달았어요. 또 무엇보다 당시 출시된 윈도우95에서 구동이 안 되는 치명적인 결함이 있었죠.[2]

스타트업의 CEO는 이때, 계약 상대방인 '세가'에 애원합니다. 제품은 못 주지만 돈은 좀 달라고요. 누가 응할까 싶지만, 놀랍게도 세가는 통 큰 결정을 내립니다. 세가의 미국지사장 이리마지리 쇼이치로는 일본으로 전화를 해 본사를 설득합니다.[3] 1996년 당시 500만 달러를 투자했습니다. 스타트업이 망하지 않고 6개월 정도 버틸 수 있는 생명줄이 됐습니다.

세가의 이 관대한 결정이 오늘날 AI 시대를 앞당긴 결정이 됐습니다. 저 망할 뻔했던 회사 CEO의 이름은 젠슨 황, 회사는 엔비디아였거든요. 기사회생한 엔비디아는 이듬해 RIVA128을 내놓습니다. 이 제품이 성공하면서 궤도에 오르고 1999년 상장합니다.

세가가 엔비디아를 살린 거죠. 상장 당시 첫날 종가 기준 엔비디아의 시가총액은 5억 6천만 달러.[4] 이즈음 세가는 500만 달러 지분을 1,500만 달러에 내다 팝니다. 500만 달러를 투자해 1,000만 달러의 수익을 거뒀으니 성공일까요?

계산해볼게요. 세가가 엔비디아 지분을 판 시점이 정확히 알려지진 않았지만, 상장 첫날이라고 전제해보죠. 상장 당시 시총과 세가의 지분 매각 가격을 기준으로 단순 계산하면, 당시 세가의 엔비디아 지분율은 약 2.6%입니다.

지금 엔비디아 지분 2.6%는 얼마일까요? 2024년 12월 1일 기준으로 900억 달러가 넘네요. 최초 투자금의 약 6,000배, 우리 돈으로는 대략 130조 원입니다. (역시 주식은 장기투자가 답인가 봅니다.)

속이 좀 쓰릴 수도 있지만, 하여튼 세가는 당시 망해가던 그래픽칩 회사 엔비디아를 살렸습니다. 그리고 지금 엔비디아는 혁신으로 AI 시대를 앞당기고 있습니다. 젠슨 황은 종종 이때를 회상하며 세가에 고마워합니다.

하지만 젠슨이 "이 회사가 없었으면 엔비디아는 없었다"고 틈만 나면 말하는 회사는 따로 있습니다. 또 틈만 나면 '세상에서 제일 존경한다'고 말하는 사람도 따로 있습니다. 그 회사는 바로 TSMC이고, 그 사람은 창업주 모리스 창입니다.

모든 길은 TSMC로 통한다

TSMC는 세 가지 진정한 기적을 만들어냈습니다. 첫째, 수천 명의 고객을 위해 각각

독특한 맞춤형 칩을 제작하고 둘째, 반도체 제조 공장에서 대량 생산을 하면서도 소규모 맞춤형 제작을 동시에 수행할 수 있으며 셋째, 물리적 한계에 도달한 상황에서도 놀라운 속도로 칩 기술을 발전시키고 있습니다.[5]

이와 관련해 젠슨 황이 모리스 창과 직접 나눈 대화가 있습니다. 2007년 대화인데요, 캘리포니아 컴퓨터역사박물관이 이 대화를 그대로 기록해 두었네요! 대화를 살펴보죠.[6]

"제가 당신을 처음 만났을 땐 말이죠," 젠슨 황이 말합니다. "그때가 1997년인데, 당시 엔비디아 매출은 2,700만 달러였어요. 직원은 100명이었고요. 그런데 당신을 만난 바로 그 이듬해 매출은 127% 성장했죠. 그 다음해도 거의 100% 성장했어요. 그때부터 오늘(2007년)까지 약 10년 동안 저희 엔비디아는 연평균 70% 성장했어요"라고요.

마법 같은 일입니다. 직원 100명밖에 안 되는 컴퓨터 게임용 그래픽카드 회사가 있습니다. '이렇게 만들면 되겠지'라는 아이디어는 있었어요. 하지만 돈은 별로 없었어요. 사실 없는 정도가 아니라 파산 직전이었습니다. 앞서 말했듯, 1996년에 제품 개발에 실패했죠. 사정사정해서 6개월 연명할 투자를 겨우 받은 상태였어요. 당장 돈을 벌지 못하면 내일 망할 수도 있는 회사였습니다.

문제는 자체 생산 공장이 없다는 점입니다. 그런 회사가 갑자기 급성장합니다. 10년 동안 매년 평균 70%씩 성장합니다. 놀라운 건 이 회사는 그 기간 동안 설비투자는 한 적이 없단 사실이에요. 쭉 공장 없이 이렇게 성장합니다.

마법은 TSMC가 부렸습니다. 대신 생산해주는 마법입니다. 젠슨 황은 TSMC의 'Copy Exactly(그대로 복사하기)'[7] 덕분이라고 말합니다. 여러 공장에서 완전히 똑같은 공정으로 한 제품을 동시에 생산해낼 수 있는 능력을 갖추는 전략입니다. 그 덕택에 엔비디아는 생산 걱정을 전혀 하지 않았다는 것이죠. 수요가 아무리 늘어도 TSMC의 일처리는 정확합니다. 불량 없는 제품을 정확히 공급하고, 심지어 매년 제품 공급 속도는 더 빨라집니다. (다시 한 번, 모리스 창은 '학습곡선'의 대가입니다.)

위탁 생산 자체보다 TSMC의 이런 전략이 더 중요한 이야기입니다. 고객을 위해 고객 대신 극단적으로 거대한 자본을 투자해, 극단의 생산 유연성을 준비해줍니다. 고객에게 성장의 기회가 오면 그 기회를 100% 살려줍니다. 게다가 거래를 하면 할수록 완성도는 더 높아지니, 관계는 장기 지속될 수밖에 없고요. 모리스 창은 화답하듯 "우린 고객을 위해 어떤 장애물도 뛰어넘는다"고 웃으며 말합니다.

이 마법 같은 시스템이 모리스 창으로 인해 정착되었습니다. 2023년 MIT에서 강의할 때 모리스 창은 대수롭지 않은 듯 "TSMC가 한 일은 그냥 이 도표에 빨간 선을 그은 것"이라고 말합니다.[8] 다음 쪽에 있는 그림입니다. 가장 자본 집중적이어서 돈이 많이 드는데, 그걸 떼어내서 TSMC가 맡았다. 그리고 이 비즈니스에 성공했다고요.

앞서 말씀드렸지만, 정말 처음엔 아무도 TSMC를 거들떠보지 않았습니다. 대만 기업들조차 관심이 없었고, 투자한 기업들도 대만 정부가 팔을 비틀어서 어쩔 수 없이 투자했습니다. 그런 상황은 1980~90

모리스 창이 그은 빨간 선, 파운드리

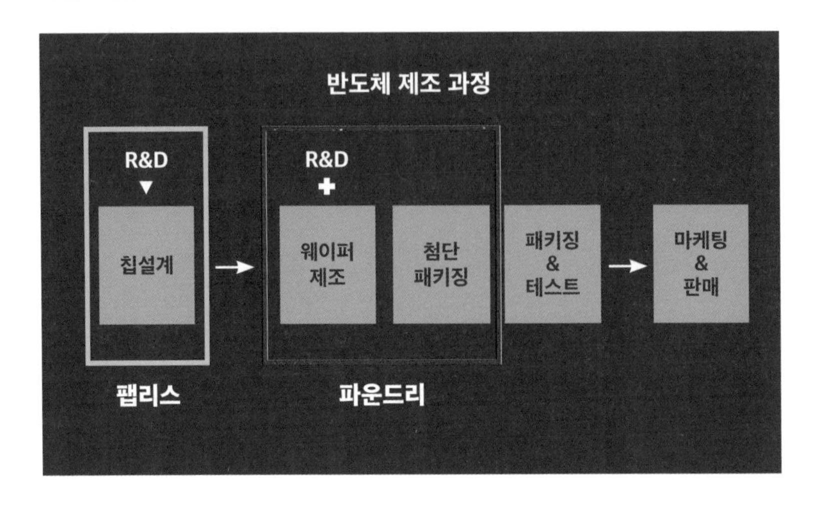

년대 이후 팹리스 기업이 등장하며 바뀝니다. TSMC라는 믿을 수 있는 제조회사가 있으니까, 팹리스가 생겨나는 겁니다. 대만의, 그리고 실리콘밸리의 무수한 팹리스는 바로 TSMC가 만든 생태계 안에서 자라났습니다. 혁신적인 젊은이가 모험적 사고로 기업가 정신을 발휘할 기회를 제공합니다. 만드는 건 TSMC만 믿으면 되니까요. 엔비디아는 그들 중의 하나였을 뿐입니다.

MIT의 존 하트 교수는 "빨간 선을 그었다는 말은 간단해 보이지만, 사실 기술적으로 복잡하고 정교한 일"이라고 규정합니다. 구조 혁신 이론을 인용해 "TSMC가 칩 산업을 변화시켰고, 첨단 제조에 대한 인류의 접근 방식 자체를 근본적으로 변화시켰다"[9]고 평가하죠.

즉, 파운드리가 새로운 비즈니스 모델, '패러다임의 변화'라는 겁니다. 정말 그 정도로 엄청난 일일까요?

'깨진 무어의 법칙'을 이어붙인 TSMC

같은 설명을 영국의 이코노미스트지[10]는 '깨진 무어의 법칙'으로부터 시작합니다. 반도체 칩 생산과 관련한 모든 부문이 한계에 도달합니다. 미세화의 한계입니다.

그 때문에 '표준 CPU 칩' 시대의 황제 인텔은 주도권을 잃었습니다. 지난 수십 년 컴퓨터 성능 향상의 역사는 '펜티엄', '셀러론', '듀얼코어', '쿼드코어' 등과 같은 인텔 주도의 표준 CPU와 함께했습니다. 그렇게 PC 두뇌는 인텔이 독점했습니다만, 이제는 모바일에서 뒤처지고, 또 미세공정 제조에 어려움을 겪으면서 가라앉고 있습니다. 인텔이 한계에 부딪히자 기업들은 고민을 시작합니다. 이 고민을 정인성 작가의 목소리로 들어보시죠.

무어의 법칙에 따라 일정 기간이 지날 때마다 2배씩 트랜지스터의 개수가 늘던 때가 있었죠. 이렇게 성능이 자동으로 늘어난다고 하면 인텔 칩 이외에 다른 칩을 쓸 이유가 없어요. 프로그래밍을 하는 입장에서 보면, 올해 프로그램을 짜놨는데 이게 지금 컴퓨터에선 좀 느리다고 해보죠. 그러면 내년에 혹은 내후년에 나오는 인텔 칩을 사서 쓰면 됩니다. 왜냐하면 새 칩은 지금보다 훨씬 빠를 테니까요. '새 인텔 칩'이 '최선의 선택'입니다.

예측 가능한 이 시대에는 인텔에서 벗어날 유인이 하나도 없어요. 다른 CPU를 쓰면 호환이 되는지, 프로그램을 100% 확실히 읽을 수 있는지, 단축키는 같은지 고민해야 하잖아요. 기존 소프트웨어와 생태계에 둘러싸여서 살아갈 수 있다면 그게 제일 편한 겁니다.

그런데 만약 무어의 법칙이 둔화돼서 칩이 옛날만큼 빠르게 개선되지 않으면, 그래서 내 프로그램이나 상품을 개선시키는 데 인텔 칩이 장애물이 되면 어떻게 하나요? 무어의 법칙이 둔화되니까 어쩔 수 없는 건가요? 아니죠. 대안을 찾아나서야 하는 겁니다.[11]

PC에선 인텔을 대신해 AMD가 치고 나갑니다. 이것은 짐 켈러를 영입하고, 리사 수가 경영에 나서면서 Zen 아키텍처라는 새로운 아키텍처를 개발했기 때문이기도 하지만, 늘 앞길을 가로막던 인텔이 뒤처진 덕분이기도 합니다. 적의 위기는 나의 기회입니다. 더 빠른 혁신으로 나아가기 위해 AMD는 팹리스가 됩니다. 스스로 칩을 만드는 것보다 더 나은 대안이 있었거든요. 바로 TSMC입니다. (AMD의 제조부문은 글로벌 파운드리로 분사됩니다.) 팹리스가 된 AMD가 완벽한 파트너 TSMC와 함께 혁신의 앞줄에 섭니다.

AMD만이 아닙니다. 애플은 네트워킹과 모바일 디바이스에 최적화된 아이폰용 A시리즈 칩에 이어 맥북용 M시리즈까지 설계해 대성공을 거둡니다. 비결은 모바일 최적화입니다. 애플은 모바일 기기만 만듭니다. 여기엔 기존 CPU의 모든 기능을 다 넣을 필요가 없습니다. 저 발열, 저 소음, 긴 사용시간. 필요한 기능만 뽑아서 넣으면 됩니다. 딱 애플 기기에서만 작동하면 되니까 호환성을 생각하는 구조도 필요가 없습니다. 필요 없는 기능은 다 덜어냅니다. 이 길을 처음 갈 때는 삼성의 파운드리와 함께 했습니다. 여러 한계를 경험한 뒤 TSMC로 갈아탑니다. 이렇게 애플의 혁신에도 TSMC가 함께합니다.

끝이 아닙니다. 클라우드 서비스 세계 1위 아마존은 자체 서버 칩 그라비톤Graviton을 들고 나왔습니다. 클라우드 컴퓨팅 서버에 최적화된 설계를 했습니다. 이 칩은 '가성비'가 좋습니다. 아마존웹서비스AWS는 가성비가 중요하거든요. 아마존은 이를 위해 안나푸르나랩스라는 이스라엘 팹리스 기업을 인수했습니다. 이후 AI 추론 전용 칩인 인퍼런시아Inferentia도 직접 만듭니다.

구글은 AI 연산에 최적화된 TPU 시스템을 설계합니다. 클라우드 상에서 제공되는 맞춤형 머신러닝 주문형 반도체입니다. 테슬라 역시 필요한 칩을 직접 설계합니다. 챗GPT를 만든 오픈AI마저 칩을 설계한다고 말하는 시대입니다. AI면 AI, 모바일이면 모바일, 클라우드면 클라우드. 이제 각 빅테크 회사들이 필요에 맞게 칩을 직접 설계해서 쓰는 시대가 됐습니다.

무어의 법칙은 인텔의 범용 칩에서는 실패할지언정, 가장 유능한 빅테크 기업들의 내부에서, 각자가 구상하는 맞춤 칩 세계에서는 여전히 지속되고 있습니다.

이들의 공통점, 모두 꿈의 공장 TSMC와 손잡고 있다는 점입니다. 그러니까 혁신의 흐름은 무어의 법칙 앞에 인텔이 초라해지면서 느려질 것 같다가, 결과적으로 TSMC를 만나 다시 빨라졌습니다. 스스로 설계하고, TSMC가 제작하는 모델이 정착됩니다. 이제 혁신의 모든 길은 TSMC로 통합니다.

시대 흐름을 모르지 않았던 삼성

사실 파운드리는 처음에는 하청산업 취급을 받았다고 말씀드렸죠? 삼성도, 인텔도 이 산업을 크게 부가가치가 나는 사업으로 보지 않았을 거라고도 설명드렸고요? 이제 상황이 달라졌습니다. 꿈의 공장이 되자, 부르는 게 값이 됐습니다. TSMC가 앞으로 나올 2나노 공정은 웨이퍼 한 장당 3만 달러를 받는다고[12]할 정도입니다. 메모리의 몇 배가 되는 엄청난 매출입니다.

삼성도 그래서 TSMC의 파운드리에서 미래를 보았습니다. 선대의 회장들이 '반도체'를 신성장 동력으로 삼고 크게 투자했듯, 'LCD'를, '플래시'를, 그리고 '스마트폰'을 차례로 목표로 삼고 도전했듯, 이재용 회장도 '파운드리를 신성장 동력으로 삼겠다'고 천명하고 엄청난 돈을 쏟아부었습니다.

2019년에는 '향후 10여 년 동안 133조 원을 쏟아붓겠다', 2021년에는 '이 돈에 38조 원을 추가하겠다'고 했습니다. 목표는 2030년 1위였고요. 기술 진보의 역사적 물결을 알아차리고 올라타려는 시도였습니다. 또 하나의 신성장 동력이 되나 싶었습니다.

세계 최초의 GAA 3나노 선단 공정에 진입했다는 뉴스는 대서특필되기도 했습니다. 크기는 더 작고 전력 소비량도 더 적다, 이제 3나노에서는 TSMC보다 반년 정도 앞섰다는 평가가 나온다[13]고 했습니다.

뉴스만 보면 삼성이 신공정 개발을 계기로 승기를 잡은 듯했습니다. 그러나 시대 흐름이라는 파도는 이번에는 삼성을 태워주지 않았습니다.

삼성의 GAA 3나노 공정은 의미 있는 고객을 유치하는 데 실패하고 있습니다. 애플부터 엔비디아, 구글, 테슬라… 3나노 선단 공정을 원하는 빅테크는 아무도 삼성에게 일감을 주지 않았습니다. TSMC의 3나노는 애플과 엔비디아에 최우선 배정되다 보니 주문이 밀리는데도 그렇습니다. 중국의 가상화폐 채굴업체가 삼성에게 3나노 일감을 맡겼다는 이야기만 들려옵니다.[14]

그래서 삼성 파운드리 라인은 개점휴업입니다. 일부 생산라인 가동률은 50% 이하로 내려가는 상황[15]입니다. 인력을 빼서 HBM과 D램 부서로 돌리고 있습니다.[16] 유휴 인력을 재배치하는 겁니다.

무엇보다 삼성에 대한 불신이 큽니다. 초창기 수율은 한 자릿수라는 이야기가 나올 만큼 낮아 큰 신뢰를 얻지 못했습니다. 현재 수율이 개선되었다고는 하지만 여전히 50~60% 수준에 머뭅니다.[17] 80%대에 달하는 TSMC 대비[18] 낮은 수준입니다.

안정성과 효율성에서 뒤처진다는 평가도 받습니다. 특히, 발열 문제는 여전히 해결되지 않은 과제로, 고성능 칩셋을 요구하는 고객사들에는 중대한 단점으로 작용하고 있습니다. 사실 이 발열과 수율 문제는 3나노만의 문제가 아닙니다. GOS 사태를 불러왔던 삼성의 기술 문제 역시 앞서 살펴본 대로 4나노 파운드리에서의 고질적인 문제였습니다.

앞서 살펴본 HBM과 선단 공정 D램에서 겪는 기술적 실패 역시 마찬가지입니다. 어떤 실패냐고 물으면 HBM의 수율이 낮고, 심한 발열 등 품질도 좋지 않다고 답할 수 있습니다. 또 2019년 이후 메모리 부문에서 한 번도 선단 공정의 D램을 최초 개발하지 못한 이유도 수율이 낮고 발열을 잡지 못해서라고 할 수 있습니다.

그러니까 파운드리라는 IT 산업 변화에 올라타지 못한 이 두 번째 실패는 기술적 우월성을 달성하지 못했다는 첫 번째 실패와 긴밀히 연결되어 있는 겁니다. 기술적 우위를 놓치면 시대 흐름을 좇아가고 싶어도 갈 수가 없습니다. 다시 말해 GAA 3나노 선단 공정 자체는 진정한 기술 우위가 아닌 겁니다. 사실 삼성은 이미 10년쯤 전에 그 사실을 학습할 기회가 있었습니다. 바로 모리스 창과의 대결에서요.

'2014 TSMC 애플 탈취 사건'의 교훈

TSMC를 경영하는 내내 모리스 창에게 삼성은 '두려운 적수'였습니다. 모리스 창이 직접 그렇게 말했습니다.[19] 왜냐하면 삼성은 D램의 최강자였을 뿐만 아니라, 오래된 라인에서는 파운드리도 했고, 기술 수준도 TSMC보다 뛰어났거든요.

일례로 TSMC는 2003년 자체적으로 0.13 마이크로미터 기술을 개발해 인텔, 삼성과 함께 3대 반도체 기업에 진입했다고 자랑[20]합니다. 2003년에서야 삼성의 미세공정을 따라잡은 겁니다. 그 전까지는 파운드리도 삼성보다 잘하지 못했던 거죠. (다시 한 번, 삼성은 파운드리도 잘하던 회사였습니다.)

그러나 2000년대 중반 이후, 팹리스와 파운드리의 분업이 IT 업계의 도도한 물결이 되어가면서 TSMC의 체력은 점점 강해져갔습니다. 점점 더 많은 돈을 벌고, 점점 더 많은 돈을 R&D와 설비 투자에 쏟습니다. 2010년이 되면 거의 대부분의 스마트폰 AP 파운드리를 가져오죠. 딱 하나 애플만 남았습니다.

그리고 2011년, 드디어 모리스 창은 삼성 잡기에 나섭니다.[21] 삼성이 독점하던 아이폰의 AP 주문을 따내기로 결심한 것이죠. 먼저 실리콘밸리 애플 본사에 100명의 연구개발팀을 상주시켜 공을 들입니다. 또 당시 매출의 절반을 애플을 위한 팹 건설에 과감하게 투자합니다. 그리고 2014년 애플의 AP 주문을 따냅니다.

아직 승부가 끝난 것은 아니었습니다. 승부는 이듬해, 2015년으로 이어집니다. 애플은 다음 제품인 아이폰6s용 A9 프로세서의 일감을 이번에는 삼성과 TSMC에 동시에 줍니다. 아마도 2014년에 일감을 뺏긴 삼성이 '이대로 물러날 수 없으니 기회를 달라'고 했을 겁니다. 이때 삼성은 14나노 핀펫 공정 기술을 제안했죠. TSMC는 16나노이니 우리 칩이 더 좋을 거라고 프리젠테이션도 했을 것으로 추정됩니다.

그러나 결과는 TSMC의 판정승이었습니다.[22] TSMC 제품을 쓸 때 발열이 적고 배터리는 더 오래 갔습니다.[23] (1부에서 살폈듯, 이것은 모바일 AP의 전부입니다.) 일부는 이때 일어난 일을 '칩게이트'라고까지 부릅니다. 아이폰7부터 AP 파운드리가 전량 TSMC로 갑니다.

세간에서는 당시 애플의 TSMC 이동을 갤럭시와 아이폰의 경쟁 관계와 기술 유출 우려 차원에서 바라봅니다.[24] 분명 중요한 요인이지만, 근본적인 것은 이 같은 기술력의 차이였습니다. TSMC가 실력에서 삼성을 역전했기에 옮긴 겁니다.

꼭 지적해야 할 점은 더 미세한 선단 공정이 늘 우월한 것은 아니란 점입니다. 삼성은 14나노, 더 미세한 공정으로 승부했지만, 전성비가 더 뛰어났던 건 TSMC 16나노 공정이었습니다. 삼성은 이때 파운드리의 본질을 학습했어야 합니다.

이 애플 일감 탈취로 인해 비로소 TSMC가 세계적인 주목을 받습니다. 외국인이 TSMC 주식을 매수해 비로소 이때 대만 대장주가 됩니다.[25] 세계 투자자들에게 '삼성의 일감을 뺏은 최고의 파운드리 기업'으로 각인된 겁니다. 삼성엔 비상이 걸렸지만 이미 승부는 기운 뒤였습니다.

파운드리 업의 본질

파운드리와 팹리스의 분업 구조가 혁신을 당기는 새 패러다임이 되었다고 했습니다. 삼성도 눈치 챘다고 했습니다. 파운드리가 더 이상 메모리보다 싼 비즈니스가 아니다, 이제 미래 신성장 동력이 될 수 있다는 판단을 하고 투자하기로 했죠.

지금까지는 '그래서 뛰어들었지만 기술이 부족해 흐름에 몸을 싣지 못했다'는 이야기를 했습니다. 그런데 이야기는 그렇게 단순하지 않습니다. 기술만의 이야기는 아닌 것 같아요. 어쩌면 삼성은 '돈이 될 것'이라고는 보았지만, 시대 흐름의 본질은 보지 못했을지도 모르겠다는 생각이 들거든요.

화성의 팹리스와 금성의 파운드리

우리나라를 대표하는 AI 가속기 전문 팹리스인 리벨리온. 이 리벨리온 사무실을 방문하고 두 가지 놀란 점이 있습니다. 우선은 위치입니다. 주상복합 빌딩에 있었습니다. 아파트 상가에 자리한 느낌이랄까요? 그 다음은 사무실 풍경입니다. 사무실 전체에 높이 조절이 되는 검은 책상과 컴퓨터 모니터만 가득했습니다. 말 그대로 팹리스, 공장은 없습니다. 젊은 직원들은 대부분 칩이 어떤 과정을 거쳐 생산되는지 잘 모를 겁니다. 자연히 반도체 제조 과정과 장비에 대해 온전히 이해하지는 못할 겁니다. 편의상 '화성에서 온 팹리스'라고 부르죠.

반대로 파운드리 업체의 직원들은 컴퓨터 프로그래밍의 언어로 설계된 혁신적인 아키텍처를 이해하는 게 어려울 겁니다. '금성의 파운드리'인 거죠. 화성과 금성의 언어는 서로 통하지 않는 게 어쩌면 당연합니다. 팹리스에서 파운드리로 건네지는 최초의 설계도는 그래서 제조의 언어로 보면 오류 투성이일 겁니다. 그대로 만들면 제품이 안 될 가능성이 높습니다.

이때 파운드리는 고객의 언어를 제조의 언어로 바꾸어야 합니다. 이 일을 디자인하우스라고 불리는 업체들이 하긴 합니다만, 최종적으로 제품을 만드는 파운드리 역할의 중요성은 아무리 강조해도 지나치지 않을 겁니다. 고객과 함께 설계를 현실화하고, 또 고객에게 필요한

다양한 IP◆를 확보해 제공해야 합니다.

그래서 모리스 창은 늘 철학을 강조합니다. 고객을 위해 존재하는 기업이 어떤 철학과 윤리를 갖추어야 하는지를 역설합니다. 고객의 문제를 반드시 해결하겠다는 마음가짐이 필요하단 겁니다. 파운드리는 설계도대로 만드는 비즈니스가 아니기 때문이죠. 설계도보다 더 잘 만들어야 하는 비즈니스입니다.

설계도보다 더 잘 만드는 방법

이 점에서 메모리와 근본적으로 다릅니다. 대량의 표준화된 제품을 처음부터 한 업체가 설계하고 내부에서 생산부서로 넘기는 메모리 생산 과정에는 '번역' 같은 건 필요가 없으니까요.

따라서 삼성이 TSMC를 쫓아가려면 배워야 할 것이 많습니다. 최초의 설계도를 끊임없는 수정하는 과정을 거쳐야 하고 맞춤형 접근법도 다양하게 연구해야 하겠죠. 혼자 할 수 없습니다. 우선은 고객과

IP Intellectual Property

반도체 파운드리에서 말하는 'IP'는 재사용 가능한 설계 구성 요소나 기술(예: 표준 셀, 메모리 블록, 프로세서 등)입니다. 반도체 설계를 위해 필요한 '블록'이나 '기술'의 사용권(지적 재산)을 뜻합니다.
팹리스의 설계가 요리법(레시피)이라면, IP는 그 요리법에 들어가는 특정 재료나 기술입니다. 팹리스는 이 IP를 파운드리로부터 빌려서 설계를 완성하고, 파운드리가 그 설계대로 실제로 제조합니다. 파운드리는 고객이 반도체 제품을 효과적으로 설계할 수 있도록 이러한 IP를 제공합니다.

함께해야 합니다. 지속적인 소통과 피드백이 필요합니다.

TSMC 대비 부족한 IP도 충분히 확보해야 합니다. 고객에게 더 나은 선택지를 제공하기 위해서입니다. 협력의 생태계도 구축해야 합니다. 모리스 창이 그은 빨간 선을 보면 아시겠지만, 설계 뒤 제조의 모든 영역을 파운드리가 할 수 있는 것은 아닙니다. 일부 패키징 공정이나, 신공정의 경우 돌파구가 파운드리 바깥에서 나오기도 합니다. 이를테면 HBM이 그렇습니다. SK하이닉스가 혼자 한 일이 아닙니다. 일본의 신소재 기업, 한미반도체 등 협력사와 함께 돌파구를 만들어 냈지요.

무엇보다 수없이 많이 해봐야 합니다. 수많은 팹리스와의 다양한 경험을 해보는 게 중요합니다. 크고 작은 팹리스들과 시행착오를 겪고, 소통을 하고, 노하우를 축적하는 시간이 필요합니다.

모리스 창도 처음 4년은 죽을 맛이었다고 했습니다.[26] 팹리스가 서서히 등장하고 나서, 숨통이 트였다고 했죠. 생태계가 자라날 때까지 기다려야 했습니다. TSMC가 팹리스 생태계를 만드는 촉매제가 된 것은 사실이지만, 관계는 상호적입니다. TSMC도 팹리스 생태계가 자리잡아야 단단히 뿌리를 내립니다. 삼성에게도 그런 생태계가 필요합니다.

하루아침에 되는 일은 아닙니다. 지속적인 소통으로 장기적 관계를 쌓아야 비로소 둘 다에게 이익이 되는 비즈니스가 생겨나는 것이죠. 발열과 같은 부작용을 줄인 더 나은 설계, 수율이 높아지는 제조 노하우는 그 과정을 거쳐야 확보할 수 있는 것 아닐까요?

그러나 삼성은

빨리 해내고 싶었기 때문일까요? 서둘렀습니다. 2019년 이재용 당시 부회장의 '2030 파운드리 1위 선언' 때부터 3나노 GAA 공정 도입을 알리고, 고객들에게 설계 키트를 배포했습니다.[27] (공정 설계 키트는 파운드리 회사의 제조 공정에 최적화된 설계를 지원하는 데이터 파일입니다.) 하지만 함께할 고객사를 확보하지는 못한 채, 공정 개발만 진행했습니다. '함께 실패하면서 신뢰를 쌓으며 방법을 찾는' 시간을 건너뛰었습니다.

3년 만인 2022년 GAA 3나노 공정 개발과 양산의 시작을 밝히면서 성공을 자축할 때도 혼자였습니다. 국내 언론도 대대적으로 보도하면서 선단 공정 최초 개발에 의미를 부여했는데, 문제는 시작부터 고객과 함께 진행하며 완성도를 높여야 하는 공정 개발에 고객사는 여전히 보이지 않았다는 점입니다.

당연합니다. 파운드리는 단순히 특정 공정이 새로 개발됐다고 해서 바꿔보는 비즈니스가 아니기 때문입니다. 조금 싸다고 옮기는 비즈니스도 아닙니다. 장기적이고 지속적인 협업이 전제됩니다. 고객사는 '협업을 잘해온 좋은 파트너 TSMC가 있는데 왜 옮기지?'라고 생각합니다. 신뢰하는 협력사를 두고 모험을 할 이유가 없는 겁니다.

여기에 더해, 부가가치가 높은 선단 공정 수주에 주력하고, 부가가치가 낮은 파운드리 부문은 고려하지 않는다는 삼성의 전략도 영향을 미쳤을 겁니다. 앞서 살폈듯, 부가가치가 낮은 파운드리는 수익성만 보면 메모리만 못할 수 있기 때문에 삼성은 적극적이지 않았습니다.

역시 재무적 고려입니다.

파운드리 패러다임

이 지점에서 삼성의 전략이 파운드리 비즈니스의 본질에서 멀어져버렸습니다. 파운드리 모델의 놀라운 점은 작고 알려지지 않은 기업이 혁신을 할 수 있는 기회를 제공한다는 데 있습니다. 혁신적인 아이디어가 있으면 큰 자본이 없어도 성공에 다가갈 수 있습니다. 고객의 성공을 위해 노력하는 파운드리, TSMC가 있었기에 가능한 일입니다. 그 작은 기업의 꿈이 이루어지자 TSMC 역시 성공[28]했고, 동시에 IT 혁신의 문이 열렸습니다. 거대한 종합반도체 회사는 이걸 못해서 어려움을 겪게 되었죠.

'꾸준한 협력이 우선이다. 시행착오를 겪어야 한다. 그 뒤에야 불가능을 가능케 하는 성공이 찾아온다. 그런 과정을 겪으며 함께한 고객과는 강력한 신뢰와 유대감이 형성된다. 신뢰 속에서 기술을 발전시키고, 이를 통해 성장한다. 바로 작고 위태롭던 기업 엔비디아와 TSMC가 함께 성공한 것처럼.'

이것이 미세화가 한계에 부딪힌 시대에 IT 업계가 발견한 혁신의 모습입니다. A부터 Z까지 모든 것을 잘하던 인텔 같은 거대 기업의 시대는 이미 지나갔습니다. 이제는 작은 회사가 혁신의 주인공이 되는 시대입니다. 그들이 꿈을 실현할 수 있도록 돕는 것이 바로 파운드리 협업 생태계의 역할입니다. 혁신은 이제 기술과 신뢰의 융합에서 시작됩니다.

이를테면 TSMC는 엔비디아와 협력하며 혁신의 동반자가 되었습니다. TSMC는 엔비디아가 거대하고 안정적인 기업이어서 협력을 시작한 게 아닙니다. 당장 최선단 공정의 부가가치 높은 주문을 받았기 때문도 아닙니다. 오히려 엔비디아는 큰 실패를 한 뒤 휘청이는 상태였고, 마지막 투자금으로 연명하며 마지막 시도를 하고 있는 '위기의 회사'였습니다. TSMC는 그런 엔비디아가 가지고 있는 '혁신 에너지'를 신뢰했고 기술로 뒷받침하며 함께 성장했습니다.

하지만 삼성은 달랐습니다. 삼성은 신뢰 쌓기나 생태계 조성을 건너뛰고 '선단 공정 중심의 고부가가치 비즈니스만 잡겠다'는 태도로 접근했습니다. 메모리 반도체에서 효과를 봤던 속도전을 그대로 파운드리에 적용하려 합니다. 생태계 밖에 고립된 채, 신뢰를 구축하는 과정 없이 퀀텀 점프를 꿈꾸는 셈입니다. 이렇게 파운드리 패러다임의 본질을 이해하지 못한 기업이 이 파도 위에 올라타는 데 성공할 가능성은 높지 않습니다.

여기까지가 앞서 IT 세계 변화의 파도에 올라타는 행운을 누림으로써 성공한 삼성이 왜 지금 IT 세계 변화의 흐름에 올라타지 못하고, 위기를 겪게 되었는지에 대한 이야기였습니다. 이 과정에서 TSMC를 적극적으로 끌어들였습니다. 기술적 한계, 그리고 또 시대 흐름을 읽는 자세의 문제를 지적했습니다.

그러면서도 의도적으로 한 가지 표현을 쓰지 않았습니다. '고객과 경쟁하지 않는다'는 TSMC의 신조입니다. 물론 이 또한 파운드리의 본질을 표현하긴 합니다. 고객이 영위하는 똑같은 사업을 욕심내지 않는다, 그래서 고객이 나를 의심하는 일이 없게 한다는 얘기입니다. 삼성을 겨냥한 이야기고, 애플을 빼앗아 오는 과정을 이해시키는 말이기도 합니다.

그럼에도 불구하고 이 표현을 등장시키지 않은 이유는 '파운드리는 애초에 삼성이 할 수 없는 거야, 그래서 실패한 거야'라는 논리와 씨름하고 싶지 않았기 때문입니다. 이 부분은 삼성의 한계인 것이 맞습니다. 이해의 충돌이 삼성의 앞을 가로막기는 합니다.

그러나 이 문제에 사로잡히면 삼성이 지닌 수많은 문제를 보지 못하게 될 수 있습니다. 삼성은 늘 고객과 경쟁하는 비즈니스를 가지고 있습니다. 애플과 그랬지만, 그 전에 디스플레이나 플래시를 팔 때도 그랬습니다. 소니, 도시바 등의 일본 기업들이 고객인 동시에 경쟁자였죠.[29]

이 점이 본질이었다면, 오늘날의 거대 기업 삼성은 없었을 겁니다. 그 부분을 말씀드리고 2부의 마지막 순서로 넘어가겠습니다.

12장

닫히는 세계 시장, 위협받는 삼성

중국 이모님의 시대

이 시각 로청갤(로봇청소기 온라인 게시판)

공지	ⓘ	**샤오미-드리미 소모품 임시공지**
공지	ⓘ	**소모품 관련(샤오미, 드리미, 로보락, 문턱 경사로)**
공지	ⓘ	**샤오미 올인원 정리**
798	💬	에코백스 *** 76만원 겟또!
797	💬	알리 000 70만원 어때?[3]
796	💬	드리미 000 국민카드 할인 아직 됨?[5]
795	💬	중국어 모른다 스펙 좀 알려줘[2]
794	💬	에코백스는 직구하면 한국어 업뎃 아예 못해? or 지역 락 걸림?
793	💬	제발 답을 주세요, 에코백스 000 vs. 드리미[27]

⋮

'중국 이모님', 요즘 로봇청소기를 이렇게 부릅니다. 지구에서 가장 작은 청소팀장은 모두 중국에서 옵니다. Made in China가 점령을 했습니다. 싼 맛에 쓰는 게 아닙니다. 가장 좋습니다. 그중에서도 적수가 없다는 로보락, 최대 4cm 문턱을 넘고, 90도로 꺾인 구석도 가제트 팔 브러시를 내서 스윽 닦습니다. 물걸레도 알아서 빨아줍니다. 전원만 꽂아놓으면 6개월이 지나도록 신경 쓸 일이 없다네요. 세계 1위입니다.

1위만 중국 업체인 게 아닙니다. 시장조사기관 IDC의 2024년 2분기 집계[1]를 보면, 로봇청소기 세계 1위에서 10위 가운데 9개 업체가 중국 기업입니다. '로봇청소기 Top 10' 키워드로 검색을 해도 결과는 같습니다. 가성비 모델, 프리미엄 모델 할 것 없이 그렇습니다.

로봇청소기(이하, '로청') 리뷰의 달인이라는 유튜버 '귀곰'. 그는 로청 리뷰에 웬만한 집의 전셋값을 썼다고 주장합니다. 과학적 로봇청소기 테스트에 진심인 그, 그는 집의 면적이나 용도(카펫, 매트), 프리미엄이냐 가성비냐 따지지 않고 모두 중국 제품을 추천[2]합니다. 삼성은 '자잘한 오류가 있고, 흡입력 등 기본 성능은 평타, 문턱 돌파는 좀 별로, 카펫 인식력은 좀…'[3] 정도의 평가, 그나마 중국 중급 모델 정도의 성능은 된다네요. LG모델은 혹평입니다. '하자가 있는 건 아니지만 돈 값은 못한다'[4]라고 합니다. 골드스타가 아니라 실버스타라고 탄식합니다.

중국 제품은 보안 문제가 있지 않을까? AS가 국내 제품만 못할 텐데. 직구를 하면 업데이트가 안 되지 않을까? 고민들은 하지만, 결국 따져보면 결론은 정해져 있다는 이야기입니다. 왜 이렇게 됐을까요?

수많은 이유가 있습니다. 중국은 자율주행, AI, 소프트웨어, 라이다, 이중 광원 고체 레이저 기술 등 모든 부문에서 앞서 있습니다. 이를 위해 R&D를 열심히 했습니다. 로보락은 직원 반이 연구개발 인력입니다. 5년간 우리 돈 4천억 원을 쏟아부었습니다. 6개월마다 신제품을 선보입니다. 혁신이 빠릅니다. 세계를 상대로 장사를 합니다. 그래서 로봇청소기 시장을 90% 장악했습니다.

그들은 왜 이렇게 진심일까?

우선 생존입니다. 살아남기 위한 몸부림입니다. 현재 200개 업체가 피 터지게 생존 경쟁을 하는 중국의 내수 시장 상황 때문입니다.[5] 13억 인구가 로봇청소기 같은 작은 가전업계에도 충분한 규모의 시장을 형성해주고, 수많은 기업이 이 시장을 차지하려고 경쟁합니다. 그래서 세계 최고가 됩니다.

로봇청소기만의 문제가 아닙니다. 중국 제품이 괜찮으면 대륙의 '실수'라고 할 때가 있었죠? 이제 그 표현은 대륙의 '실력'으로 바뀌고 있습니다.[6] 중국 가전은 이미 한국 시장을 잠식하고 있습니다. 로봇청소기가 그렇고, 요즘은 TV, 세탁 건조기도 1인용 제품을 중심으로 점유율을 높이고 있습니다. 스마트폰, 스마트워치도 마찬가지입니다.

그 뒤에는 제조업, 그 가운데도 첨단 제조업 육성에 진심인 중국 정부가 있습니다. 중국 제조업이 왜 이렇게 강해진 건지 살펴보면 항상 나오는 답이 '중국 제조 2025'[7]입니다. 중국 정부가 이 계획에 따라 첨단 제조 산업을 전략적으로 육성하고 있다는 겁니다.

예를 들어, 로보락의 핵심 기술인 SLAMSimultaneous Localization and Mapping을 살펴보겠습니다. 로보락의 로봇 청소기는 집안을 구석구석 다니며 정밀한 평면 지도를 그리는 것으로 유명합니다. SLAM은 라이다 센서 등과 AI 알고리즘[8]을 활용해 로봇이 자신의 위치를 파악하고 주변 환경의 지도를 작성하게 합니다. 이런 로봇과 AI 기술이 바로 '중국 제조 2025'의 핵심 과제[9]들입니다.

이 대규모 산업정책에 따라 중국은 10개 핵심 산업을 지정했습니다. 국산화, 첨단화를 위해 대규모 산업 보조금과 세제 정책 패키지를 밀어붙였습니다. 그리고 하나하나 현실화시키고 있습니다. 전기차, 태양광, 배터리, AI, 드론, 로봇 그리고 우리의 주제, 바로 반도체입니다.

중국은 정말 반도체 독립을 할까

피하고 싶지만 필요한 질문을 꺼내려고 이렇게 돌아왔습니다. 그래서 중국은 정말 삼성전자의 반도체 사업을 위협할 수 있을까요?

사실 반도체야말로 '중국 제조 2025'의 핵심 중의 핵심입니다. 실패하기는 했으나, 10년 전, 2025년의 반도체 자급률 70% 달성을 목표로 내걸기도 했습니다.[10] 최대 고객 중국이 70% 자급률을 꿈꾸다니, 정말 무시무시합니다.

2024년 10월 부회장 명의의 삼성 사과문으로 돌아가보겠습니다.

2024년 3분기 실적 악화에는 크게 두 가지 요인이 작용합니다. 하나는 HBM이고, 나머지는 중국의 반도체 국산화입니다. 실제로 삼성전자는 "중국 메모리 업체의 레거시(범용) 제품 공급 증가에 실적이 영향을 받았다"[11]고 인정했어요. 유의미한 중국 D램 업체는 하나입니다. CXMT, 창신메모리테크놀로지입니다.

CXMT는 2016년 설립된 신생 업체지만, 중국 정부의 전폭적인 지원을 받고 있습니다. CXMT의 웨이퍼 생산능력은 2022년 월 7만 장 수준에서 2024년 20만 장으로 급증하고 있고, 2025년에는 30만 장 수준에 도달할 것으로 예상됩니다.[12] 30만 장 기준으로 세계 점유율은 15%입니다. 그러면 메모리 3강(삼성, SK하이닉스, 마이크론) 체제는 깨지는 겁니다.[13]

시장 경쟁할 능력은 아직 없습니다. CXMT의 기술력이 5년 안팎으로 뒤처져 있는 것으로 보고 있거든요. 웨이퍼를 찍어낼수록 실제로는 손해일 수 있지만, 중요한 건 정부 지원입니다. 막대한 보조금에 힘입어 중국이 필요로 하는 D램을 착착 국산화하고 있습니다.[14] 구형(레거시) 메모리를 주력으로 해서, 내수 시장의 저 사양 스마트폰, PC용 D램 수요를 흡수합니다.

경제가 아닌 국가 안보의 논리가 작동하기 때문입니다.[15] 크리스 밀러는 "중국은 기술을 따라잡으면 더 이상 한국 제품을 수입하지 않을 것"[16]이라고 단언합니다. '중국 제조 2025'는 그런 정책입니다.

반도체는 한국의 주요 수출 품목이며, 가장 큰 수출 대상국은 늘 중국이었습니다. 그런데 이제 그 중요한 시장의 상당 부분에 접근이 불가능해지고 있습니다. 이 상황은 삼성전자에 특히 치명적입니다. SK하이닉스는 HBM에서 막대한 이익을 내서 큰 타격이 없습니다. 삼성은 규모의 경제를 통해 가격 경쟁력을 확보해 중국의 이 시장에서 안정적 수익을 내왔습니다. '캐시카우'로 삼아왔습니다. 당장 2024년 하반기 실적이 이게 얼마나 무시무시한 영향력을 가지고 있는지 알려줍니다.[17]

당장은 저가(레거시) 칩 문제입니다만, 궁극적으론 '첨단 반도체까지 중국이 다 잠식하면?'에 대한 질문을 해야 합니다. 우리는 경험이 있습니다. 중국 업체들이 스마트폰 시장을 장악하면서 삼성 스마트폰은 중국에서 퇴출됐습니다. 현대차도 그렇습니다. 반도체 사업부도 그런 식으로 퇴출될 가능성이 있는지 따져봐야 합니다.

여기선 가능하다와 가능하지 않다는 두 의견이 부딪힙니다. 제작했던 다큐에 등장한 크리스 밀러(역사학자)와 짐 켈러(칩 설계 전문가)를 등장시켜 각 논리를 말씀드리겠습니다.

크리스 밀러, "중국이 모든 첨단 공급망을 복제하는 것은 불가능하다"

크리스 밀러는 "저가(레거시) 칩의 경우는 위험하지만, 최첨단 제품은 별 걱정이 없다"고 힘주어 말합니다. 미국이 네덜란드, 일본, 한국 등과 함께하는 반도체 규제가 효과를 발휘할 것이라고 보죠.

종종 사람들이 중국이 미국을 따라잡느냐고 묻는데, 사실 이 질문은 중국이 미국을 따라잡느냐는 질문이 아닙니다. 정확히 말하면 미국의 공급망 내에 있는 5~6개 국가를 따라잡을 수 있느냐?는 질문입니다. 매우 어려울 겁니다. 이미 각국이 엄청난 속도로 앞서가고 있고, 특히 D램은 격차가 훨씬 큽니다.

그런데 중국은 어떤 한 분야에서 단순히 따라잡겠다는 것이 아닙니다. 중국은 일본의 화학약품과 네덜란드의 기계와 미국의 지식재산권과 소프트웨어를 한꺼번에 따라잡겠다는 겁니다. 이 모든 공급망을 자국에서 복제하려고 합니다. 이건 훨씬 어려울 수밖에 없습니다.

얼마 전까지만 해도 미국과 동맹국들이 기꺼이 중국에 기술과 노하우를 수출했죠, 하지만 이제는 제약이 생겼습니다. 기술과 장비, 제품 이전이 막혔습니다. 이제 동아시아 반도체 업체들은 주경쟁자 중국의 공세를 막아낼 수 있게 되었습니다.[18]

반도체 산업에는 네덜란드가 만드는 최첨단 EUV 리소그래피와 일본이 생산하는 포토레지스트를 비롯한 수많은 첨단 기술 공급망이 그물처럼 얽혀 있습니다.[19] 여기에 대한 접근성이 원천적으로 막힌 상태이니, 과거 코콤의 방어막에 막혔던 소련의 운명이 중국의 운명이 된다는 견해입니다.

짐 켈러, "중국에는 좋은 엔지니어와 좋은 기술이 많다"

짐 켈러 의견은 좀 다릅니다. 앞서 짐 켈러에 대해선 몇 번 언급했기 때문에 짐작하시겠지만, 그는 혁신의 눈으로 세상을 봅니다. 한 패러다임 너머, 그 다음 패러다임이 무엇인지를 상상합니다. 한계를 믿지 않고, 특히 인간의 무한한 가능성을 신뢰합니다.

> 우선 저는 정치인이 아니고, 그런 부문에 대해서는 전문가도 아닙니다. 다만 제가 아는 것은 미국이 중국을 제재하면 중국의 기업들은 더 많은 돈과 시간을 투자해서 스스로 생산할 것이라는 점입니다.
> 중국이 어떤 장비와 기술로 어떻게 생산할지는 알 수 없어요. 중요한 것은 주요 기술에 대한 접근성이 주어지면 돈을 주고 살 것이고, 그렇지 않다면(제재한다면) 더 많은 돈을 기술에 투자할 거라는 사실입니다. 중국에는 훌륭한 엔지니어가 많으니까요.
> 현재 상황은 규제로 인해서 중국은 AI, 반도체 생산, 설비 생산에 많은 돈을 투자하고 있단 것이죠. 그리고 좋은 성과를 내고 있습니다. 아마 세계 최고의 전기차, 반도체, 텔레비전을 만들 수도 있겠죠. 중국에도 기술이 많으니까요.[20]

그는 사실 몇 차례에 걸쳐서 '정치 전문가가 아니라는 점'을 강조합니다. 미중이 대립하는 상황이 부담스러운 거죠. 다만 혁신가로서의 자존심이 작용했을 겁니다. 기술의 언어로만 말하면 혁신을 추동하는 것은 기술이지 정치가 아니라는 믿음이 있는 게 아닐까요? 짐 켈러의 눈에 반도체 제조 부문에서 중국인과 중국 기업은 결코 '막는다고 막힐 만큼' 만만치 않은 상대입니다.

특히 '막고 있기 때문에 빨라진다'는 견해를 곱씹어 볼만합니다. 시장에서 원하는 메모리칩을 살 수 있다면, 중국은 그 길을 택할 겁니다. 시장은 가장 경쟁력 있는 제품을 가장 싸게 살 수 있는 메커니즘을 장착하고 있으니까요.

그러나 미국이 한국의 메모리칩 수출을 막아서 살 수 없다면 스스로 만들어야 합니다. 반도체 칩 없이 미래를 그리는 것은 불가능한 상황이니까요. 미국의 규제는 화웨이의 최신 D램 수입 제한에서 2024년 HBM 통제로 강화됐습니다. 언제 더 강해질지 모릅니다. 중국으로선 자급자족을 서두를 수밖에 없습니다.

유발 하라리는 최신작 《넥서스》에서 이런 상황이 단기적으로는 AI 경쟁에서 중국의 발목을 잡겠지만, 장기적으로는 중국이 미국의 디지털 영역과는 뚜렷이 구별되는 '완전히 분리된 디지털 영역을 구축하도록 몰아갈 것'이라고 말합니다.[21]

독자 표준으로 성큼 내딛는 중국

최근 상황을 보면 중국 메모리 산업의 경쟁력이 확실히 강화되고 있습니다. D램에서는 앞서 언급한 CXMT가 1z(3세대) 공정까지 따라왔습니다. 여전히 선단 공정인 1c(6세대)와는 3세대 정도의 격차가 있고,

무엇보다 ASML의 EUV 리소그래피 장비를 사용할 수 없다는 점은 큰 핸디캡입니다. 현재로서는 EUV 없이 1c나 1d 공정에 진입하기 어렵다는 평가가 지배적입니다.

문제는 중국이 우회로를 뚫을 가능성입니다. 당장 플래시 메모리에서는 그렇게 전진하고 있습니다. 실제로, 비교적 단순한 플래시 메모리에서는 기술 격차가 없다는 분석이 많습니다. 중국의 국영 기업이나 다름없는 양쯔메모리테크놀로지YMTC는 2022년에 세계 최초로 232단 낸드 플래시를 양산했으며, '하이브리드 본딩'이라는 새로운 기술을 선도하고 있습니다.

바로 엑스태킹Xstacking 기술로, 엑스태킹3.0은 성능을 50% 높이고 전력 소비를 25% 줄였습니다. (저 영문을 잘 들여다보시죠. 진대제 전 사장이 삼성이 사업 초기 D램에서 전환점을 만든 것이 스택Stack 기술의 채택이라고 말했죠? 그 스택의 앞에 X를 붙인 기술입니다.) 전문가들은 다른 기업들도 YMTC의 하이브리드 본딩 기술을 따라야 할 것이라고 평가하며 이를 '칭찬할 만한 진전을 이룬 상황'[22]으로 봅니다.

이렇게 중국은 대안 기술을 바탕으로 독자적인 표준을 구축할 가능성도 있습니다. EUV를 활용한 공정 미세화가 제한된 상황에서 우회로를 찾는 거죠. 유발 하라리가 말한 것처럼요.

만약 중국이 성공한다면 한국에겐 재앙이 될 수 있습니다. 독자 표준을 구축한 중국이 자국 규격 외의 제품을 원하지 않을 가능성이 크기 때문입니다. 우리가 중국 시장에 접근할 기회가 더 줄어들 수 있습니다.

중국만 문제? 미국도 압박한다

그러나 2025년부터 대두되는 불확실성은 미국입니다. 미국은 2024년 12월 HBM의 중국 수출을 금지했습니다. 미국산 소프트웨어나 장비, 기술이 사용된 경우에는 다른 나라에서 생산된 HBM 메모리라고 해도 미국의 수출 허가를 받도록 했습니다. 당장 삼성전자에 불똥이 튀었습니다. HBM 자체는 삼성과 SK하이닉스, 마이크론 3사가 모두 만들지만, 중국으로 직접 수출하는 회사는 삼성뿐이기 때문입니다. 나머지 두 회사는 전량 미국으로 보내고, 그 물량이 달려서 공급을 못 할 정도입니다.

삼성이 엔비디아에 납품하는 4세대 HBM(모델명 HBM3)은 H20 GPU에 탑재됩니다. H20은 엔비디아가 미국의 대중국 수출 규제를 피하기 위해 중국 시장 전용으로 설계한 GPU 모델입니다. 이는 고성능 AI 연산에 최적화된 칩이지만, 규제를 준수하기 위해 기술 사양을 낮춘 점이 특징입니다. 그러나 이 모델도 수출 규제의 영향을 받습니다.[23] 삼성에는 이중의 타격이 될 수 있습니다.

당시 우리 정부는 최소한 2세대 모델인 HBM2만이라도 규제 대상에서 빼기 위해 노력했지만, 바이든 행정부는 들어주지 않았습니다. 안 그래도 DDR5 D램을 화웨이 등 일부 업체에 판매하지 못하게 하는 상황이었죠. 일부 반도체 장비의 중국 수출도 막고 있습니다. 이런 종류의 수출 원천 봉쇄가 강화될 수 있습니다.

바이든의 미국도 중국과 '디커플링'을 시도했지만, 트럼프의 미국은 더 '화끈'할 겁니다. 트럼프 정부는 미국으로의 수출도 문제 삼을 수 있습니다. 현재 한국은 대미 무역수지 흑자(445억 달러, 2023년)가 세계에서 6번째로 많습니다.[24] 최근 3년 사이 급증하면서 일본(7위)을 제친 결과입니다. 전년 대비 수출은 늘고, 수입은 줄었습니다. 무엇보다, 전기 배터리와 관련 소재 부품, 그리고 설비 투자 항목인 기계류가 늘었습니다.

1기 트럼프 행정부를 기억하시나요? 미국으로 수출을 많이 하는 나라는 '보복 관세'를 지렛대로 압박해왔습니다. 동맹도 예외는 없었습니다. 주요 외신들은 2기 트럼프 행정부의 관세 정책으로 인한 최대 피해자가 아시아 국가들이 될 것[25]으로 보고 있습니다.

게다가 트럼프는 2024년 대선 당시 한국을 향해 'Money Machine'이라고 불렀습니다. '돈 찍어내는 기계'입니다. 주한미군 주둔에 대한 대가를 지금보다 9배 정도 많은 100억 달러, 약 14조 원을 내야 한다고 주장했죠.[26] 미국 덕에 성장한 나라, 그래서 미국이 돈을 더 내라고 하면 행복해 하며 더 낼 거라고도 했습니다.

사실 우리는 억울합니다. 미국 수출이 급증한 것은 미국에 투자하기 때문이죠. 배터리 공장, 자동차 공장, 또 반도체 공장을 짓고 있기 때문입니다. 이 공장에 설치할 기계, 이용할 소재가 모두 수출로 잡힙니다. 다시 말하면 우리 기업들이 미국의 일자리를 늘려주는 설비 투자를 너무 많이 하는 바람에 무역 수지 흑자가 늘어난 것[27]입니다.

본질은 미국 내부의 위기: 세계화는 끝났다

미국 최고의 인재가 모인 학교 MIT에서 만난 존 하트 교수는 'Manufacturing@MIT'[28]라는 프로젝트를 주도하고 있습니다. 미 정부가 주도하는 리쇼어링에 발맞추어, 다시 미국 안에서 제조업을 부흥시키기 위해서는 무엇이 필요한지 탐색합니다.

이 책에서 소개해드린 모리스 창의 MIT 강연이 바로 이 프로젝트의 일환입니다. 크리스 밀러 교수 강연도 유튜브에 올라와 있습니다. 왜 수많은 제조 가운데 반도체가 제일 앞에 있는지 물어봤더니 "딱히 반도체가 중심 주제여서 그런 건 아니"라고 말합니다. 당시 MIT 기계공학과 학과장이던 그는 제약이나 로봇, 중화학 제조업 등 모든 제조업을 미국에서 다시 시작하는 데 관심이 있습니다. 혁신으로 인건비와 규제의 장벽을 극복해 생산성의 측면에서 지속 가능한 제조 강국의 부활을 꿈꾸는 겁니다.

팬데믹 이후 제조업 공급망의 중요성이 다시 부각됐습니다. 과거 미국에서 다른 국가들로 제조업이 확산되면서 글로벌 경제가 함께 성장했습니다. 전반적으로 보면 세계의 경쟁력이 함께 향상됐고, 소비자가 쓰는 제품의 품질이 높아진 것이 사실입니다.
하지만 팬데믹 이후 우리가 알게 된 것은 이 제조업의 안정성은 미국에 너무도 중요하다는 점이었습니다. 국가 안보뿐만 아니라 경제와 경제를 혁신할 능력, 그리고 새로운 제품을 새로운 공정과 잇는 모든 부문에서요.

아마도 (세계화의 과정에서) 미국이 잃어버린 가장 커다란 손실은 그중 가장 마지막 부분, 바로 제품 혁신과 공정 혁신 사이의 연결고리일 겁니다.[29]

존 하트 교수는 이 새로운 제조업의 시대를 만드는 데 가장 큰 장애물이 '우수 인재'라고 말합니다. MIT에서 인재가 없다는 말을 하는 것이 이상하게 들리실 텐데, 미국의 청년들은 제조업을 하려 하지 않습니다. 실리콘밸리에 있는 것도 아니고, 혁신의 선두에 있지도 않은 데다, 무엇보다 급여가 적습니다. 제조가 아닌 AI 같은 컴퓨터 공학과 온라인 비즈니스에서 비전을 찾고 일자리를 찾습니다.

이렇듯 제조 혁신을 할 인력이 부족한 상황인 이유는 복합적이지만, 중요한 것은 제조업 자체가 미국에서는 의미가 없는 산업으로 취급될 정도로 축소됐단 사실입니다. 아직 남아 있는 자동차와 일부 제약을 제외하면 말이죠.

역사적 연원은 레이건 정부까지 거슬러 올라갑니다. 레이건 정부는 오일 쇼크와 고물가 속에 제조업을 해외에 내주는 대신 금융과 테크 산업을 중심으로 산업을 재편합니다. 경제학이 국제 분업은 모두에게 윈-윈Win-Win이라고 알려주었기 때문이죠. 이것을 1차 세계화[30]라고 부를 수 있을 것입니다. 그렇게 시작된 미국 제조업의 소멸은 2000년 중국의 WTO 가입 이후 가속도가 붙습니다. 2차 세계화 속에 제조업 공동화가 사실상 완성되죠.

그나마 남아 있던 제조 부문은 마지막 타격인 2008년 글로벌 금융위기를 전후해 사라집니다. 탐욕적인 월가가 미국 경제를 곤두박질치게 했습니다. 정작 그들은 '대마불사'의 논리 속에 살아남았지만, 제조업체는 금융환경의 불확실성을 버티지 못하고 사라졌습니다.[31] 시민들은 위기의 원흉이 보너스 잔치를 하며 또다시 탐욕을 부리자 '월 스트리트를 점령하라'고 소리쳤지만 소용이 없었습니다.

이 기간 미국 제조 부문의 고용 변화[32]는 충격적입니다. 1979년 9월 일자리는 1,960만 개로 정점을 찍었고, 2000년 말에 1,700만 개로 줄었으며, 2010년 3월에는 1,140만 개를 기록합니다. 이후 회복되기는 하였으나 2019년 말 1,280만 개에 그쳤고, 2024년 11월에도 1,288만 개로 비슷한 수준입니다. 1979년 이후 700만 개에 가까운 제조업 일자리가 사라진 겁니다.

이런 경제의 구조 변동이 사회적 불만을 키우지 않으면 그게 이상한 겁니다. 제조 부문은 저학력 노동자에게 질 좋은 일자리를 제공하는데, 한 국민경제에서 그 일자리 700만 개가 순감했으니까요. 펜실베이니아와 오하이오, 미시간, 위스콘신이 그 여파의 직격탄을 맞았습니다.[33] 그 결과가 트럼프의 당선(2016)이고, 재당선(2024)으로 이어집니다. 바이든은 나름의 성과를 거두었다 자평했지만, 저학력 중산층의 일자리 측면에서 보자면 큰 변화가 없었습니다. 그들의 불만은 지속됩니다. 이를테면 미국의 많은 시민들은 이렇게 생각하고 있습니다.

"중요한 것은 파이의 크기가 커졌다는 사실이 아니다. 그 파이는 모두 탐욕스런 월가로 흘러들어갔다. 번지르르해 보이는 실리콘밸리의 졸부들에게 돌아갔다. 분배가 잘못됐다. 그 대신 우리는 중국을 비롯한 아시아 국가의 노동자들에게 일자리를 빼앗겼다. 평범하고 근면한 미국의 노동자는 극심한 손해를 보았다. 활기차던 과거의 공업지구는 '러스트 벨트', 녹슨 곳이라고 조롱당하는 쇠락한 공간이 되었다. 우리가 일자리를 잃은 이유가 바로 세계화다. 중국을 살찌우고, 중국이 미국의 패권에 도전하게 만든 것이 세계화다. 끝내야 한다. 과거의 세계로 되돌려놔야 한다."

즉, 안전과 번영을 폭넓게 공유[34]하자는 요구에 부응하지 못하는 세계화, 그리고 시장 경제를 미국 사회가 불신한다는 의미입니다. 파이낸셜타임스의 저명한 언론인 마틴 울프는 그래서 엘리트에 대한 신뢰 상실이 만연해 있고, 포퓰리즘과 권위주의가 부상하며, 좌우 모두 정체성의 정치를 펼치고, 진실이라는 개념 자체를 믿지 않는 세상이 됐다고 말합니다.[35] 이것이 또다시 트럼프 시대를 만든 미국의 풍경입니다. 그래서 이제 미국에서 세계화는 끝났습니다.

대한민국의 시련, 삼성전자의 위기

이 지정학의 변화는 대한민국에 시련이고 도전입니다. 일반적으로 자유무역의 증진은 세계 여러 나라에서, 또 현대 역사 전반에 걸쳐 경제 성장과 번영을 촉진해왔습니다[36]만, 특히 한국에게 이익인 거래였습니다. 한국은 최빈국이던 시절부터 지금까지 줄곧, 좁은 국내 시장에 머물지 않고 세계로 팔을 뻗었습니다. 필요한 것보다 훨씬 더 많이 만들어 바다 바깥에 내다 팔아 '한강의 기적'을 만들었습니다.

현대차는 대략 1대 7로 해외 판매량이 압도적입니다.[37] 삼성전자도 매출의 80% 이상을 해외에서 냅니다. SK하이닉스는 97%가 해외 매출입니다. 새로운 산업인 바이오도 마찬가지입니다. 삼성바이오로직스는 95%입니다. 게임 업체인 크래프톤은 94%, 배터리를 만드는 LG에너지솔루션은 94%입니다.[38] 해외 시장이 있어 대한민국은 성장했습니다.

그런 세상이 지금 닫히고 있습니다. 미국에 의해서요. 트럼프든 아니든 사실 방향은 같습니다. 바이든은 매너가 있고, 트럼프는 거칠다는 차이점 정도가 있으려나요?[39] 그래서 트럼프는 그 속도를 훨씬 빠르게 하고 예측 불가능성을 증폭시킬 겁니다. 어떤 방향으로 전개되건 한국은 피해를 입는 국가가 될 겁니다.

삼성은 저부가가치 제조업에서 고부가가치 제조업으로 사업을 확장해 성공했습니다. 산업 고도화를 통해 부강해진 대한민국의 표본 같은 기업입니다. 이 기업의 위기는 우리 경제 전체에 거대한 메타포입니다.

이제 패권국가가 더 이상의 세계화를 원하지 않고 있습니다. 미국은 중국으로 가는 것이라면 뭐든 막으려 하고, 자국의 일자리를 늘리기 위해서라면 동맹도 압박합니다. 그러자 중국은 반도체 자립에 가속도를 붙이고 있습니다. 중국의 목표는 처음부터 첨단 산업의 내재화였습니다. 미국의 봉쇄는 그 속도가 더 빨라지게 만듭니다. 유발 하라리는 인류가 디지털 제국들 사이에 가로놓인 새로운 실리콘 장막을 따라 분열될 수 있다고 내다봅니다. 중국 소프트웨어는 중국 하드웨어, 중국 인프라와만 소통할 것이라는 것이죠.[40]

이런 세계는 삼성을 일궜던 시절의 행운과는 거리가 멉니다. '적의 적은 나의 친구'라며 일본을 눌러주는 동시에 한국 반도체를 키워주던 그 시절의 미국은 이제 없습니다. 고속성장하며 그 효과를 이웃에 전해주던 중국도 없습니다. 고독하고 힘든 시간이 찾아왔습니다.

3부

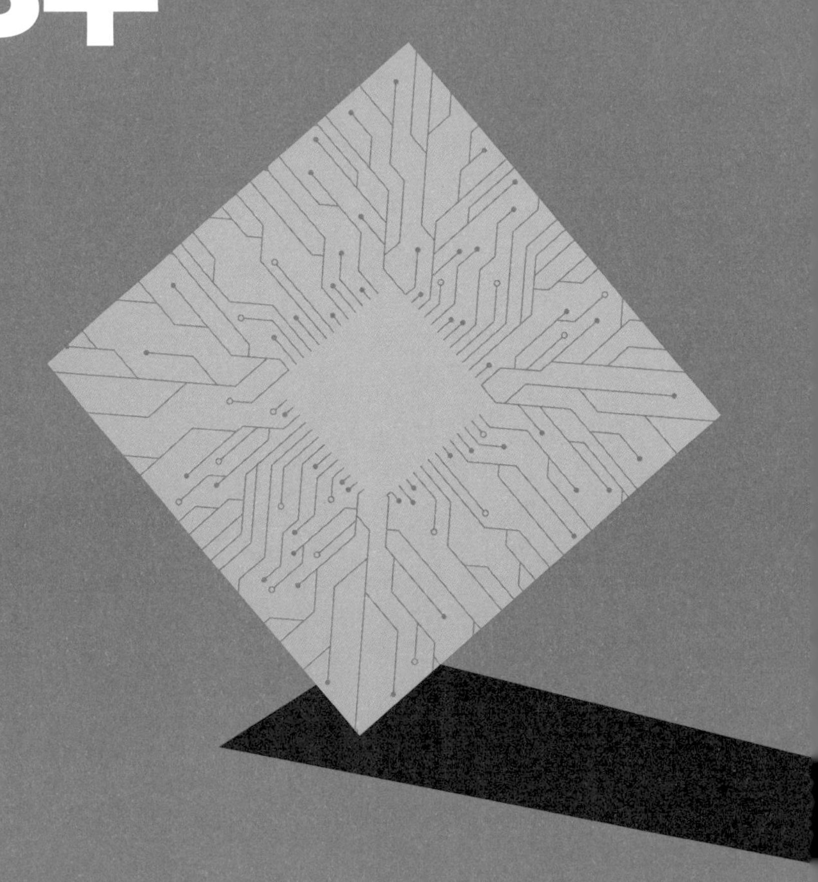

삼성전자 시그널, 미래를 판단하라

세계 최고의 자리에 있을 때,

지구상 최강국일 때,

업계 최고의 기업이 되었을 때,

자기 분야에서 최고가 되었을 때,

바로 그 힘과 성공 때문에

자신이 이미 쇠퇴의 길로 들어서고 있다는 사실을

깨닫지 못합니다.

어떻게 하면 그 사실,

즉 몰락의 징조를 알아차릴 수 있을까요?

-《위대한 기업은 다 어디로 갔을까》 중에서

기업은 끝없이 성장할 수 있을까? 대부분의 기업은 그럴 수 없습니다. 어떤 정체 지점, 스톨 포인트Stall Point가 있다[1]고 지적합니다. 매출 성장 그래프가 한계에 도달해 구부러진다는 것이죠. 《스톨 포인트》라는 책에선 1955년부터 2006년까지 포천 100대 기업에 포함된 500개 이상의 대기업을 실증적으로 조사합니다. 그 결과 이들 대기업 가운데 87%가 정체에 빠지며, 단 11%만이 이를 극복한다는 사실이 확인되었습니다.

삼성 앞의 과제는 이렇게 역사적이고 통계적입니다. 삼성이 마주한 성장의 정체와 기술의 위기는 앞선 기업들의 경험에 비춰볼 때 확률적으로 빠져나오기 쉽지 않습니다. 원인은 내부에 있습니다. 통상 불황이나 정부 통제 같은 외부적 요인을 탓하기 쉽고 관리가 무의미하다고 결론짓기 쉬운데, 아닙니다.[2] 특정 시기의 선도 기업이 다음 시기에 주도권을 내주고 쇠락하는 중요한 이유는 구조적 변화나 혁신을 주저했기 때문[3]입니다. 한 시기 잘 적용되던 핵심 역량이 패러다임의 변화 이후 오히려 변화와 혁신을 저해하는 조직 경직성의 원천[4]이 됩니다. 클레이튼 M. 크리스텐슨은 기업 내부의 전략적 의사결정의 중요성[5]을 강조합니다.

삼성도 마찬가지입니다. 유진투자증권의 이승우 센터장은 과거 삼성에게 '불황은 기회'였다[6]고 분석합니다. 우선 불황에도 감산을 하지 않고 생산량을 유지합니다. 가격이 떨어지더라도 가장 앞선 기업은 가장 낮은 원가에 생산을 할 수 있으니까 오히려 더 즐겁습니다. 이윤은 좀 낮아도, 다른 기업들은 적자를 보고 고통받다가 시장을 떠나니까요. 게다가 다른 기업들이 불황을 맞아 투자를 줄일 때, 삼성은 과감하게 투자해서 다음 '호황'이 돌아왔을 때 엄청난 양산 능력을 뽐내는 '양산 전자'가 된다는 거죠.

그러나 이 센터장은 2023년 불황은 삼성전자에게 치명적인 결과로 이어졌다고 지적합니다. 과거의 공식이 작동하지 않아, 험난한 사이클에 삼성이 '전대미문의 적자'를 겪습니다. 그리고 못 버티고 감산을 결정합니다. 경쟁사를 압도했던 기술력이 없기 때문입니다. 가격이 떨어지면 이제 삼성도 손해를 봅니다. 또 변화 대응 속도도 예전 같지 않습니다. 이 센터장의 냉정한 분석입니다.[7] 즉, 지금의 삼성은 과거의 삼성이 아닙니다. 따라서 해법을 모색한다면, 단순히 불황에 주목하기보다 '변질된 삼성 내부의 문제'에 초점을 맞춰야 합니다.

지금까지 삼성의 상승과 위기를 ① 삼성의 혁신과 ② 세계 IT 산업의 흐름과 ③ 지정학적 운의 교차로 살펴봤습니다. 삼성의 혁신을 가능케 한 '필승의 법칙'과 그것을 무한 복제하던 삼성은 이제 없습니다. 혁신의 선두에 있지 않고, 오히려 기존 메모리에서조차 어려움을 겪고 있습니다. IT 산업의 변화는 언제나 삼성이 즐기던 파도였지만, 이제는 아닙니다. 변화를 눈치 채지 못한 것은 아니지만, 실패를 반복합니다. 지정학은 이제 삼성을 압박합니다. 세 요소가 모두 위험합니다.

먼저 지정학, 트럼프의 미국이 시진핑의 중국과 대결하는 2025년의 상황은 당분간 대외 환경을 규정짓는 핵심 요소가 될 겁니다. 시진핑은 자급자족을 향해, 트럼프는 미국을 다시 위대하게 만들기 위해, 삼성의 생존에 부정적 영향을 미칠 수 있는 정책을 펼 겁니다. 지정학은 분명 중요한 요소가 될 겁니다.

그러나 그 자체가 삼성을 몰락으로 밀어 넣지는 않을 겁니다. 미국이 대만에 대한 반도체 의존도를 우려한다고 해서 TSMC를 몰락으로 밀어 넣을 수는 없습니다. 대안이 없기 때문입니다. 삼성 역시 압도적 기술력을 회복한다면 이겨낼 수 있습니다. 고유한 기술과 차세대 기술이 될 수 있는 잠재적 아이템 확보에 더 집중해야 합니다.[8] 다른 말로는 혁신할 수 있는 능력입니다. 삼성의 성장과 생존에 가장 중요한 퍼즐은 바로 이 내부 역량입니다.

따라서, 마지막 파트는 어떤 리더십으로 혁신의 동력을 어떻게 회복하고 IT 산업의 흐름에 어떻게 다시 올라타느냐에 집중합니다. 우선 문제를 먼저 살핍니다. 파운드리 진출의 리더십이 무엇이 문제였는지, 또 수익성을 우선한 경영이 왜 문제였는지, 필요한 이론을 조금씩 배워가며 깊이 있게 살펴볼 겁니다. 현장의 목소리도 들어보겠습니다.

또, 삼성은 왜 결정적인 순간 애플이 되지 못했는지를 리더십의 관점으로 살핍니다. 스마트폰 사업부의 한계가 분명해집니다. 혁신을 일으킬 제3의 방법, 인수합병은 왜 어렵고 삼성은 왜 잘 못했는지를 살피는 것도 마찬가집니다. 리더십에서 열쇠를 찾아야 합니다.

그리고 난 뒤 협력의 리더십을 말하고, 마지막으로는 인재를 이야기할 겁니다. 공부 잘하는 아이들이 다 의대에 가는 나라에 무슨 미래가 있어? 주 52시간 규제가 삼성의 역량을 해쳐! 같은 이야기들을 좀 다른 각도에서 바라볼 겁니다. 이건 삼성만의 이야기는 아닙니다. 대한민국의 리더십 이야기입니다.

사실, 삼성은 메타포(상징)입니다. 식민 통치의 고통, 전쟁의 폐허에서 시작한 나라가 어떻게 가발과 합판을 수출하다가 철을 생산하고 배를 만들고, 자동차를 수출하게 되었는지, 그리고 급기야 첨단 제조의 꽃이라고 할 반도체에서 세계 정상에 섰는지에 대한 이야기는 대한민국 현대 경제사 그 자체이기도 합니다.

그럼 삼성에 대한 고민이되, 궁극적으로는 한국 경제의 운명에 대한 질문을 던지고 해법을 모색해보겠습니다.

13장

위대한 기업은 모두 어디로 간 걸까

안나 카레리나 법칙

기업인들은 '좋은 기업을 넘어 위대한 기업으로'[1] 나아가길 소망합니다. 미국 최고의 경영학 학술 매거진인 하버드비즈니스리뷰에서 짐 콜린스가 쓴 동명의 이 책에 대한 리뷰는 가장 인기 있는 글 가운데 하나입니다.[2] 그래서 콜린스가 말하는 '성공하는 기업들의 8가지 습관'[3]을 알고 싶어 합니다. 《좋은 기업을 넘어 위대한 기업으로》는 마이크로소프트의 전설적인 CEO 스티브 발머가 뉴욕타임스 인터뷰에서 '특별히 유용했던 경영서'[4]로 꼽을 정도였습니다.

하지만 삼성을 이야기할 때는 큰 도움이 되지 않을 것 같습니다. 삼성은 이미 위대한 기업입니다. 그리고 지금 위기에 있습니다. 위대한 기업이 되는 방법이나, 그 위대함을 지속하는 방법을 배울 때는 아닌 것 같습니다.

오히려 지금은 위기 그 자체를 살피는 게 도움이 될 겁니다. 얼마만한 위기인지, 어느 정도 전개가 되었는지, 이 위기를 잉태한 파괴의 씨앗[5]이 무엇이었는지 비교를 통해 살필 수 있을 테니까요. 그래서 같은 작가의 다른 책, 《위대한 기업은 다 어디로 갔을까》를 꺼내 듭니다. 위대한 기업의 추락을 이야기하는 책입니다.

"행복한 가정은 다 똑같다. 반면 그렇지 못한 가정은 모두 제각각의 원인으로 불행하다."[6]

몰락의 길은 제각각입니다.[7] 일반 이론을 정립하기는 쉽지 않습니다. 콜린스가 대문호 톨스토이가 쓴 《안나 카레리나》의 첫 문장으로 이 책을 시작하는 이유입니다. 대신 성공한 뒤 몰락하는 기업의 진행 과정을 다섯 단계로 나눌 수는 있습니다. 각 단계는 겹쳐서 나타날 수도 있고, 또 한 단계를 생략하고 건너뛰기도 합니다.

흥미롭게도 몰락의 씨앗은 기업이 점점 위대해지는 과정에 기업 안에서 싹트고 자라납니다. 그리고 어느 순간 위기로 변화합니다. '몰락 연구자'들이 공통적으로 발견하는 이야기[8]입니다. 삼성과 관련해서는 2단계와 3단계를 주목해야 합니다. 이 이야기로 3부를 열겠습니다.

위대한 기업 몰락의 5단계

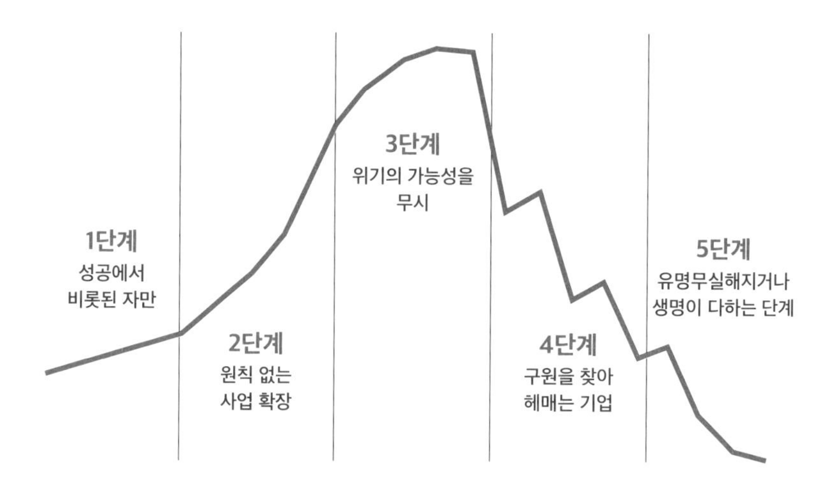

① 성공으로부터 자만심이 생겨나는 단계

성공을 당연히 여기고, 왜 성공했는지를 잊어버리며, 근본 요인을 외면하는 시기.

② 원칙 없이 더 많은 욕심을 내는 단계

지나친 확장이나 성공에 대한 과도한 욕심이 핵심 사업을 약화시키는 시기.

③ 위험과 위기 가능성을 부정하는 단계

내부 문제를 무시하고 외부 요인 탓으로 돌리며 문제를 축소하거나 간과하는 시기.

④ 구원을 찾아 헤매는 단계

급격한 변화와 극약 처방으로 단기적 성공을 추구하는 시기.

⑤ 유명무실해지거나 생명이 끝나는 단계

재무적, 조직적으로 회복이 불가능한 상태에 빠지는 시기.

자료: 짐 콜린스, 《위대한 기업은 다 어디로 갔을까》

몰락의 1단계: 기고만장해지다

"4,300만 고객이 틀렸을 리 없잖아요."[9]

모토로라의 1995년은 '이보다 더 좋을 수 없는' 해였습니다. 우선 1994년 미국 시장 점유율이 60%에 달했습니다. 또 1996년 1월에는 스마트폰 이전 시대 최고의 휴대전화 '스타택' 출시를 앞두고 있었죠. 막대기 같은 전화기들 사이에서 조개껍데기(폴더형)처럼 열리는 디자인은 충격이었습니다. 뚜껑을 열 때 나는 '딸깍'하는 소리는 스타택의 스타일을 완성했습니다.

짐 콜린스는 모토로라가 '기고만장했다'고 표현합니다.[10] 내부적으로 '디지털 휴대전화의 시대가 오고 있는데 지금 스타택은 아날로그라 걱정이 된다'는 보고가 올라옵니다. 그러자 당시 휴대전화 부문장 로버트 와이스해펠은 "4,300만 명의 아날로그 고객이 틀렸단 건가?" 라고 반문합니다. 걱정하는 시늉도 안 했단 거죠.

바로 1단계, 성공으로부터 자만심이 생겨나는 때입니다. 이 자만심 속에서 '붕괴의 씨앗'이 스타택에 새겨집니다. 텍스트 메시지는 받을 수만 있고 보낼 수 없었습니다. 발신자 번호 표시도 안 됐죠.[11] 음성이 중심인 아날로그(AMPS) 방식이어서 그랬습니다. 디지털 네트워크(GSM, CDMA)에서는 쉽게 구현할 수 있게 됐지만, 아날로그에선 데이터 전송의 제한 때문에 어려웠습니다.

음성 통화가 되는데 메시지가 뭐가 그리 중요한가 싶었을 수 있죠.

그러나 디지털에 늦은 대가는 혹독했습니다. 늦은 뒤에도 자존심 때문에 퀄컴 칩을 받지 않고 자체 개발하려다 더 늦어버렸고, 시장 점유율을 급속히 잃었습니다. 불과 4년 뒤인 1999년에는 17%로 쪼그라듭니다.[12]

몰락의 2단계: 원칙 없이 더 많은 욕심을 내다

이 시기 모토로라가 투자를 게을리한 것은 아닙니다. 1995년 연례 보고서에는 최근 5년간 미국에서 세 번째로 많은 특허를 취득했다고 적혀 있습니다. 쉼 없이 투자했습니다. 문제는 투자 그 자체가 혁신을 보장하지는 않았다는 점이죠.

미국 최대의 IT 기업 자리에 있다가 몰락한 HP도 무너지기 직전까지 발명 캠페인을 벌여 특허를 2배로 늘렸습니다. 제약기업 머크는 경영난으로 인한 합병 직전에 신물질 특허를 대거 출원했고, 신약 개발 드라이브를 걸었습니다. 그러고는 몰락의 길을 더 빠르게 걸어갔습니다.

투자는 때로는 오히려 독이 됩니다. 이는 2단계, 원칙 없는 욕심 단계의 특징입니다. '능력을 확실히 갖추지 못한 채 새 분야에 지나치게 투자'하거나, '규모에 집착'하는 투자가 나옵니다. '핵심 목적에 대한 통찰력'을 잃어버린 거죠. 성공에 도취된 1단계가 지속되다가, 과도한 욕심을 부리는 2단계로 나아간다는 이야기입니다.

'돌다리도 두드리던' 과거의 삼성[13]

삼성의 파운드리 투자가 어쩌면 2단계의 특징일 수 있습니다. 삼성의 과거와 비교해보면 좀 더 쉽게 설명할 수 있을지 모르겠습니다. 삼성이 성공 가도를 달리며 '무한증식 아메바'처럼 사업 범위를 확장할 때로 돌아가보죠. LCD, 플래시 메모리, 휴대전화와 같은 새 사업에 진출할 때 삼성은 '돌다리도 두드려 보고' 건넜습니다. 철저히 실행 가능한 목표를 세웠습니다.

우선 LCD, 1990년대 초반 소규모 연구개발이 시작됩니다. 휴대전화용 소형 LCD가 필요해서 시작했습니다. 15인치 규모의 비교적 큰 화면은 1998년이 돼서야 출시합니다. 시장이 있다는 판단이 들었을 때까지 기다린 겁니다. LCD에만 베팅한 것도 아닙니다. LCD와 함께 소니가 끝까지 붙들었던 평판 브라운관도 계속 생산했고, 파나소닉이 주도하는 PDP도 만들었습니다. 미래는 불확실하기에 모든 가능성을 염두에 두고 연구개발과 신중한 투자를 합니다.

이후 2000년대 초반, 결단을 내립니다. LCD가 검증된 미래가 됐습니다. 소비자들이 LCD TV를 가장 선호한다는 사실을 '팔아보고' 확인했던 거죠. 게다가 LCD는 삼성이 잘 만들 수 있는 특성을 지닌 사업이었습니다. 반도체와 유사하게 대규모 라인 투자를 해야 하고, 수율 관리가 중요했습니다. 2002년 7세대 라인에 2조 원을, 이후로 2~3년마다 대규모 투자를 했습니다. 그렇게 1위 자리에 오릅니다.

낸드 플래시 메모리 때도 마찬가지입니다. 80년대 후반부터 다양하게 연구했고, 90년대 중반에 플래시의 잠재력을 인식했는데, 이때도 노어와 낸드 모두 개발했죠. 90년대 후반이 되어서야 저장 밀도가 높고 싼 낸드의 가능성에 베팅을 한 것이고요. 이후 기술을 추가로 확보하면서 한발 한발 나아갔습니다.

휴대전화도 다르지 않습니다. 초기에 소규모로 시작하여 시장과 기술의 불확실성을 관찰하고, 점진적으로 투자를 확대하면서 동시에 CDMA, GSM 등 다양한 통신 기술 옵션을 유지했습니다. '한국 지형에 강한' 애니콜은 그렇게 탄생했습니다. 이를 통해 디지털화, 모바일화되는 시장 변화에 유연하게 대응하면서도 선도적 위치를 확보할 수 있었습니다.

막대한 설비투자를 하긴 했지만, 처음부터 가시적 성과를 목표로 거대한 자본을 투자하며 나아가지 않았습니다. 기본적인 경쟁력 확보에 중점을 두고 성장시켜 나갔습니다.

선언부터 하고 가시적 성과에 매달린 파운드리

그러나 파운드리에서는 달랐습니다. 2019년 4월 이재용 회장은 '시스템 반도체 비전 2030'을 발표[14]하며, 2030년까지 파운드리를 포함한 시스템 반도체 분야에서 1위를 하겠다고 선언했습니다. 당시 파운드리 점유율은 TSMC 48% 대 삼성 19.1%[15]이었습니다. 삼성이 TSMC를 빠르게 추격하는 상황이긴 했지만 차이는 여전히 크게 벌어져 있었습니다.

문제는 신사업 진출을 너무 대대적으로, 너무 대규모로 화려하게 해버렸단 점이죠. 그룹 수장이 앞장서서 선언했으니, 가시적 성과가 필요하게 됐습니다. 아마도 처음부터, 3년 뒤 발표한 '세계 최초 GAA 3나노 공정 진입'이 목표가 됐을 겁니다.[16]

표준화된 상품인 메모리 산업에서는 맞는 전략입니다. 대량으로 먼저 생산해 재고를 쌓아놓고 가격 경쟁을 하니까, '누가 먼저 더 미세한 제품을 만드나'가 승부를 결정합니다. 가격과 생산량과 품질 경쟁력 모두에서 압도하는 업체가 되니까요.

하지만 주문을 먼저 받고 만드는 수주 산업은 가격 경쟁을 하지 않습니다. 먼저 주문을 받고, 그때 가격도 정합니다. 선단 공정이 중요하긴 하지만, 그게 가장 중요한 요소라고 말할 수는 없습니다.

당장 앞서 설명드렸던 '애플의 AP 사업을 TSMC에 뺏길 당시'를 떠올리면 됩니다. 승리한 TSMC는 16나노 공정이었고 패배한 삼성전자 파운드리는 14나노 공정이었습니다. 더 앞선 14나노 공정으로 16나노 TSMC 칩에 졌을 때 분명하게 드러났습니다. 선단 공정이 핵심이 아니란걸요.

파운드리, '수주 산업'에서 가장 중요한 것

'GAA 3나노'보다 중요한 요소를 찾기 위해, 실물 옵션적◆ 접근으로 다양한 실험과 소규모 투자를 통해 시장과 고객의 반응을 점진적으로 확인하며 유연한 전략을 펼쳤다면 결과는 달라졌을지 모릅니다. 우선 조심스럽게 사업을 확장해 나가면서, 이 사업에서 최고가 되려면 어떤 요소에 집중해야 하는지 배웁니다. 어느 정도 확신이 들면, 그때 과감하게 나가도 늦지 않습니다.

다시 한 번, TSMC가 삼성으로부터 애플의 파운드리를 뺏을 당시를 떠올려 보죠. 미국에 파견된 TSMC의 연구진 100명은 첫 칩을 출시할 때까지 3년 동안, '무엇이 애플이란 고객을 위한 최선의 제조인지' 실험합니다. 새로운 20나노 공정에서 설계를 제조로 옮기는 노하우를 얻었을 것이고, 반복해서 실험하면서 제조 정밀성도 높였겠지요. 실물 옵션적 사고가 깔려 있습니다.

그러면 파운드리라는 사업의 본질을 깊이 이해한 상태에서 경쟁을 본격화할 수 있지 않았을까요? 앞장에서 이야기한 그 본질을 짧게 복습하면, 서로 언어가 통하지 않는 화성에서 온 팹리스와 금성에서 온 파운드리의 만남입니다. 주문 받아 만드는 수주 산업 가운데서도 최고난이도의 첨단 제조입니다. 초미세공정의 불가능에 도전하는 것이죠. 게다가 만들어야 할 것은 '설계도보다 더 좋은 제품'입니다. '고객 요구를 기반으로' 정밀도와 완성도를 높여가야 합니다. 기술 발전은 여기서 시작해야 했습니다.

그러기 위해서는 신뢰가 필요합니다. 파운드리의 또 다른 본질입니다. 끝없는 실험을 하고 다양한 방법을 테스트해봐야 한다는 말은

실물 옵션 이론 Real Option Theory[17]

미래가 기대대로 흘러가는 일은 드뭅니다. 특히 IT 산업에서 그렇습니다. 특정 사업의 투자 기회가 좋은 기회인지 아닌지 알기 어렵습니다. 초일류 기업은 이때 '미래의 선택 권리'에 지속적으로 투자합니다.[18] 진짜 가능한 옵션이 무엇인지를 신중하게 따져보고 다양하게 살피면서 사업을 키우는 겁니다. 잠재적 플랜 여러 개를 살려 둔 뒤, 불확실성이 줄어들었을 때 프로젝트 채택 여부를 결정하는 것이죠. 실물 옵션 이론이 제시하는 전략입니다.

수없이 실패해야 한다는 뜻이기도 하죠. 최초의 설계도라는 '이상'을 '현실'적인 제조의 언어로 번역하는 작업이 어떻게 실패 없이 가능할까요? 단 하나의 기업을 위해 한 번도 해본 적 없는 새로운 제조 기술을 도입하려면 실물옵션 이론이 제시하는 다양한 가능성을 타진하면서 시행착오를 겪으며 성공에 다가가야 합니다.

이 실패는 상대를 믿지 않으면 할 수 없습니다. 두 기업이 공동운명체가 되지 않으면 험난한 여정을 헤쳐 나갈 수 없습니다. 이렇게 함께 이상과 현실의 간극을 좁히기 위해 장기간 협력하면 당연히 강력한 신뢰 관계가 될 수밖에 없습니다. 그게 TSMC가 파운드리에서 세계 제일이 된 비결입니다.[19]

한국을 대표하는 반도체 석학 중 한 분에게 들은 이야기가 하나 있습니다. 그는 미중 반도체 패권 전쟁이 본격화되기 전, 중국 출장 중에 IBM 출신으로 중국 기업에서 반도체 관련 자문을 하던 미국인을 만났습니다. 그 미국인이 TSMC와 관련한 일화를 하나 얘기해 줬다고 합니다.

애플이 AP를 설계해서 TSMC에 맡겼답니다. 그런데 제조를 했는데 함량 미달 제품이 나왔습니다. 난리가 났습니다. TSMC가 분석을 했더니 설계 문제였답니다. 이때 TSMC가 애플에 연락을 합니다. 결코 애플을 탓하지 않고 그저 '문제가 생겼다'며 "우리 엔지니어 50명을 애플 본사에 파견할게, 받아주면 짧은 시간 안에 해결해 줄게"라고 했답니다.

결국 두 회사는 설계를 바꿔 문제를 해결합니다. 여기까지 이야기한 교수님은 TSMC의 이런 일처리가 너무나 놀라웠다고 고백했습니다. 사실 국내 기업들은 이런 문제가 생기면 '설계가 잘못이다, 제조는 죄가 없다, 잘잘못을 따져보자'라는 식으로 접근하기 때문에, 그게 당연한 줄 알았는데 TSMC는 절대로 고객을 탓하지 않더라는 겁니다. TSMC는 이런 회사입니다. 이 교수님은 이렇게 짧게 반문합니다. "이런 판에서 삼성에 맡기겠어요?"

혼자서 할 수 없던 일을 협업으로 해내고, 미세화는 한계에 부딪혀 느려져도 '무어의 법칙'을 계속 실현할 수 있었던 것은 바로 이런 기술과 신뢰의 융합이 있었기 때문입니다. 엔비디아와 TSMC처럼요.

그러나 삼성은

기술과 신뢰의 융합 대신, 삼성은 '3나노 GAA 공정 개발'을 최우선 과제로 삼았습니다. 아직 개발하지 않은 이 신공정 설계 키트를 고객들에게 배부하면서, 삼성의 목표는 2030년 1위라는 점을 내세웠습니다. '당신의 사업을 성공으로 이끌기 위해서' 최선을 다하겠다는 TSMC와 '내가 파운드리에서 1위가 되기 위해 서비스를 제공하겠다'는 삼성의 차이가 보이시나요?

게다가 이렇게 특정 선단 공정 개발에 초점을 맞추면, 이 도전은 혼자서 할 수밖에 없습니다. 고객 요구를 기반으로 수많은 가능성을 실험하는 시간이나, 고객과의 장기적인 관계를 형성하는 시간을 삼성은 충분히 가지지 못했을 겁니다. 그래서 제품을 만들었을 때 좋은 수율이 나오기 힘들었겠죠. 게다가 삼성은 퀄컴을 곤욕스럽게 한 GOS 사태의 주인공이죠. 4나노 공정에서 수율은 낮고 발열이 높은 칩을 만들었습니다. 그게 2월이고, 신공정 3나노 발표는 불과 넉 달 뒤입니다.

빅테크와 팹리스들은 무슨 생각을 했을까요? 거창하게 '삼성의 기술 위기'까지 갈 것도 없습니다. '4나노도 잘 못하는데 3나노를 그것도 새로운 방법으로 만든다고? 너무 위험한데'라고 생각했을 겁니다. 실제로 삼성의 3나노 공정 수율이 극히 낮았습니다. 이런 사실은 숨길 수 없습니다. 이렇게 삼성은 익숙지 않은 파운드리 사업에서 초기부터 과도한 투자를 단행했는데 정작 시장의 본질적 요구를 충분히 반영하지 못해서 어려운 싸움을 이어가게 되었습니다.

애플도 똑같은 실패를 겪었습니다

애플은 아이폰 출시 15년 전부터 모바일에 진심이었습니다. 디바이스에 관심을 집중했습니다. PDA라는 기기가 관심을 끌자 애플은 1990년, (당시는 스티브 잡스가 회사를 떠났을 때입니다.) 애플다운 혁신적인 PDA를 출시하기로 마음먹습니다.

PDA는 초기 스마트폰이라고 할 수 있습니다. 연락처와 메모 등 개인정보를 저장하고, 이메일 확인과 간단한 문서작업도 하는 개인 휴대용 디지털 기기였습니다. 미래 지향적이었죠. 애플에 잘 맞는 비즈니스였고, 그래서 자신감이 넘쳤습니다.

애플은 공격적으로 접근했습니다. 수천만 달러를 투자했습니다. 클레이튼 M. 크리스텐슨은 애플이 '기업 역사상 가장 철저하게 준비'[20]했다고 표현합니다. 시장조사부터 잠재적 문제점 파악과 제품 개발, 그리고 홍보에 어마어마한 자본을 투입했습니다. 첨단 기능도 모조리 탑재했죠.

결과는 실패였습니다. 애플의 '뉴튼 PDA'는 기본기라고 할 필기 능력은 형편없고, 첨단 기능이라고 넣은 무선 통신 기능 때문에 가격은 비쌌습니다. 시장은 혹평했습니다. 2년간 14만 대를 팔았습니다. 크리스텐슨은 판매량 자체가 너무 적은 것은 아니었다고 했습니다. 다만 거대 기업인 애플이 거대한 자본을 투자해 야심차게 개발했는데, 회사 매출의 고작 1% 정도밖에 성과를 못 올린 게 문제였다고 했습니다. 너무 큰 기업이 아직 고객의 요구를 제대로 파악할 수 없는 신산업 분야에서 불확실한 상황을 무시하고 과감하게 투자해 보잘것없는 결과물을 얻은 겁니다.

크리스텐슨의 교훈은 '존재하지 않는 시장은 분석할 수 없다'는 것입니다. '업의 본질'을 충분히 연구하지 못했거나, 알지 못하는 분야에 너무 과감하게 도전하면 실패할 수밖에 없다는 점은 삼성과 애플 모두에게 해당됐습니다.

이러한 상황을 짐 콜린스의 표현에 빗댄다면 '핵심 역량 이상의 성장과 확장을 추구하는 자만'이었습니다. 위대한 기업도 성공의 조건을 면밀히 따져보아야 합니다. 불확실성이 크다면 그 불확실성을 관리할 전략이 필요합니다. 콜린스는 몰락의 2단계를 겪는 기업은 아래와 같은 징조가 나타난다고 말합니다.

- 핵심 위치에 적임자 배치 비율이 감소한다.
- 시스템이 능력주의가 아니다.
- 규모의 확대와 위대함을 혼동한다.
- 관료주의가 자기 원칙을 해친다.
- 원만하지 못한 권력 이양이 나타난다.

몰락의 3단계: 문제를 직시하는가?

GOS 논란: 기술적 문제의 축소

3단계 후반에서 흔히 나타나는 특징 중 하나는 기업이 곤란한 처지에 빠질 수 있는 현실에 직면했을 때, 실권자들이 정면으로 맞서기보다 다른 사람 혹은 외부 요인을 탓하거나 심각한 현실을 제대로 설명하지 않는다는 것이다.[21]

삼성전자는 스마트폰에 GOS를 도입했다가 소비자 반발에 직면했습니다. 삼성은 이에 사과를 하면서도 '소비자 편의를 더 고려하겠다'는 취지의 입장만 내놨습니다. 갤럭시 노트7의 발화 사고와 단종 때처럼 그다지 신속하지도 솔직하지도 않은 사과였습니다.

처음에는 GOS 앱을 끄지 못하게 한 것이 '고객 안전에 타협을 할 수 없기 때문'이라고 했다가, 반발이 거세지자 조금씩 물러났습니다. 노트7 발화 당시에도 처음에는 문제 가능성을 부인하다가, 문제가 커지자 '리콜'만 하고 판매는 강행하려 했습니다. 미 정부 당국과 통신업체들이 강경 대응에 나선 뒤에야 단종을 선택합니다.[22] 삼성은 이렇게 논란이 일어날 때마다 이를 축소하고, 부인하는 방식의 대응을 하는 경우가 많았습니다. 큰 문제가 아닐 때는 넘어갈 수 있었지만, GOS는 그런 문제가 아니었습니다.

앞서 살펴봤듯 그 내부에는 근본적인 하드웨어(AP) 설계 문제, 수율과 발열 문제를 일으키는 파운드리의 제조 문제, 프리미엄 스마트폰 시장에서 존재감을 잃어가는 문제가 도사리고 있었습니다. 사실 GOS 앱 자체도 발열과 수율 문제를 근본적으로 해결하지 않고 덮어두려는 미봉책이었죠. 결국 작은 사과로 지나가면서 근본적인 기술 문제를 외면했습니다.[23]

만약 그때 기술적 한계를 솔직히 인정하고, 절치부심하겠다는 선언을 했더라면 어땠을까요? 퀄컴이 TSMC로 떠나갈 때, 아직 "많은 분야에서 협력 중"[24]이라는 반응 말고, '기술의 문제를 파악해서 수월성을 다시 확보하기 위해 최선을 다하겠다'는 사과를 했더라면, 아마도 경쟁력을 되찾기 위한 노력을 2~3년은 빨리 시작할 수 있었을 겁니다. 자체 엑시노스 AP의 기술력 회복을 위해 삼성 안에서 약화되어가는 LSI의 설계 역량을 강화시킬 방법을 좀 더 근본적으로 고민하는 시간을 가졌다면 어땠을까요? 역시 더 빨리 해법을 찾을 수 있었을 겁니다.

그러는 대신 2년이 넘는 시간을 허비했습니다. 결과는 치명적입니다. 엑시노스AP는 대만의 팹리스 미디어텍의 '디멘시티'만 못하다는 평가를 받습니다. 설상가상, 이제는 LSI에 신경쓰기 힘듭니다. 위기가 찾아왔기 때문입니다. 메모리 본진을 먼저 지켜내야 합니다. 다른 부문에 눈 돌릴 여유가 없습니다. 이젠 덮어두는 바람에 하지 못한 숙제가 되어버렸습니다.

HBM 문제: 혁신 말고 수익성을 보다

HBM에서도 같은 대응은 반복됐습니다. 앞서 언급한 적이 있죠. HBM을 '하지 않은 것'은 '수익성 차원의 선택이었으나, 기술 자체가 대단한 것은 아니고 하려고 하면 못할 부문은 아니다'라고 했는데, 이것은 무엇이 문제인지도 파악하지 못한 모습을 보여줍니다. 한때 위대했던 기업이 위기에 처하게 되는 3단계의 전형적인 반응인, 내부 문제를 부정하는 태도로 볼 수 있습니다.

> 돈 계산에만 몰두하며 목표 숫자에 집착하는 리더는 대개 성공하지 못하거나, 해봐야 한 번 정도에 그치고 만다.[25]

GM의 부회장 출신인 밥 러츠는 재무·회계 관리자들을 냉소적으로 '빈 카운터스(콩 세는 녀석들)'◆라고 부르며 이렇게 경고[26]합니다.

월스트리트저널은 몰락 위기에 처한 인텔을 콕 집어 인텔에서 위

빈 카운터스 Bean Counters

본질적 가치보다 재무제표상의 숫자를 더 중시하는 재무·회계 관리자들을 일컫는 말로, 숫자에 집중하다가 큰 그림을 놓칠 수 있다는 경고의 의미입니다. 결국 비전을 가지고 상품과 서비스를 만드는 전문가에게 기업 경영의 주도권을 넘겨야 변화와 혁신이 가능하다는 메시지를 담고 있습니다.

기를 자초한 것도 바로 그런 돈 계산이었다고 지적합니다. 펫 겔싱어가 인텔의 CEO로 다시 돌아오기 전 10년간 '기술보다는 재무 성과를 우선한 결과' 몰락의 길을 걷게 되었다고 분석합니다.[27] 인텔은 애플의 모바일 AP 협력 제안을 '수익성' 생각에 거절합니다. 재무통이나 마케팅 전문가가 최고 경영을 하던 때입니다.

문제는 위대한 기업이 쇠퇴하고 난 뒷일입니다. 실제로 1999년 말에는 미국에서 가장 가치 있는 기업 10개 가운데 4개는 제조업체였지만, 이제 미국의 10대 기업에는 제조업체가 하나도 없습니다.

후폭풍은 기업에만 머물지 않습니다. 국가의 경쟁력이 약화됩니다. 월스트리트저널은 미국이 중국과 지정학적 경쟁을 벌이는데 있어 가장 큰 약점은 제조라고 꼬집습니다.[28] 혁신적인 제품을 디자인은 하고 있지만, 만드는 기술은 잃어버렸다고요.

관료화와 내부 경고 무시

3단계에서는 조직 내에서 중요한 경고 신호가 무시되거나 축소됩니다. 반대로 긍정적인 데이터가 강조됩니다. 조직이 관료화되고 굳어지면 임원들은 부정적 보고를 하지 않거나 미룹니다. 보통 2년 단위로 계약을 연장해야 하는 임원은 관료화된 조직에서는 '부정적 보고'가 '부정적 인사이동'을 의미한다고 여기기 때문입니다.

2024년 10월에서야 공식적으로 인정된 D램 제조의 위기가 사실은 5년 전부터 쉬쉬한 결과라는 지적이 나옵니다. 2024년 하반기에 만난 삼성전자 생산라인의 중간 간부는 'D램 제조와 관련한 이상 신호는 2019년부터 나타났다고 증언합니다. GOS 논란, HBM과 D램 위기는 모두 기술적 한계를 인정하지 않고 문제를 축소하려는 대응에서 비롯되었습니다. 이는 근본적 문제 해결보다 단기적 수익과 이미지에 치중한 결과입니다.

결국, 위대한 기업은 문제를 직시하고, 내부 경고를 수용하며, 단기적 수익보다 지속 가능한 성장에 집중할 때 그 가치를 유지할 수 있습니다. 삼성은 이러한 교훈을 되새겨야 할 시점에 서 있습니다. 짐 콜린스는 이 3단계의 징조를 여럿 제시하는데, 이 가운데 삼성과 관련해 참고할 만한 특징은 아래와 같습니다.

- 긍정적인 징조는 확대하고 부정적인 징조는 축소한다.
- 리더들은 외부 칭찬과 매스컴의 관심을 홍보하고 과장한다.
- 경험이 축적되지 않은 상태에서 대규모로 투자한다.
- 팀 내 대화나 토론의 양과 질이 떨어진다.
- 비난을 다른 곳으로 돌린다.

그리고 이 단계에서는 조직 내 리더십 점검이 중요하다며 다음과 같은 틀을 제시합니다.[29]

몰락하는 팀	발전하는 팀
문책 받을까 봐 좋지 않은 사실을 숨긴다.	유쾌하지 못한 사실을 토론한다. 리더는 드러내는 사람을 비난하지 않는다.
믿을 만한 데이터나 증거 없이 의견을 강력히 주장한다.	데이터, 증거, 논리, 근거를 가지고 토론한다.
리더가 팀원에게 묻고 답하는 비율이 줄어든다. 비판적 주장은 회피하고 엉성한 추론, 근거 부족한 주장을 수용한다.	리더가 수준 높은 질문을 하고 답하는 비율이 높다. 상황을 꿰뚫어 보도록 사람들을 독려한다.
결정 이후에 팀원들이 노력하지 않고 판단을 깎아내린다.	결정 전에 이견이 있어도 결정이 내려지면 마음 모으고 노력한다.
동료 대신 스스로를 자화자찬한다.	팀원들이 동료를 신뢰하고 자랑스러워하며 칭찬한다.
전체를 위한 최선이 아니고 자신의 이익을 챙기는 주장과 논쟁을 한다.	개인이 아닌 전체를 위한 최선을 찾는다.
실패의 장본인을 찾기 위해 비난하고 실수를 되짚는다.	서로에 대한 비판 없이 실수를 분석, 실수에서 지혜를 찾는다.
저조한 성과와 실수, 실패가 이어지고 외부 요인으로 책임을 돌린다.	팀원들이 성과를 올린다. 책임을 수용한다.

"미래가 있을까요"
: 현직자, 전직자, 학계, 금융 전문가들의 증언

문답식으로 구성된 이 글에서는 삼성의 전직자와 현직자, 업계 관계자와 애널리스트 등과 나눈 인터뷰를 대화의 형식으로 풀어놓았습니다. 중간에 유튜브나 기타 서적을 인용한 부분은 주를 달았습니다.

"젊은 직원이 떠나고 있습니다."

2024년 하반기, 휴게실에서 가장 많이 들은 말이 '너는 주탤 지원했냐'였습니다. '주니어 탤런트'를 줄여서 주탤이라고 합니다. SK하이닉스가 2~4년차 경력직 엔지니어를 채용하는 프로그램입니다. 당시엔 대놓고 말하는 동료들이 많았어요. 휴게실에서 누가 들어도 괜찮다는 듯 큰소리로 말하더라고요. 사무실에서 업무 중에 '주니어 탤런트' 지원서를 작성하는 사람도 있었습니다. 능력 있는 인재들이 빠져나가고 있습니다.

소문에 따르면 SK하이닉스가 성과급으로 연봉의 92~95%를 지급한다고 합니다. 지나고 나니까, 몇몇 선배들은 사석에서 '후배들에게 SK하이닉스 채용 정보를 공유하지 않은 것이 너무 후회된다'고 말씀하세요. 지켜보니까 SK하이닉스는 사람 중심, 인재 중심의 문화를 가지고 있는 게 느껴진단 거예요.

삼성이요? 우리는 몇 년까지 팹을 무인화한다는 이야기를 하고 있죠. 저는 이 '무인화, 자동화'가 삼성이 인재를 바라보는 태도의 상징이라고 생각합니다.[30] 실제로 모 임원이 TF 단장이고 정기적으로 얼마나 자동화했는지 보고를 해요. 자동화해서 사람 없는 공장을 운영하겠다는 건데, 어쩌면 그런 식으로 인력을 경시하는 문화가 조성되는지도 모르겠습니다.

TSMC는 다르죠. TSMC는 장비 두 대를 한 사람이 관리합니다. 삼성은 한 사람이 50대 이상 관리합니다. 내부 인력은 줄이는 대신, 외주 업체를 많이 씁니다. 기본적인 PMPreventive Maintenance(예방적 유지보수)도 외주에 맡기는 경우가 많습니다. 부품 교체나 단순 유지보수는 외주 전담입니다. 이러면 비용이 절감됩니다.

문제가 생기면요? 내부 엔지니어들은 전화를 합니다. 전화해서 외주 업체에 고치러 들어오라고 연락합니다. 그리고 그 외주 업체 직원의 출입 관리를 합니다. 직접 고치는 대신 전화를 하는 겁니다. 이러면 일차적으로는 관리의 집중도가 떨어집니다. 더 큰 문제는 내부 직원들의 설비에 대한 실질적인 이해와 감각이 점점 떨어진다는 점입니다. 회사가 추진하는 자동화는 결국 이런 상황이 심화되는 방향으로 귀결될 것이라고 생각합니다. 고급 인력은 필요 없다는 거죠.

TSMC는 엔지니어들의 프라이드가 매우 강하다고 하죠. 자기가 관리하는 설비에서 신제품이 성공적으로 생산되면 자부심을 느낀다고 해요. 박사급 인력이 주축이고, 설비의 조건을 완벽히 이해하고 있습니다. 엔지니어를 대우하니까요. 거기서 무인화를 목표로 한다는 이야기를 들어본 적이 없습니다. 존중해주는 만큼 자긍심을 가지고 더 잘하려고 하는 것 아닐까요?

Q. 주 52시간 근무시간 제한을 푸는 건 어떻습니까?

삼성은 주 40시간이 기본입니다. 정해진 OT(초과근로)가 그 기본급에 포함됩니다. 한 달 16.5시간 안팎입니다. 즉, 주 44시간 정도 되는 거죠. 그만큼이 일종의 포괄임금 형식으로 기본급에 포함됩니다.

그런데 그 초과근로마저 못 채우는 사람들이 많아요. 어쩌면 안 채운다고 해도 될 겁니다. 40시간 일하나 44시간 일하나 월급이 동일하다면, 당연히 굳이 더 일하려 하지 않을 겁니다. 딱 40시간만 채우고 퇴근하겠죠. 실제로 그렇습니다. 그러니 주 52시간 제한을 해제해 인력을 더 오래 일하게 하여 반도체 산업을 성장시키겠다는 계획은 비현실적이고 비효율적으로 들립니다. 월급을 더 주면 모르겠는데, 그게 아니면 현장을 모르는 이야기죠.

그리고 근본적으로는 일을 더 많이 해야 성과가 난다는 사고방식은 맞지 않고 또 인재 유입에 도움이 되지 않습니다.

정해진 일을 짧은 시간에 끝내야 능력 있는 것 아닌가요? 실리콘밸리에서는 직원이 오래 일하는 것을 오히려 부정적으로 봅니다. 같은 업무를 하면서 더 오래 걸린다면, 능력이 부족하거나 문제 해결 능력이 떨어진다고 평가받을 가능성이 높습니다.

사실 삼성의 문화는 이런 점에서 퇴행적입니다. 개인의 생활을 희생하고 더 오래 일할수록 '헌신적인 직원'으로 평가받는 경향이 강하며, 승진도 더 유리한 것으로 보입니다. 이런 문화를 바꾸어서 더 성과 중심으로 만들어야죠.

요즘 젊은 친구들한테 52시간 초과해서 일하라고 하면 할까요? 나라에 중요한 일이니 희생하라고 하면 할까요? 정말 현실을 모르는 이야기입니다. 더 파격적으로 좋은 조건을 제시해도 모자랄 판에, 과거에 성공했던 것처럼 근로 환경 수준을 떨어뜨려서 성장하겠다니요.

지금은 과거를 되풀이할 때가 아닙니다. 경쟁사보다 더 파격적인 조건을 통해 인재를 유치하고 근로 문화를 혁신해야죠. SK하이닉스가 52시간을 어겼기 때문에 HBM 개발에 성공했나요? 장시간 근로 중심의 사고방식은 한국 산업의 미래를 오히려 악화시킬 겁니다."[31]

"문제가 있어도 덮어두고 쉬쉬하며 왔어요."

사실 이제 4세대 D1a◆ 공정의 수율은 90%대까지 올라왔습니다. 안정되었습니다. 물론 여전히 SK하이닉스보다는 낮지만, 과거보다는 많이 개선됐습니다. 그렇다고

D1a

10나노 D램 4세대 1a공정을 삼성전자에서는 D1a라고 D를 붙여 표현합니다. D1x, D1y, D1z, D1a, D1b, D1c 순입니다.

문제가 사라진 건 아닙니다. 상황은 비관적입니다.

문제가 시작된 건 2019년 같아요. 당시 10나노대 1세대 공정 라인으로 거슬러 올라갑니다. D1x 공정에 당시 문제가 생겼습니다. 게이트 산화막을 입히는 STIShallow Trench Isolation 공정 결함으로 약 20만 장의 웨이퍼가 폐기됐단 뉴스가 났었죠. 큰 품질 이슈가 됐습니다.[32] 그런데 이 문제의 원인을 명확히 규명하지 못하고 넘어갔어요. 이 부분은 내외부의 전문가들이 모두 주시하는 부분입니다.

2024년 12월에는 TSMC의 모리스 창도 이 부분을 지적했죠. 인텔은 전략도 없이 급하게 파운드리 서비스를 추진하다가 AI 사업의 기회를 놓쳤다, 삼성전자는 '관리는 문제가 없고 기술적인 문제에 부딪혔다'[33]고요. 저는 물론 관리에 문제가 없다는 데 동의하지 않지만, 기술 문제에 부딪혔다는 점에는 동의합니다.

Q. 원인을 규명하지 못했다는 것은 무슨 뜻인가요?

당시 문제는 게이트 산화막이 설계적으로 두께가 매우 얇아진 데서 발생했습니다. 이 산화막의 목적은 절연입니다. 절연을 위해서 설계상 20~40옴스트롬 정도로 얇게 덮어야 합니다. 그런데 현장에서 이 정도 얇게 덮는 작업이 고르게 되지 않았습니다. 두께가 일정하지 않으니 특정 모서리에서 결함으로 전기 누설이 발생했습니다. 이걸 해결하지 않았습니다. 그 뒤로 1y, 1z, 1a까지 계속 끌고갔습니다. 경쟁사보다 더 많은 EUV 장비를 써서 지금까지 끌고는 왔죠. 그런데 이 이상 나아가질 못합니다. 더 미세한 공정으로 오니까 그때 그 문제를 해결 안 한 것이 결국은 숙제가 되어서 돌아오는 겁니다.

Q. 미세공정으로 가면서 겪게 되는 문제군요?

네, 설계상으로, 이론적으로는 가능하지만 실제 현장에서 균일한 공정을 구현하기가 매우 어려운 것이죠. 이것은 ① 설계 문제일 수도 있고 ② 제조 엔지니어 문제일 수도 있고 ③ 장비의 정밀성이나 표준화 문제일 수도 있습니다. ①, ②번 외에도 ③번이 무척 중요한데, 현장 작업자들은 초임계 세정 공정의 설비나 환경 표준화를 지적합니다. 설비가 제대로 최적화되지 않은 상태에서 공정이 진행되면 '마치 자갈밭 위를 달리는 자동차'처럼 불안정한 조건에서 공정을 수행해야 합니다. 수율이 제대로 나오면 이상한 거죠. 그렇게 말을 해도 문제를 명확히 하고 고치고 가지 않았습니다.

Q. 현장에서 보고해도 조치가 이뤄지지 않았다는 뜻인가요?

네, 현장에서는 초기 수율이 너무 낮으니까, 설계 문제라고 생각했습니다. 이렇게 말하면 설계하시는 분들이 억울할 수 있습니다. 설계상 가능한 것이었을 수도 있습니다. 핵심은 제조 단계에서 품질 문제가 발생하고 있었단 것이죠. 현장에서는 이런 설계를 기반으로는 안정적인 양산을 진행하기 어렵다는 점을 지적했습니다.

"기본을 지키지 않았습니다."

Q. 문제의 핵심은 어디에 있다고 보십니까?

기본을 지키지 않은 것입니다. 철저하게 공정 환경을 표준화하고 데이터화하는 TSMC와는 달리 삼성은 공장의 물리적 표준화를 못했어요. 데이터화도 부족합니다. TSMC는 새 공장을 지을 때 기존 공장을 사이즈부터 설계까지 그대로 옮겨 붙입니다. 이를테면 크기도, 배관도, 설비도, 다 정확히 똑같이 만듭니다.

구글 맵에서 'TSMC Fab15'[34]를 검색 해보시죠. 위성 사진으로 보면 아실 거예요. 공장 지붕이 완전히 똑같이 생겼어요. 반도체 같습니다. 계획적으로 지은 게 확연히 표시가 나죠. 표준화된 운영과 생산 효율 극대화를 위한 전략이죠. 이러면 어느 공장에서 일하나 작업 흐름이 원활하고, 팀 간 기술 전수도 용이해집니다.

삼성 공장은 제각각입니다. 같은 공장이 없습니다. 한국에 총 7개 건물, 10개 라인이 있는데, 다 제각각입니다. 새로 지을 때마다 세계 최대, 최고라고 말하는데, 그게 좋은 게 아닙니다. '우리는 새 공장을 지을 때마다 이전과는 다른 규격과 설계로 지어요'라고 말하는 겁니다.

그러면 매번 새 설계에 따른 새로운 시행착오를 계속 겪어야 합니다. 다른 팀 사이에 기술 전수도 어렵습니다. 공장마다 새로운 솔루션이 필요하니까요.

Q. 그게 공정의 정밀함이나 수율에 어떻게 영향을 미치나요?

EUV 장비를 도입한다고 가정해보죠. 더 미세한 라인을 그릴 수 있는 중요한 장비죠. 공정 단계도 줄일 수 있게 해줘서 원가 절감과 품질 안정성을 높여줍니다.

문제는 EUV는 다루기 어렵다는 점입니다. 생산 효율을 높이려면 엄청 노력해야 합니다. 정밀한 장비이기 때문에 부대설비나 환경이 다르면 장비 운용도 달라져야 합니다. 장비에 대한 이해와 운용 능력을 끌어올려야 해요.

사실 2019년에 처음 도입했을 때도 충분히 활용을 잘 못했어요.

이를테면, 삼성은 라인마다 EUV 설비 배관의 길이가 다릅니다. 어떤 라인은 배관이 10미터, 다른 라인은 15미터 이런 식이죠. 이 배관은 생성된 레이저 빔이 지나가는 길이에요. 그 관을 지나다니면서 거울에 반사되고 반사되면서 결국 마지막 마스크에 도달해 반도체 회로를 빛으로 그리죠.

문제는 배관 길이가 제각각이면 라인마다 거울에 가해지는 손상이 달라진단 점입니다. 현장마다 다른 환경에서 발생하는 변수들이 있으니, 다 설정값을 달리 해줘야 합니다. 한 라인 한 라인을 각각 최적화하는 겁니다. 시간도 오래 걸리고 품질 유지에도 불리합니다.

반면 TSMC는 앞서 설명 드렸듯, 설비 크기와 공정에 따라 표준화된 레이아웃을 적용합니다. 그리고 모든 레이저 출력, 거울 손상과 흡수율을 정확히 데이터화해서 관리합니다. 표준화해서 최적의 공정을 유지하는 겁니다.

이를테면 5나노는 5나노에 맞는 레이아웃, 3나노는 3나노 공정에 맞는 표준이 따로 존재합니다. 표준화된 설계와 경험을 가지고 새로운 팹을 만들기 때문에 새 팹을 지어도 똑같은 시스템을 내부에 그대로 만들 수 있습니다. 미국 애리조나에 짓고 가동을 시작한 공장도 마찬가집니다. 그래서 다 짓고 제조 과정을 효율화하자마자 수율이 대만 공장만큼 좋다는 발표[35]가 나올 수 있는 겁니다.

Q. 왜 이런 차이가 생겼을까요?

기본 지키기를 안 해서 그렇다는 말씀을 다시 또 드려야 할 것 같습니다.

설비나 장비를 정확히 납품 회사가 요구한 조건에서 쓰질 않아요. 온도, 습도, 진동 등 정상 작동시키려면 이 범위에서 쓰세요, 라고 요구한 조건을 정확히 안 지킵니다. 삼성에서 그럴 거라고 믿기지 않으시겠지만 사실이 그렇습니다. 바닥 진동, 배관 영향…. 어쩌면 당연합니다.

하루아침에 문제를 개선할 수 없는 이유는 이런 곳에 있습니다. 레시피를 조정하거나 환경을 개선해도 결과를 보려면 시간이 걸립니다. 라인을 멈추거나 테스트 라인을 운영해야 하는데 그러면 생산 차질을 초래합니다.

HBM은 천안 패키징 공장에서 합니다. TC본딩 설비가 있습니다. 삼성 자회사에서 들여온 장비입니다. 스테이지 무빙 방식으로 움직이는데, 이를테면 10mm 이동하라는 명령을 내리면 정확히 그만큼 움직여야 합니다. 그런데 정밀 제어가 안 되는 거죠. 설비 결함일 수도, 현장 진동 때문일 수도 있어요. 건물이 흔들리면 정확히 이동을 못합니다. 육상선수가 스타트할 때 스타트 블록을 밀고 힘차게 나가야 하는데, 블록 자체가 밀려버리는 것과 같은 이치죠.

앞서 말씀드린 '인재를 소홀히 대우한 점' 역시 영향을 미쳤을 것이고요.

다른 한편, 메모리 양산에 특화한 구조로 성장해서 그런 것 같습니다. 메모리는 표준화된 상품을 대량으로 찍어내면 이깁니다. 한정된 공간에 가능한 많은 설비를 배치합니다. 최대한 생산하기 위해서 공간을 빽빽하게 채웁니다. 삼성 메모리 공장은 기계 밀도가 높습니다. 이러면 세부적인 설비 조건을 맞추기가 쉽지 않습니다. 데이터도 표준화도 어렵게 됩니다.

"표준화, 가상화가 필요합니다."

표준화가 필요합니다. 앞서 말씀드린 것이고요.

또 가상화를 더 잘 활용해야 합니다. TSMC는 이미 2017년부터 가상화를 적극 활용하고 있습니다. 공장을 디지털 공간에 거의 100% 똑같이 재현해놓고 (디지털 트윈◆이라고 부릅니다), 여기서 테스트해보고 문제를 파악하는 거죠. 우선은 제품 생산 전에 먼저 테스트하고 오류를 파악하니 시간과 비용을 절약할 수 있습니다. 또 가동 중일 때도 시뮬레이션을 통해 효율성을 빠르게 향상시킬 수 있고요, 고장 가능성도 예측해 최상의 가동 상태도 유지할 수 있습니다.

쉽게 말하면, 가상화를 잘하면 반도체 수율을 최고의 수준으로 끌어올릴 수 있게 됩니다.

건설업체, 조선업체, 자동차 제조업체 등에서 많이 활용하는데, 초정밀 제조인 반도체 제조에서도 그 활용 가능성은 무궁무진[36]합니다. 특히 AI 기술과 결합하면서 그 가능성이 폭발하고 있습니다.

TSMC는 디지털 트윈 기술을 작업 일정 수립과 인력 및 장비의 생산성 관리, 공정과 기계 제어, 로봇 제어 등에서 적용합니다. 그리하여 '약 3,000대 장비로 구성된 월 30만 장의 웨이퍼를 가공하는 대규모 생산라인 최적화 계획을 1분 내에 계산'[37]합니다.

디지털 트윈 Digital Twin

실제 물리적 시스템이나 공정을 가상 공간에 동일하게 구현하여 모니터링, 분석, 예측 등을 수행하는 기술입니다. 이를 통해 실제 운영 전에 문제를 발견하고 최적의 운영 방안을 모색할 수 있습니다.

이런 방식으로 반도체 라인의 정밀도를 향상시키고, 수율도 높이는 겁니다. 이런 TSMC의 디지털 트윈 시스템은 극비 사항이지만, 단편적이나마 전자 설계 자동화 부문의 경우 3나노 공정이 마이크로소프트의 애저 클라우드 환경에서 지멘스 기술력을 기반으로 관리되고 있다[38]고 알려져 있습니다.

TSMC는 2023년 5월에는 LLM 방식의 자체 AI 챗봇 tGenie도 공개했습니다. 코딩, 번역, 업무보고, 생산, 자재, 판매, 인력관리 최적화 등에 활용[39]합니다.

삼성도 2022년 연말 이후 가상화에 나서고는 있습니다. 2023년 TF를 구성[40] 표준화, 가상화를 하지만, 여전히 시작 단계에 있고 정밀성이 떨어집니다. 실제 적용도 2025년[41]부터로 계획하고 준비해왔습니다.

다만 가능성은 무궁무진합니다. 삼성 파운드리가 GAA 3나노나 2나노 공정에서 어려움을 겪는 이유를 GAA 공정 구조에서 찾는 경우가 많습니다. 설계가 복잡해 제조 현장에서 정확히 구현하기가 어렵고, 공정 최적화가 부족해서[42]라는 분석이 많습니다. 디지털 트윈은 분명 하나의 돌파구가 되어줄 수 있습니다.

중요한 것은 기본을 회복하고, 또 표준화와 가상화같이 정밀성을 높이기 위한 방법을 차근차근 추진해 성과를 보는 것일 겁니다.

"중국은 쫓아오고, SK하이닉스는 막고 선"

중국은 현재 10개 이상의 팹을 건설하고 있습니다. 300mm 웨이퍼 장비도 자체 제작합니다. 노광장비(리소그래피)만 제외하면 대부분의 공정 장비를 자체 제작해 사용합니다. 심지어 장비 가격은 삼성이 쓰는 장비의 4분의 1, 5분의 1 수준입니다.

Q. 중국 장비는 정밀도와 수명이 떨어지지 않나요?

장비 가격이 저렴하다 보니 수율이 50%만 나와도 됩니다. 정부 지원과 저가 장비 덕분에 경쟁력을 유지할 수 있습니다. 삼성은 20년씩 사용하지만, 중국은 5년마다 버리고 새 장비를 쓸 수 있습니다.

중국은 이미 28(2x), 25(2y)나노 D램을 생산하고 있습니다. 기술 격차는 2~3세대입니다. 그러니까 삼성이 중국에 팔 수 있는 메모리가 점점 줄어들고 있는 겁니다.

지금 삼성이 생산량 기준으로 세계 1위를 하는 것은 규모의 이점 때문입니다. 팹의 수가 많고 생산 용량이 크기 때문이죠. 이 이점이 점점 중국에 의해 잠식당합니다. 그러면 수익성을 높이는 데는 한계가 있습니다. 특히 중국이 지금처럼 '원가 구조와 관계 없이 중국 자체 D램 생산 역량 확보를 최우선'으로 하면 삼성의 입지는 점점 줄어듭니다.

이렇게 아래에선 중국이 치고 들어옵니다. 위로는 HBM이라는 통곡의 벽에 막혀 있습니다.

"리더십 변화가 필요합니다."

성공하면 상황 반전의 기회가 있겠죠. 어떤 사람은 강력한 리더십을 말합니다. 이건희 회장처럼요. 카리스마 있게 '이걸 해라, 이런 방식을 사용하라'고 리드할 사람을 말합니다.

저는 잘 모르겠어요. 솔직히 이미 반도체 산업은 한 사람의 최고경영자가 기술적으로 파악하고 전문성 있게 결정할 만큼 간단치 않습니다. 전문가도 자기 전문분야 말고는 모릅니다. 게다가 현실적으로 저희 회장님이 갑자기 일론 머스크가 될 수도 없고요.

사실 모리스 창 같은 엔지니어가 CEO를 한다면 기업 비전을 명확히 보여줄 수 있는 건 사실이에요. 양산 능력을 얼마만큼 올리고, 수율을 어떻게 향상시킨다, 그리고 그걸 위해서 기술 개발은 이것을 투자하고, 인력은 이렇게 육성하겠다고 결정할 수 있죠. 그리고 따르라고 말했을 때 전사적인 에너지가 결집될 수 있습니다, 그런데, 삼성이 그럴 수 있는 상황은 아니잖아요?

지금까지는 '생산은 150% 늘린다, 인력은 70% 수준으로 줄인다', 이런 식의 경영계획을 말하거든요. 이건 비전과는 무관하죠. 재무적 관심에 불과하죠.

다만, 엔지니어가 CEO가 아니라고 해도 할 수 있는 것은 있습니다. 전문가의 의견을 잘 종합해서 수용하는 리더십입니다. 그러려면 조건이 있습니다. 우선 많은 전문가들이 옆에 포진해 있고, 그 전문가들이 현장의 이야기를 잘 전달해야 합니다. 리더에게는 정보를 종합할 이해력과 판단력이 필요합니다.

그런데 일단 지금 리더가 사안을 제대로 이해하고 있는지가 불확실합니다.[43] 구체적 비전에 대해 말하지 않아요. 더 문제는 주변을 둘러싼 사람들입니다. 지금 핵심 임원들은요, 자기 파트의 문제를 상부에 보고하지 않습니다. 문제를 보고하면 위에서 문제가 있다고 생각하고, 그러면 2년 뒤에 재계약이 안 되잖아요. 임원은 임시직이니까요.

된다는 이야기, 긍정적인 점만 보고합니다. 안 되는 것, 문제점은 보고 안 합니다. 2년 뒤에 떠나면 자기 일이 아닙니다. 단기성과만 중요하죠.[44] 이런 사람들이 너무 많습니다. 그러니 아래에서 문제가 있다고 보고하면 싫어합니다. 귀담아들으려 하지 않죠.

비용 관리도 문제예요. 지나치게 재무적으로 판단합니다. 기존 장비보다 검사나 제조 성능이 좋은 장비를 사달라고 하면 '그게 왜 필요하냐, 없이도 잘했는데'라고 반응하죠. 꼭 필요하다고 말하면 ROIReturn on Investment를 따져보라고 합니다.

그래서 문제가 위로 전달이 안 되고, 작업 환경 개선도 잘 안 됩니다. 전달할 방법이 없어요. 그런 인사들을 바꾸는 모습을 보여주지 않으면 직원들의 마음은 돌아서지 않을 겁니다.

Q. 왜 삼성은 이렇게 관료적인 조직이 되었을까요?

기업 생로병사의 자연스러운 섭리로 볼 측면이 있습니다. 성공한 거대 기업이 필연적으로 겪을 수밖에 없는 문제라는 시각이죠. 수많은 사업을 영위하고, 또 성공하다 보면 어느 순간 너무 복잡하고 관료화까지 된 조직으로 바뀌어버립니다. 원래 그래요.

코끼리 같은 대기업이죠. 그러면 자연히 변화와 혁신에 느리고, 그저 현재 상태를 유지하는 데 대부분의 에너지를 소비합니다.[45] 빈대같이 작은 조직은 민첩하게, 또 혁신적으로 상황에 대처할 수 있습니다. 그런 식으로 민첩해져야 한다, 모험과 혁신을 할 수 있게 조직이 달라져야 한다고들 말을 합니다. 다만 결코 쉬운 얘기는 아닙니다.

게다가 삼성에서 여전히 쇄신은 먼 이야기인 것 같아요. 2024년 연말 임원 발표를 보니까, 회사는 여전히 재무 실세를 승진시켰습니다. 10월에 위기라고 사과한 뒤에 세계의 언론이 대규모 조직개편을 예상했습니다.[46] 그런데 12월 임원 인사는 미미했습니다. 새 파운드리 부문장을 제외하면 큰 변화라고 할 것은 없었죠. 처음에는 언론에 '서초동'이라고 부르는 실세, 혹은 이니셜 두 개로 등장하는 분에 대한 조치가 있을 거라는 이야기가 나왔었어요. 그런데 결국 그 카드는 발표되지 않더군요. 없던 것이 됐습니다.

느린 점도 문제예요. 우선 인사 시점이 사과로부터 약 두 달이나 지나서였습니다. 시차가 꽤 있었어요. 그동안 인사가 있을 거라는 소문만 무성했죠. 그런 기간은 버리는 기간입니다. 조직이 뒤숭숭해서 업무 추진이 잘 안 됩니다. 조직개편도 대대적으로 하겠다고 했는데, 별것 없었습니다. 위기인데 빠르게 움직이지 못하는 상황입니다.

한시가 바쁜데 신속히 움직이지 못하는 겁니다. 개혁은 해야 하는데 현실의 벽에 부딪혀 못하거나, 아니면 아예 방법을 모르고 우왕좌왕합니다. 여러모로 대안이 없는 것이 저희의 현실이죠.

Q. 학계나 리서치 업계에서 제언이 쏟아지고 있는데 도움을 받는 건 어떨까요?

이 이야기는 현직자가 아닌, 취재 과정에서 들은 이야기로 대신하겠습니다.
한때 우리 정부에서 최고위직 관료로 일했던 한 대학교수님을 만났습니다. 삼성 하면 고개를 절레절레 흔들더군요. 도무지 들을 자세가 되어 있지 않다는 거죠. 정확히 말하면 들을 자세가 문제가 아니었어요. '우리는 최고의 기업이고, 당신들이 반도체를 직접 만들어보지도 않았는데 무엇을 아느냐'는 고압적인 태도로 악명이 높다고 했습니다.

새로운 공정 기술을 개발하고 제안했더니 '턱도 없는 소리 하지 마라'면서 '회사에서 배워야 할 사람이 삼성을 가르치려 드느냐'는 핀잔을 주더라고 했습니다. 이 기술은 결국 세계 초미세 반도체 양산의 기본이 되었죠.

반도체 분야의 한 석학은 삼성의 임원에게 "단물 쓴 물 다 빠진 (감가상각이 끝난) 반도체 라인에서 메모리를 활용한 저전력 AI 칩 파운드리를 해보라"고 제안을 했습니다. 임원은 고맙다고 말하며 돌아갔습니다. 그러나 다시 만난 해당 임원은 "말도 못 꺼냈다"고 실토했다고 합니다. "감가상각이 끝난 라인에서 생산하는 건 수익이 커서 그 라인을 뺄 수가 없다"고 했다는 거죠. 이 얘기를 전하며 이 석학은 "코닥이 디지털을 몰라 망했나요? 필름 수익이 계속 나니까 거기 붙잡혀 있다가 망한 거죠"라면서 탄식했습니다.

협력의 문화, 또 인재를 키우는 문화에 있어서도 돌아볼 점이 많습니다. 한 교수님은 "우리 기업들은 대학에 어떤 투자를 하나요"라고 물었습니다. 뽑아갈 학생에게 산학장학금과 용돈 주는 것은 제외하라더군요. 그건 역량 개발 프로그램은 아니니까요. 대학에서 더 많은 실험을 해볼 수 있게 지원하는 것, 또 기업의 라인을 경험할 수 있게 하는 프로그램을 통해 비용 효율적인 인재 양성을 할 수 있는데 우리 기업들은 인색하다는 겁니다.

말을 듣고 보니 2024년 초 MIT 출장이 떠올랐습니다. 그때 인상 깊었던 건물이 하나 있었거든요. AMD의 CEO인 리사 수가 모교인 MIT에 기부를 해서 지어진 건물이었죠. 통유리로 지어진 이 최신 빌딩은 밖에서도 안이 훤히 들여다보입니다. 고풍스러운 건물들 사이에서 유독 눈에 띄었는데, 건물의 이름은 '리사 수 빌딩'이었고, 연구시설의 이름은 'MIT.nano'였습니다. 이 복합 연구시설 안에는 반도체 칩을 만드는 팹이 있고, 생명공학과 에너지 분야에서 초미세 나노 단위의 실험을 할 수 있는 복합시설도 자리하고 있습니다. 약 2천 명의 연구자가 이 공간에서 활동하는, 세계 최고 수준의 연구시설로 평가받습니다. 건축비는 4억 달러가 들었다[47]고 하네요.

4억 달러가 엄청난 금액이긴 하지만, 못할 만큼 큰 투자는 또 아닙니다. 예를 들어, 반도체 기업들이 용인 반도체 단지에 300조 원을 투자한다고 하는데, 세계 최고 수준의 대학 연구소를 짓는 데 드는 비용은 그 0.15% 수준에 불과합니다. 게다가 이런 시설은 인재를 길러내는 요람 역할을 한다는 게 학계의 공통된 의견입니다. 더 나은 연구시설에서 직접 반도체를 만들어보는 경험이 인재를 성장시키니까요. 그렇다면 정부나 기업 입장에서 충분히 투자할 가치가 있습니다. 국내 산학 협력을 강화하고 인재들의 연구 역량을 강화할 필요가 있으니까요. 권석준 교수 역시 같은 조언을 합니다. 싱가포르나 네덜란드가 반도체 강소국이 된 비결은 바로 산-학-연 네트워크를 통한 강력한 R&D 드라이브 정책 덕분이었다고요.[48]

마지막으로 리서치 업계 이야기를 들어보면 교수님들과 의견이 비슷합니다. 이구동성 '삼성은 잘 듣지 않는다'고 하더군요. 문제라고 지적하면 '틀렸다'고 반박하고, 부정적 리포트를 낼 수 없는 분위기를 만든다고도 합니다. 요즘은 좀 달라졌다고들 하지만, 한국적 대기업의 문화에서 삼성도 예외는 아닌 것이죠.

도움을 받으려면 먼저 삼성이 과거의 이런 모습에서 벗어나서 열린 자세로 변화를 수용하고 또 협력의 가치를 인식할 필요가 있습니다. 가치 있는 제언이 많습니다. 삼성의 미래가 대한민국의 미래라고 생각하고 제언하는 사람이 아직 많거든요.

14장

애플에는 있고 삼성에는 없는 것

장기적으로 가격을 올릴 수 있는 기업을 삽니다

이봐요, 2,500만 달러에서 1센트라도 넘어가면 난 나갈 거요. 그러니 알아서 하쇼, 아니면 난 갑니다.[1]

1972년, 워런 버핏은 시즈캔디See's Candies Shop 인수가로 2,500만 달러를 제시하며, 이렇게 딱 잘라 말합니다. 팔려는 창업주 가족은 3,000만 달러를 받으려고 했지만 버핏은 냉정했습니다. 사실 순자산 가치(800만 달러)의 세 배가 넘는 이 제안도 '좀 지나친 가격'[2]이라고 생각했습니다.

그때까지 버핏은 '담배꽁초'cigar butt investing 같은 가격일 때만 투자했습니다. 길거리에 떨어진 담배꽁초에서 한두 번 더 피울 수 있는 가치를 찾듯, 극도로 저평가된 기업을 투자 대상으로 삼는 전략을 말합니다. 벤저민 그레이엄식의 가치 투자죠. 그러니까 '기업 가치에 비해 현저히 낮은 가격이면' 샀습니다. 싸구려 가격의 평범한 비즈니스에만 투자했죠. 이렇게 비싼 기업은 처음 사 봤습니다.

고작 초콜릿 파는 가게를 300억 원 넘는 가격에 사다니… 내가 잘한 걸까?

생각을 바꾼 건 멍거 때문이었습니다. 찰리 멍거는 버핏의 평생 지기이자 최고의 비즈니스 파트너입니다. 일생을 버핏과 함께하다 2023년, 99세를 일기로 삶을 마쳤습니다. 그 멍거가 자꾸 사라고 했어요.[3] 멍거는 '평범한 가게를 바겐세일 가격에 사는 투자' 말고, '멋진 사업체를 합리적인 가격에 사는 방향'으로 가라고 했습니다.[4]

찰리는 나한테 계속 이 길로 가라고 종용했죠. 저는 느리게 배웠습니다.

시즈캔디는 이른바 '오픈런'을 부르는 초콜릿 가게였습니다. 고품질의 재료를 쓰고, 준비한 수량이 팔리면 일찍 문을 닫았죠. 그래서 캘리포니아에서 브랜드 인지도가 높았고, 고객 충성도 또한 남달랐습니다.[5]

우린 1972년 인수 이후 매년 가격을 올렸습니다. 크리스마스 다음 날인 12월 26일에 항상 가격을 올렸습니다. 시즈캔디에는 뭔가 특별한 게 있었어요. 이를테면 시즈캔디가 밸런타인데이에 연인에게 선물하고, 키스를 받는 그 과정에 뺄 수 없

는 무엇이라는 생각. 그게 있는 한 **우리는 가격을 올릴 수 있는 겁니다.**[6]

실제로 매년 10%씩 수십 년간 가격을 계속 올렸습니다. 생산량은 크게 늘리지 않고, 가격만 올렸습니다. 고객이 얼마든 가격을 지불할 용의가 있는 브랜드 인지도와 고객 충성도가 있어서였죠. 버핏의 투자 철학인 '경제적 해자◆'를 가진 기업이어서 가능했습니다.

> 안정적인 산업에서 장기적인 경쟁 우위를 가진 비즈니스를 우리는 추구합니다. 빠른 성장이 없어도 괜찮습니다. 거기서 얻은 높은 수익을 다른 기업을 사는 데 쓰면 됩니다. (중략) 마치 아담과 이브가 60억 인류로 이어진 것처럼, 시즈캔디가 우리 회사의 수많은 투자의 원천이 되었습니다.[7]

시즈캔디가 지금까지 벌어다준 돈은 총 20억 달러입니다. 그 자체가 큰돈이지만, 이 돈은 마르지 않는 종잣돈이 되어 수많은 다른 기업

경제적 해자 Moat

해자는 중세 성을 둘러싼 구덩이나 연못으로, 외부 침입으로부터 성을 방어하는 역할을 합니다. 버핏은 1990년대부터 주주 서한과 강연을 통해 이 개념을 강조하는데, 압도적 시장 점유율이나 이익을 지속적으로 유지하는 제품을 가진 기업을 '경제적 해자'를 가졌다고 표현합니다.
경제적 해자를 가진 기업은 독점적인 제품과 서비스를 통해 경쟁자들이 쉽게 따라잡을 수 없는 이익 구조를 유지합니다. 시즈캔디, 코카콜라 같은 기업이 대표적이죠. 중요한 것은 단순한 단기적인 수익률이 아닙니다. 얼마나 지속적으로 경쟁 우위를 유지할 수 있는지가 중심이며, 버핏은 "장기간 지속될수록, 해자가 넓고 깊을수록, 더 안전한 투자"라고 언급합니다.

의 투자금이 됐습니다. 뱅크오브아메리카Bank of America, 코카콜라, 쉐브론과 같은 기업에 투자됐습니다. 지금의 버핏을 가능하게 한 어마어마한 수익을 가져다줬습니다. 버핏의 시즈캔디는 그러니까 삼성전자의 '메모리 사업부' 같은 것이었죠.

버핏과 멍거의 일생일대의 투자

그런 버핏은 기술주를 싫어합니다. 기술주란 아마존, 테슬라, 구글 같은 기업을 말합니다. 많은 돈을 벌어다주긴 하지만, 장기적으로 안정적인 현금 수입을 기대할 수 있는지 불확실하고 투자를 많이 해야 하는 기업이거든요.

이를테면 버핏이 아마존 투자를 하지 않은 것을 아쉬워하긴 합니다. 다만 영업이익이 거의 없는데 '장기적 시각'으로 끝없이 투자해야 하는 아마존 비즈니스의 리스크는 싫어합니다. 일론 머스크는 '천재'An Extreme Talent라고 인정하지만, '그가 쓸데없는 소리를 할 때마다 출렁거리는 주가를 견디는 일'은 절대 하고 싶어 하지 않습니다.[8]

그런 그들이 투자한 거의 유일한 기술주가 있습니다. 애플입니다. 투자 시점은 꽤 늦었습니다. 2016년에서 2018년 사이죠. 이미 애플이 미국에서 가장 가치 있는 기업이 되고 난 뒤입니다. 그런데도 이 투자는 버핏 인생 최고의 투자가 됐습니다.

평균 가격 35달러에 샀습니다. 매수 총액은 무려 360억 달러, 우리 돈 50조 원에 달합니다. 2025년 1월 기준 애플 1주는 200달러가 넘습니다. 단순 계산으로 6배가 되었습니다. 시세 차익만 1,800억 달러가 넘습니다. 배당은 별도입니다. 200조 원 이상을 단 하나의 투자에서 벌었습니다. 사실 이번에도 멍거가 설득했습니다. 멍거는 버핏에게 애플이 기술주이기는 하지만 '장기적인 경쟁 우위를 가지고 있다, 충성스런 고객이 있다, 그들이 계속 지갑을 열게 만든다, 소비재 성격도 있다'며 계속 설득했습니다.[9]

지나고 보니 2016년은 기가 막힌 타이밍이었습니다. 애플의 가격이 꽤 매력적인 수준으로 떨어졌었거든요. 주가수익비율P/E ratio이 10배 수준이었습니다. 우선 스마트폰 시장의 성장 둔화에 대한 우려가 컸습니다. 당시 아이폰6s로 기록적인 판매를 올렸는데 이게 '슈퍼사이클의 마지막'처럼 여겨졌습니다. 마치 메모리처럼요. '이번까지야, 앞으론 이렇게 못 벌 거야. 중국도 포화상태야'라는 생각이 시장을 지배했습니다. 그때 다른 사람들과 반대로 갈 용기를 냈습니다. 버핏은 86세, 멍거는 92세에 인생 최고의 투자를 합니다.

(삼성도 비슷한 경험이 있습니다. 2018년에 그랬습니다. 서버 증설 수요로 인해 역사적으로 가장 거대한 메모리 호황이 왔고 엄청난 돈을 번 해로 기록되지만 주가는 반대로 갔습니다. 이 순간이 지나면 사이클이 끝난다는 걸 시장은 모두 알았고, 삼성전자 주식을 내던졌습니다. 2018년 초 5만 원을 훌쩍 넘던 주가는 실적이 최고이던 연말에 3만 원대까지 떨어졌습니다.)

대체 그들은 애플의 경제적 해자가 앞으로도 지속할 줄 어떻게 알았던 걸까요?

지금부터 이걸 좀 알아보려고 합니다. 애플과 삼성을 비교하면서 알아볼 겁니다. 한때 삼성과 애플이 얼마나 비슷한 기업이었는지, 그리고 이 두 기업을 갈라놓은 차이가 무엇인지가 보일 거라고 생각합니다. 그래서 지금 삼성에 필요한 것이 무엇인지 생각하는 기회가 될 것으로 봅니다.

우선 전설의 시작 지점으로 가보겠습니다. 음성지원을 원하시는 분은 유튜브에 'Steve Jobs introduces iPhone in 2007'[10]이라고 검색해보시죠. 4천만 명 이상이 본 영상이 보이신다면 맞습니다. 그 영상의 1분 19초 지점으로 갑니다.

아이폰의 등장

오늘, 저희는 세 가지 혁명적인 제품을 소개하려 합니다. 우선, 대화면 터치스크린 아이팟이고요, 그다음은 혁명적인 휴대전화입니다. 마지막은 엄청난 인터넷 통신기기예요. 그래서 세 가지죠. 대화면 터치스크린 아이팟, 혁신적인 휴대전화, 인터넷 통신기기. 아이팟, 폰, 인터넷… 아이팟, 폰… (객석의 환호) 감 잡으셨어요? 이건 기계 세 대가 아니에요. 하나죠. 그리고 아이폰이라고 부릅니다.

2007년 1월 9일, 샌프란시스코 맥월드 컨퍼런스에서 스티브 잡스는 세상을 바꾸겠다고 선언했습니다. 그는 1977년 애플II로 퍼스널 컴퓨터PC의 시대를 열었고, 2001년 아이팟으로 음악을 듣는 방법뿐만 아니라 음악 산업 자체를 혁신한 경험이 있습니다. 발표 당일, 기대감으로 애플의 주가는 7% 넘게 급등했습니다.

그리고 6월 말 출시를 앞두고 애플의 주가는 완만한 상승곡선을 그립니다. 5월 즈음,[11] 시가총액은 대략 700억 달러 안팎입니다. 당시 삼성전자 시가총액은 대략 800억 달러 수준이었습니다. 두 기업의 주가는 대략 엇비슷한 수준입니다.[12] 그러니까 애플이 아이폰을 출시하는 시점 기준으로 시장은 두 기업이 비슷한 가치라고 여겼습니다.

물론, 상장 시장 차이는 감안해야 합니다. 삼성은 국장(한국 증시), 애플은 미장(미국 증시) 상장기업입니다. 국장은 저평가, 미장은 고평가되어 있다는 것이 일반적인 인식임을 감안하면 당시 '진짜 가치(라는 것이 있다면)'는 삼성이 좀 더 높지 않았을까 추정됩니다.

당시엔 애플이 아이폰을 팔면 팔수록 삼성이 함박웃음을 짓는다는 기사가 많았습니다. 앞서 설명 드렸지만, 아이폰은 출시 때부터 2009년 3GS모델까지 두뇌칩(AP)을 삼성에게 공급받았습니다. 3GS용 A8 프로세서(AP)는 삼성의 S5PC100[13]입니다. 설계(LSI)부터 제작(파운드리)까지 모두 삼성이 했습니다.

그뿐인가요? LCD 터치스크린, 메모리와 플래시까지…. 거의 모든 핵심 부품의 단일, 혹은 공동 공급원이었죠. 재주는 애플이 넘고 돈은 삼성과 함께 벌었습니다.[14]

삼성전자 5배 가치의 애플

2020년 즈음, 애플과 삼성 두 기업을 비교하는 기사를 쓴 적이 있습니다. 2020년 시점의 비교였죠. 제목은 '아이폰 12 출시 진격의 애플…

2020년 시점의 삼성과 애플

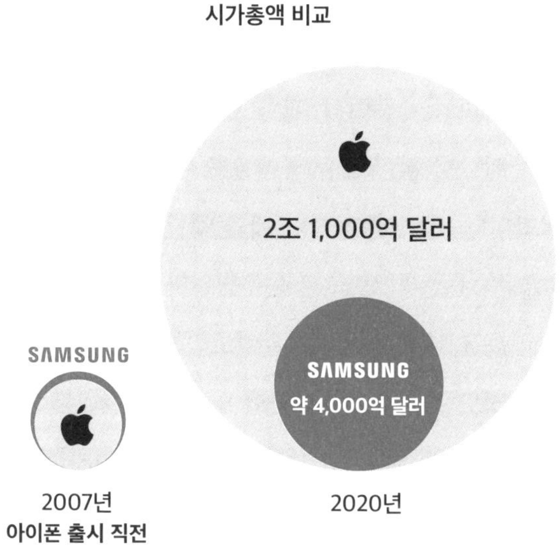

시가총액 비교

2조 1,000억 달러

SAMSUNG

SAMSUNG

약 4,000억 달러

2007년
아이폰 출시 직전

2020년

자료: KBS

삼성전자 5배 가치는 정당한가'[15]입니다.

2020년은 아이폰이 세상에 나온 지 13년이 지난 시점이었습니다. 시가총액은 애플이 2조 1,000억 달러, 삼성은 4,000억 달러(2020년 10월 기준)였습니다. 애플이 삼성보다 5배 가치 있는 기업이라고 평가받았습니다. 비슷하게 평가받던 2007년에 비하면 상당히 달라졌습니다.

사실 실적을 보면 '국장 차별인가' 싶게 여겨질 구석도 없지 않습니다. 우선 판매량으로는 설명이 안 됩니다. 글로벌 시장분석업체 카날리스Canalys 자료로 살펴보면, 2020년 1분기 판매량은 삼성은 5,960만 대, 애플은 3,710만 대입니다. 그전 10개 분기 수치를 다 살펴봐도 애플이 판매량 기준으로 삼성을 넘어선 적은 한 번도 없습니다.[16] 카운터포인트Counterpoint의 집계로는 삼성 5,900만 대, 애플은 4,000만 대입니다.[17] 큰 차이는 없어요. 삼성이 훌쩍 앞섭니다.

애플이 프리미엄 제품이니, 판매량은 그럴지 몰라도 금액으로 따지면 다르지 않을까 싶어 제품의 매출도 살펴봤습니다. 하지만 그 차이도 미미합니다. 2019년 삼성과 애플 제품 매출을 따져보면 삼성이 230조 원 수준, 애플이 249조 원 수준입니다.

각각의 매출을 회계 분류별로 살펴보면 삼성은 스마트폰과 태블릿 부문이 40% 정도 차지하고 그다음을 반도체, 가전, 디스플레이, 하만이 잇습니다. 애플의 제품군은 매우 단순합니다. 아이폰과 아이맥, 아이패드, 에어팟, 애플워치입니다. 제품명이 바로 회계분류네요. 역시 아이폰이 50%를 넘어 절대적입니다.

삼성이 다양한 제품으로 매출을 올리는 반면, 애플은 소수의 제품뿐이란 차이가 있긴 합니다만, 그래도 매출 차이로도 5배의 간격을 설명하기는 쉽지 않습니다. 다만, 매출이 아닌 영업이익을 기준으로 보면 조금 다른 그림이 그려집니다. 삼성은 27조 7천억 원, 애플은 73조 2천억 원이네요.

그러니까 애플의 제품 매출은 삼성보다 8% 많을 뿐이지만, 영업이익은 164% 많습니다. 직전 3개 회계연도를 비교해봐도 언제나 애플의 완승입니다. 2017년과 2018년은 메모리 슈퍼사이클이 왔던 해인데 이때도 애플의 영업이익은 삼성보다 30~40% 많습니다. 일단 이 차이를 설명해야 합니다.

삼성 vs. 애플 영업이익 비교

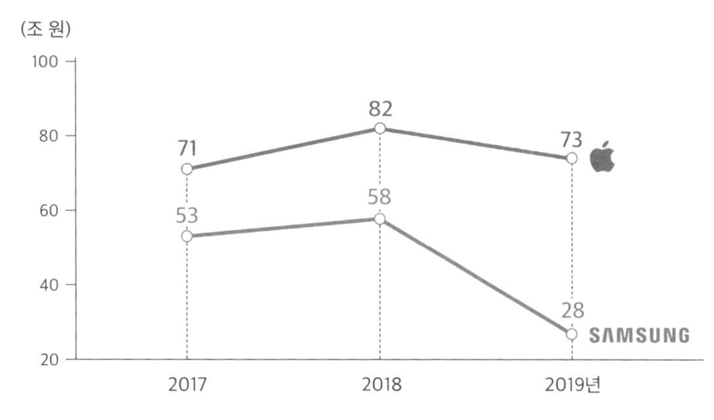

자료: KBS

부유한 충성 고객

우선 지역적으로 애플은 미국과 유럽, 일본 같은 주요 선진국의 시장 점유율이 높습니다. 소비 여력이 높고, 제품에 대한 주관적 만족이 중요한 프리미엄 시장입니다. 반면 삼성은 일본 매출은 거의 없고, 미주와 유럽 매출은 애플의 1/3입니다.[18] 즉, 부유한 지역에서 지속적이고 안정적으로 제품을 구매하는 고객의 측면에서 애플은 삼성을 압도합니다.

버핏의 '시즈캔디'와 비슷한 이야기 아닌가요? 시즈캔디도 캘리포니아 지역에서만 강력한 브랜드에 불과하지만 '중요한 때 선물하는 프리미엄 박스 초콜릿'이란 이미지를 사람들에게 심어주어 강력한 고객 충성도를 이끌어 냈잖아요? 애플도 바로 그런 기업입니다.

스마트폰은 많지만, 애플은 다릅니다. 부유한 지역 소비자들은 아이폰이 좀 더 믿을 만하고 멋진 제품이라고 생각합니다. 이게 다가 아닙니다. 아이폰을 쓰면 애플워치를 씁니다. 거실에는 아이패드가 있죠. 데스크탑이 필요하면 아이맥입니다. 게다가 무선 이어폰, 에어팟까지 나왔죠. 제품의 강력한 생태계가 구축되어 있습니다.

충성 고객들은 아이폰을 중심으로 IT 기기들을 매끈하게 연결해주는 이 생태계에 포획되어 있습니다. **버핏의 노래가 흘러나옵니다. "이때 기업은 가격을 올릴 수 있는 겁니다."**[19]

물론 물음표가 붙을 때도 있었습니다. 실제로 아이폰의 매출은 2019년 14% 하락했습니다. 워런 버핏이 애플을 샀을 때도 그랬습니다. 그때마다 시장은 잠시 의심합니다. 그러다가 새 애플워치, 또 무선 이어폰 에어팟이 나올 때마다 다시 애플의 위력을 확인했습니다. '아, 애플은 낮은 원가의 제품을 비싸게 팔 능력을 장기적으로 유지할 수 있구나!' 이게 바로 경쟁 기업 대비 지속적이고 안정적으로 경쟁 우위를 확보하는 '경제적 해자'입니다.

안정적인 이익구조

그러니 안정적입니다. 삼성이라고 '해자'라고 부를 만한 것이 없지는 않습니다. 메모리죠. 이 시장에서 30년 이상 강력한 절대 우위를 보였습니다. 문제는 사이클입니다. 세계 IT 시장의 주기(사이클)에 민감하게 반응합니다. D램 호황에 이익이 급증하고, D램 불황이 오면 허리띠를 바짝 졸라매야 합니다. 이익구조가 주기적으로 훼손됩니다. 2023년 삼성의 반도체 부문은 아예 거대한 적자를 냈습니다. 이 이익의 불안정성이 투자자들을 불안하게 합니다.

반면 애플의 영업이익은 지속적으로 유지됩니다. 사이클은 없거나 미미합니다. 고객은 일정 주기마다 아이폰과 주변 장비를 교체합니다. 비유하자면 삼성의 해자는 애플에 비해 좀 얕고 좁은 겁니다.

재투자는 최소한으로

또, 삼성에겐 버핏이 싫어할 만한 것이 하나 더 있습니다. 바로 거대한 설비 투자입니다. 삼성은 물론 수익성이 높지만, 그 높은 수익성을 다시 거대한 설비 투자로 전환해야 지속 가능한 회사입니다. 차세대 선단 공정에 앞서가지 않으면 뒤처지는 IT 업계의 특성 때문이죠. 그리고 이 설비 투자 규모는 무어의 법칙이 한계에 달할수록 더 거대해집니다. 공장 하나에 20조 원 넘게 들여야 하니 말 다했습니다. 시즈캔디처럼 '이익이 많이 나고 재투자도 적어야' 그 돈으로 다른 기업에 또 투자해서 '돈이 돈을 낳게 하는데', 삼성은 그런 회사가 못됩니다. 당장 배당이나 자사주 매입 같은 주주 환원이 적은 것만 봐도 그렇죠.

애플은 다릅니다. '디자인 인 캘리포니아, 메이드 인 중국'이라는 표현이 보여주듯, 애플은 설계와 마케팅만 합니다. 부품은 전 세계에서 조달하여 중국에서 조립합니다. 외부 하청을 주는 겁니다. 그러니 막대한 이익의 대부분을 주주에게 돌려줄 수 있습니다.

멍거는 아마도 "워런, 애플은 달라! IT 기업이지만, 이익이 많고 늘 일정해. 얘들은 공장이 없어서 투자도 안 해. 주주에게 다 돌려준다고! 이건 명품 소비재 기업이나 마찬가지야!"라고 설득했을 겁니다.

'경제적 해자'의 결정체: 서비스

지금까지 삼성과 애플을 비교하면서 의도적으로 빼놓은 숫자가 있습니다. 바로 서비스 부문입니다. 물리적 형태가 없는 상품 판매를 의미합니다. 앱스토어나 애플뮤직의 디지털 콘텐츠 판매·구독 수입, 그리고 애플 TV 등의 스트리밍 서비스, 아이클라우드와 일종의 보험인 애플케어 등 라이선스 수입이 여기에 해당합니다. 애플의 iOS라는 소프트웨어 운영시스템을 중심으로 한 '플랫폼'에서 발생하는 수입입니다. 왜 빼놓았냐고요? 삼성에는 없기 때문입니다. 0에 수렴하기에 회계 부문 자체가 존재하지 않습니다.

앞서 고객은 아이폰, 아이패드, 에어팟, 애플워치가 서로 연결되는 생태계에 포획되어 있다고 표현했습니다. 물리적으로만 그런 게 아니고 정신적으로도 그렇습니다.(!) 아이폰의 가치는 앱스토어에서 내려받는 애플리케이션 없이는 설명할 수 없습니다. 유료 애플리케이션 콘텐츠 수입의 30%는 애플이 가져갑니다. 애플뮤직이나 TV, 아이클라우드 수입 등을 합친 이 서비스 부문의 수익성은 상상을 뛰어넘습니다.

2019년 서비스 매출에서 원가를 뺀 매출총이익률Gross Margin이 무려 63.7%입니다. 아이폰 등 제품 부문은 32.2%밖에 안 됩니다. (하지만 30%도 일반적인 기업에는 압도적인 숫자로 보일 겁니다.)

애플의 서비스 매출과 이익률

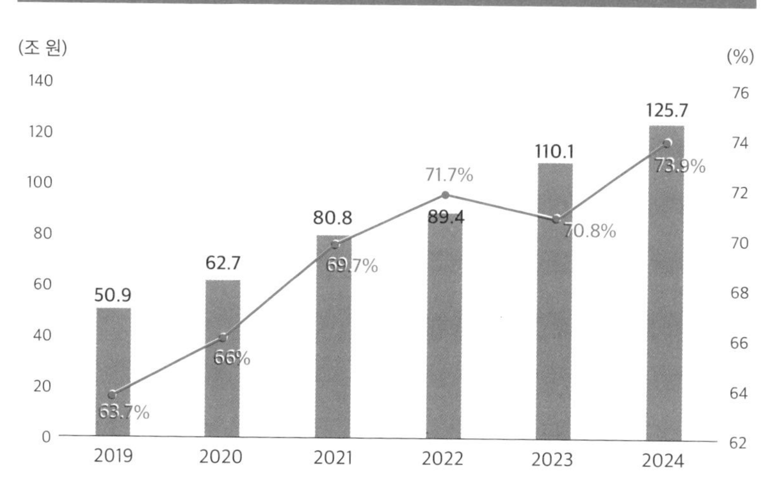

자료: 애플 10k 공시

당연하죠! 뭘 만들어서 배송을 해야 원가가 있죠. 그저 기기 속에서 구현되는 그래픽 혹은 음향에 무슨 제조와 배송 원가가 있겠습니까? 버핏이 좋아하는 높은 수익성으로 유명한 애플이 그 안에 '차원을 뛰어넘는 수익성'을 가진 부문을 하나 더 보유한 겁니다.

규모와 성장 속도도 경이롭습니다. 2019년 당시 서비스 매출은 이미 아이폰 매출의 3분의 1 수준이었으며, 원가를 제외하고도 약 300억 달러의 이익을 기록했습니다. 이는 당시 삼성전자 연간 영업이익을 웃도는 수준입니다. 이후 6년간 매년 15% 이상 성장하며, 2024년 서비스 매출은 961억 달러에 이르렀습니다. 이는 아이폰 매출의 절반에 육박하고, 애플의 모든 다른 물리적 제품(아이패드, 아이맥, 애플워치, 에어팟 등)을 합친 것보다 더 큰 규모입니다.

우리 돈으로 약 120조 원이 넘는 금액으로, 이는 삼성 모바일 부문 전체 매출(112조, 2023년 기준)을 넘어섭니다. 매출총이익률은 무려 73.9%까지 올랐습니다.

애플이란 성채의 앞에는 안 그래도 경쟁자가 넘을 수 없는 '경제적 해자'가 있었는데 이제는 넘볼 수 없는 기업이 되었습니다.

삼성전자 17배 가치의 애플

2020년의 비교를 다시 가져와보고, 2025년의 가치(2025년 1월 1일 기준)를 다시 한 번 비교하겠습니다.

2007년과 2020년, 그리고 2025년. 한때 비슷하던 두 회사의 격차는 2020년에 5배로 벌어지더니, 5년이 지난 2025년 1월 1일에는 17배가 넘었습니다. 삼성의 시총은 317조 원, 애플은 5,550조 원이 넘습니다. 1월 1일 환율(달러당 1,471.8원)을 기준으로 비교한 결과입니다. 정확히는 애플의 시가총액이 삼성의 17.5733849배입니다. 삼성의 시총은 5년간 크게 줄었고, 애플은 우상향했습니다. 이제 두 회사는 비교가 불가능한 기업이 되어버렸습니다.

어디서 이 차이가 나왔을까요? 다시 매출을 비교해보겠습니다. 244쪽의 그래프를 보시죠. 10년 전인 2013년까지는 삼성의 매출이 더 많았습니다. 2014년부터 앞선 애플, 이제는 매출로 약 2배인 기업이 되었습니다. 앞서 말씀드렸다시피, 삼성은 10년간 매출이 정체되어 달러 기준으로는 역성장했기 때문입니다.

너무나 멀어진 애플

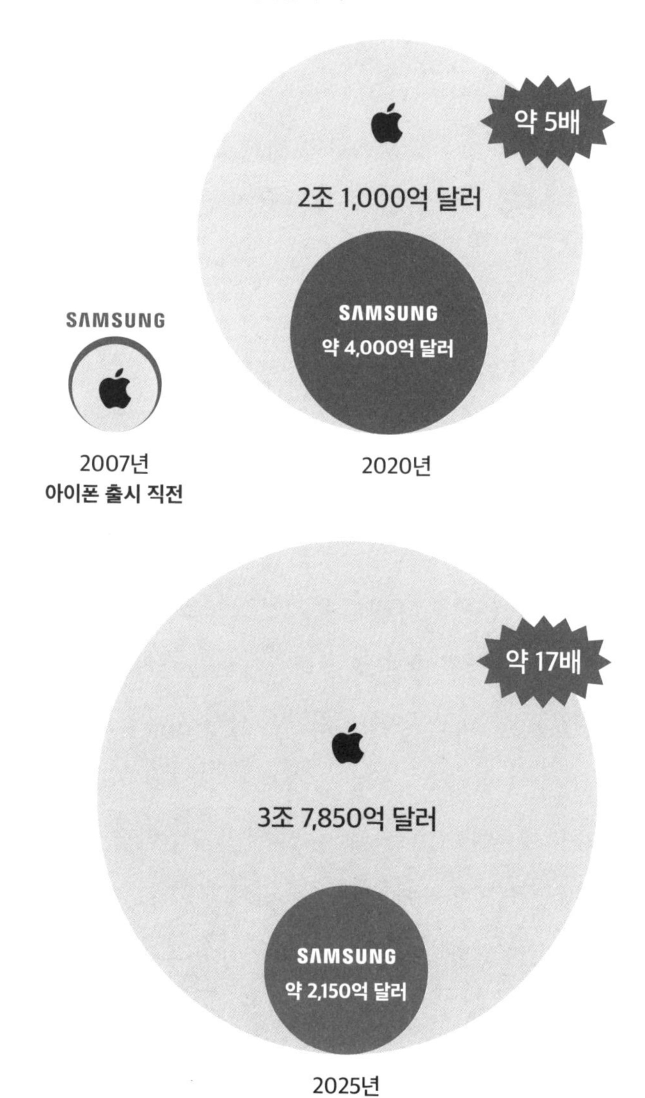

자료: Dart, 애플 10-K

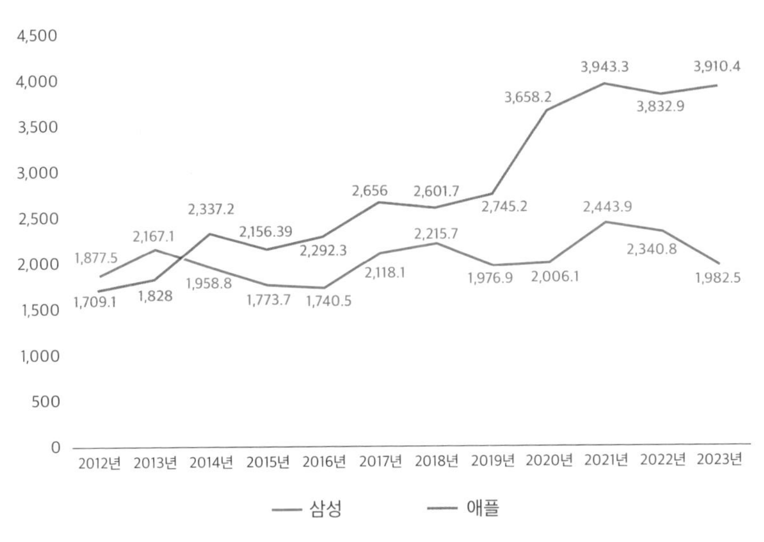

자료: Dart 전자공시시스템, 애플 10k 공시

그리고 그 이유를 이번 장의 주제인 '스마트폰'에서 찾기 위해선 삼성의 '모바일(IM) 부문'만 따로 분리해서 애플과 비교해야 합니다. 그러면 애플이 성장하는 동안 멈춰섰던 삼성 모바일 사업의 현주소가 보입니다.

2007년, 애플이 아이폰을 내놓던 당시로 돌아가 보면, 삼성 모바일 부문과 애플 전체의 매출은 크게 다르지 않습니다. 영업이익도 그렇습니다. 달리 말하면, 2007년 애플은 삼성 모바일 부문만한 덩치의 회사에 불과했습니다. 오른쪽의 두 그래프를 보시죠.

그러나 격차는 점점 벌어집니다. 2023년 매출은 약 5배, 영업이익은 약 10배 차이가 납니다. 첫 번째 분기점은 2013년입니다. 격차 자

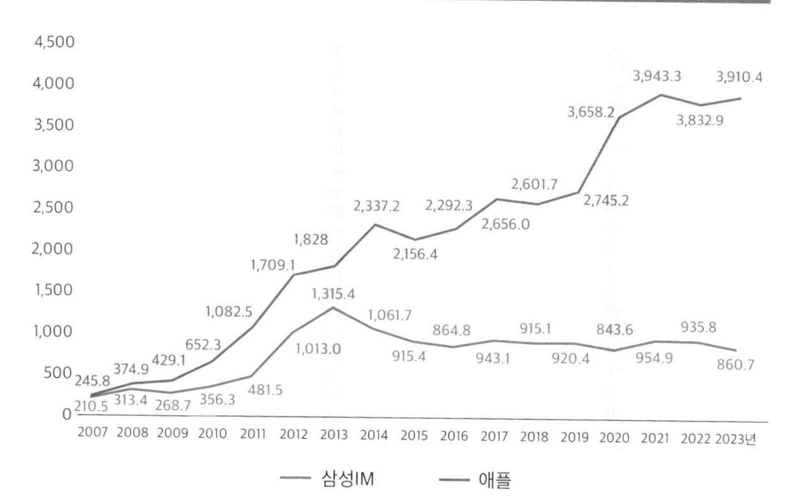

자료: 리더스인덱스, Dart 전자공시시스템, 애플 10k 공시

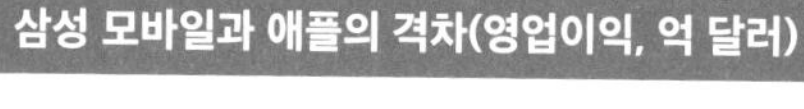

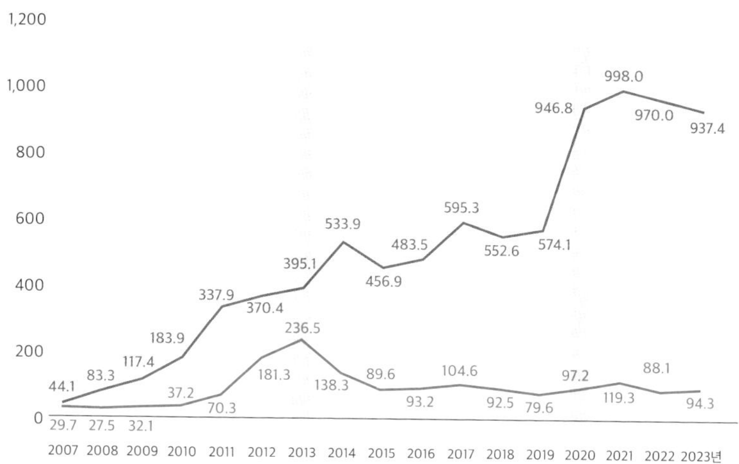

자료: 리더스인덱스, Dart 전자공시시스템, 애플 10k 공시

체야 있지만, 같은 상승 추세였는데, 2013년을 기점으로 삼성의 매출과 영업이익은 모두 마이너스 성장한 뒤 정체 국면에 들어섭니다. 애플은 지속적으로 성장합니다. 삼성에게는 2013년이 좋았던 그 시절로 기억될 만합니다.

두 번째 분기점은 2020년입니다. 코로나 팬데믹 이후 펼쳐진 빅테크 성장기입니다. 애플은 이 때 퀀텀 점프를 합니다. 비대면 산업 확장에 힘입어 매출과 영업이익을 함께 급속히 늘립니다. 삼성은 그런 기회를 누리지 못합니다. 대조적입니다.

한 가지 원인은 기술입니다. 삼성은 하드웨어 경쟁력에서 참패했습니다. GOS 사태는 그 상징입니다. 더 부연할 필요 없이, 애플은 성능으로 삼성을 압도합니다.

그러나 이 승부의 본질은 하드웨어가 아닙니다. 방금 살펴본 애플의 '대체할 수 없는 경험'에 있습니다. 즉, 소프트웨어입니다. 완벽하게 통제되는 생태계, 그 안에서만 경험할 수 있는 서비스입니다. 애플의 플랫폼에 갇힌 '충성스러운 고객'은 언제나 열린 마음으로 지갑을 열고 있습니다.

애플의 길을 포기한 삼성

이 길을 삼성은 포기했습니다. 삼성은 플랫폼이 되는 길, 혹은 소프트웨어로 부가가치를 창출하는 길을 스스로 접었습니다. 처음부터 시도조차 안 한 것은 아닙니다. 스마트폰으로 세계 정상에 오른 뒤 삼성은 빠르게 움직입니다. 그리고 생태계를 가지지 못하면 미래가 없다는 사실을 깨닫습니다.[20] 소프트웨어 부문을 강화합니다. 미디어솔루션센터 MSC가 부상합니다. 인재를 영입합니다. 전략적으로 소프트웨어 부문을 강화할 방법을 찾습니다.

"자네, 이것에 대한 아이디어가 있는 거지?" 최지성이 동안의 소프트웨어 개발자에게 물었다. "최선의 방법이 뭔가?"
강태진(당시 미디어솔루션센터 전무, 영입 인재)은 테이블 주위에 앉아 있는 중역들을 둘러보았다. "인수합병입니다." 그는 삼성이 더 빠른 결과를 얻고 싶다면 삼성의 전통적인 방식에 따라 사내에 새로운 역량을 구축하는 것은 포기해야 한다고 주장했다. 대신 약속의 땅, 실리콘밸리로 눈을 돌려야했다.[21]

문제의식을 가진 리더가 있고 실제 다양한 시도도 했습니다. 어쩌면 바로 이때 삼성의 내부 조직 문화와 외부의 인식 모두에서 화학적 변화가 가능했을지도 모르겠습니다. 실리콘밸리의 신생기업들을 사들였습니다. 삼성 가전의 허브 플랫폼이 된 스마트싱스(2014), 삼성의 독자 결제 시스템 삼성페이가 된 루프페이(2015)가 대표적입니다. 빅스비 개발에 활용된 AI 플랫폼 기업 비브랩스(2016)도 있습니다.

음악 플랫폼도 띄웠습니다. 삼성의 음악 플랫폼 '밀크'를 기억하시나요? 당시 '넷플릭스' 대항마로 불릴 정도로 유망하던 엠스팟이라는 프리미엄 스트리밍 서비스를 인수(2012)[22]해 구축한 이 음악과 비디오 플랫폼은 론칭 초반에 큰 인기를 끌었습니다. 하드웨어 제조에 머물

렀던 삼성전자가 소프트웨어와 콘텐츠 서비스를 통해 생태계를 확장할 수 있는 가능성을 보여주는 듯 싶었습니다. 삼성이 그토록 갈구했던 '서비스 기업'의 비전[23]이라는 평가도 받았습니다.

2014년 1월, 라스베이거스에서 삼성은 매거진UX라는 새로운 사용자 환경도 공개했습니다. 태블릿 용도였는데, 안드로이드보다는 윈도우 스타일에 가까웠습니다. 자체 소프트웨어를 이용해 운영체제를 변경한 겁니다. 구글이 아닌 삼성만의 디자인을 선보이고 좋은 반응도 얻었습니다. 안드로이드지만 삼성만의 플랫폼으로 변화를 꾀하는 시도였죠. 성공한다면 스마트폰으로 확장될 가능성도 있었을 겁니다.

이때 삼성의 미국 마케팅 조직이 일을 냅니다. 'Next Big Thing is Already Here' 광고 시리즈입니다. 흥미로운 광고로 화제가 되었죠. 그뿐 아닙니다. 2014년 오스카상(아카데미상) 시상식 셀카 사진 PPL을 기억하시나요? 사회자 엘런 디제너러스가 생방송에서 삼성 갤럭시로 메릴 스트립, 줄리아 로버츠, 채닝 테이텀, 브래들리 쿠퍼, 제니퍼 로렌스, 브래드 피트 등 13명의 유명인과 함께 셀카를 찍는 엄청난 사건[24]이었죠. 그해 오스카상의 진짜 승자는 '삼성 갤럭시'였다[25]고들 했습니다.

바로 이즈음이 2부를 시작하면서 말했던 삼성의 전성기이고, 월스트리트저널이 '애플은 쿨함을 삼성에게 빼앗겼나?'[26]라는 기사를 쓸 때입니다. 매출은 물론 기술과 디자인까지 삼성이 낫다, 이제는 광고 마케팅도 더 낫다, 아이폰이 아닌 갤럭시에서 더 쿨한 느낌이 난다고

2014년 아카데미 시상식의 갤럭시 PPL

했습니다. 애플 주가는 사상 최고치인 705달러에서 380달러까지 떨어지기도 했습니다.[27]

이 모든 일은 한 번에 일어나고 있었습니다. 삼성은 더 쿨한 기업, 생태계가 있고, 소프트웨어의 비전이 있는 기업으로의 길을 열어가고 있었습니다. 삼성은 더 이상 하드웨어만으로 승부하는 기업이 아닐 수 있게 된 듯 보였습니다. 문제가 있었다면, 그 길에는 거대한 장벽이 있었다는 점입니다. 바로 구글입니다.

"이러는 이유가 뭡니까?" 구글의 디지털 콘텐츠 담당 부사장 제이미 로젠버그가 정중하게 물었다. 그는 밀크 뮤직과 밀크 비디오를 매우 못마땅하게 여겼다. "우리는 철저히 협력해야 합니다, 그렇지 않습니까?"

밀크를 이끌었던 대런 추이는 "로젠버그는 우리에게 밀크를 포기하고 구글 뮤직을 기본 앱으로 적용할 것을 제안했습니다. 그 대가로 그는 오직 삼성만을 위해 최적화된 구글 뮤직을 공급하겠다고 말했습니다"라고 말했다.[28]

삼성의 소프트웨어는 안드로이드였고, 안드로이드는 구글의 소유였습니다. 그리고 구글은 삼성이 플랫폼의 길을 시도할 때마다 막아섰습니다. 앞서 언급한 독자적인 사용자 환경 매거진UX는 공개 즉시 구글 경영진의 분노를 사기도 합니다. 외신들에 대서특필된 이 사건은 '삼성이 화면에서 구글을, 그리고 구글플레이라는 앱스토어를 없애려 한다'는 식의 이야기로 확산됩니다.[29] 이 불편한 관계 속에서 떠오르는 인물이 현 구글 CEO 순다르 피차이입니다. 당시 안드로이드 책임자였던 그는 삼성과의 협상과 조율 과정을 주도합니다. 이후 두 기업은 서로의 영역을 존중하는 신사협정을 맺습니다.[30]

결론은 삼성이 구글의 안드로이드 UI와 구글의 플랫폼 서비스를 존중하는 방향으로 났습니다. 밀크는 유명무실해졌다가 중단됐고, 대신 구글은 하드웨어 강화를 위해 인수했던 모토로라를 매각합니다. 협력은 강화됩니다. 삼성 갤럭시에 구글의 AI 서비스인 제미나이가 탑재되는 것은 우연이 아닙니다.

더불어 미국에서 마케팅으로 성과를 내던 미국 마케팅 책임자 토드 펜들턴의 팀은 삼성의 문화와 대접에 상당한 불만을 가졌던 것 같습니다. 비즈니스 인사이더는 2015년 2월 기사에서 '2014년 이후 삼성 스마트폰 사업의 수익이 급감했는데, 중요한 이유 가운데 하나는 성공한 미국 지사와 한국 본사 사이의 균열과 기업 혼란 탓'이라고 지적합니다.

이어 소식통을 인용해 "미국 팀이 성공할수록 본사와의 관계는 복잡해졌고, 공로를 인정받는 대신 비난받는다고 느꼈다"[31]고 보도합니다. 성과를 올렸는데 칭찬 대신 '실패했지만 격려한다'는 이상한 대접을 받았다, 예고 없이 감사를 나와 괴롭혔다고 말하죠. 이 기사는 삼성이 북미 마케팅 파트를 푸대접했고, 그래서 '어쩌면 북미 지역에서의 마케팅 성공을 다른 지역으로 확산할 수 있었지만, 삼성은 그러지 않았다'고 논평합니다.

결국 빠르게 부상한 삼성이 그만큼 빠르게 빛을 잃은 이유는 삼성 내부에 있다는 이야기입니다. 그러면서 한 업계 비평가를 인용해 "결국 삼성은 차별화할 수 있는 것이 없기 때문에 가격 경쟁을 해야할 것"이라고 씁니다. 이 기사의 제목은 '삼성은 어떻게 스마트폰 전쟁에서 이겼고, 그 뒤에 졌나'[32]입니다.

삼성 안에는 소프트웨어 비전을 '시도해야 한다, 시도하지 않으면 결코 이룰 수 없다'고 주장하는 사람도 있었고, '중요성을 알지만 삼성에는 그런 능력을 성장시킬 DNA가 없으니 하드웨어에 집중해야 한다'는 현실론자가 있었습니다.

《삼성 라이징》의 제프리 케인은 이 갈등을 '황태자(이재용, 하드웨어

집중)와 섭정(최지성 부회장, 소프트웨어 도전)' 사이의 논쟁이라고 표현[33] 했죠. 이건희 회장의 오른팔이었던 최 부회장이 서비스 부문에서 좀 더 드라이브를 걸었으나, 후계자는 현실론자였다는 이야기입니다.

이제는 삼성을 떠난 강태진 전 부사장은 언론 인터뷰에서 "삼성은 소프트웨어와 서비스 사업에서 성공의 유전인자(DNA)가 자리 잡지 못했었다"며 "적어도 10년은 바라보고 소프트웨어에 투자했으면 결과가 달라졌을 수 있을 것"이라고 말했습니다. 실제로 삼성은 2014년을 기점으로 자체 소프트웨어·콘텐츠 개발 조직인 미디어솔루션센터(MSC)를 해산하고, 상당수 서비스를 구글로 넘기는 등 소프트웨어 확장 시도를 사실상 중단했습니다.[34]

이렇게 해서 삼성과 애플은 다른 길을 가게 되었습니다. 애플이 모바일 세상의 모든 부가가치를 독식하는 회사가 되었다면, 삼성(하드웨어)은 구글(소프트웨어)과의 연합 속에 현재의 자리를 지키는 전략을 선택했습니다.

무엇이 옳고 더 나은 결정이었을까요?

한편에선 이 선택으로 인해 승리의 신화가 끝나고 **삼성의 잠재력은 훼손됐다**고 말합니다. 삼성은 사실 경쟁에서 승리하면서 성장했습니다. 일본 D램 업체들의 라이벌로 시작해서, 소니의 가전 라이벌이 되었다가, 다시 노키아의 휴대전화 라이벌이 됐습니다. 그때마다 경쟁자들은 삼성을 부품회사나 OEM회사 취급하며 라이벌이라는 사실을 받아들이지 않으려 했습니다. 소니의 이데이 노부유키는 “삼성은 제품 디자인과 기획을 우리에게 배우고 있습니다. 우리는 여전히 삼성을 근본적으로 부품회사라고 믿고 있습니다”[35]라고 낮춰보며 말했지만, 두 기업 사이 승부는 삼성의 승리로 끝났습니다.

스마트폰 시장에서는 달랐습니다. 애플은 이제 더 이상 삼성을 의식하지 않습니다. 프리미엄 스마트폰 시장은 애플만의 것이 되었습니다. 2023년 세계에서 가장 많이 팔린 모델 10개 중에 삼성 스마트폰은 단 3개 밖에 없습니다. 그것도 신흥국 시장에서 팔리는 중저가 모델입니다. 나머지 일곱 자리는 모두 애플 차지입니다. 애플은 모두 프리미엄 모델이죠.

그러나 다른 한편, **수성에는 성공했다**고 의미를 부여합니다. 삼성은 여전히 안드로이드 진영의 No.1 제조업체입니다. 삼성 매출의 30~40%를 차지하는 거대한 비즈니스를 유지하고 있습니다. 조 단위의 막대한 이익을 벌어들이고 있습니다. 성숙 단계라 할지라도 이렇게 여전히 충분히 돈을 벌어주는 비즈니스를 하고 있으니, 단순한 실패로 보기는 어렵습니다.

정리하자면, 삼성은 도약을 하려 시도했고, 그 목표를 달성하지 못했습니다. 외부 환경이 녹록지 않았던 영향도 있으나, 궁극적으로 경영진의 선택이었죠. 그로 인해 시장의 평가가 더 이상 나아질 수 없었습니다. 이 점은 분명히 기록해 두고 넘어가야겠습니다.

15장

혁신의 지름길 M&A

코끼리를 냉장고에 넣는 법

안타깝지만 그 시간에는 제가 베이 에어리어Bay Area[1]에 있습니다. 저는 그 다음날부터 인터뷰가 가능합니다.

베이 에어리어는 실리콘밸리 쪽을 말합니다. 미국의 서쪽 끝이죠. 저는 같은 시점에 동쪽 끝 보스턴에 있었습니다. 그렇게 MIT의 교수이자 TI의 CTO인 아흐마드 박사를 인터뷰할 기회를 놓쳤습니다.

어떻게 동선이 이렇게 정확히 엇갈리나 탄식했습니다. 당시 미국 출장 일정은 우선 보스턴에서 4일, 그다음 실리콘밸리에서 4일로 계획되어 있었습니다. 아흐마드 박사는 제가 보스턴에 있는 동안 실리콘밸리에, 실리콘밸리에 도착하는 그날 보스턴에 있어 인터뷰가 물리적으로 불가능했습니다.

차선책을 찾으려고 MIT 교수 목록을 뒤졌습니다. 흥미로운 양력을 발견했습니다. '세계컴퓨터구조학회ISCA 50년 내 최고피인용지수 논문 Top 5'에 들어 있는 젊은 AI 전공 교수였습니다. 답신은 즉각적이었습니다.

너는 반도체 칩 이야기를 하려는 거 같아. 그런데 난 하드웨어가 아니고 소프트웨어 교수인데 괜찮니?

일급 AI 학자를 만난다는 설렘에 즉시 인터뷰 약속을 잡았습니다. 그의 이름은 송 한, 알고 보니 이력은 생각보다 더 화려했습니다. 중국 칭화대에서 컴퓨터 공학을 전공하고 미국 스탠퍼드대에서 박사학위를 땄는데, MIT의 35세 이하 혁신가에 선정됐고, 미국 국립과학재단NSF의 상도 받았습니다. IT 분야 세계 최고 지성의 모임인 IEEE가 선정한 AI 분야에서 주목할 만한 10명의 연구자[2]이기도 했습니다.

그는 자신의 연구를 '코끼리를 냉장고에 집어넣는 법'에 비유해 설명했습니다. 코끼리를 냉장고에 집어넣는 방법은 두 가지입니다. 하나는 냉장고를 코끼리가 들어갈 만큼 크게 만드는 것, 다른 하나는 코끼리를 냉장고에 넣을 수 있을 만큼 작게 만드는 것입니다.[3]

여기서 코끼리는 'AI', 냉장고는 'AI를 돌릴 하드웨어'입니다. 반도체 업계의 최우선 과제는 냉장고를 크게 만드는 겁니다. 더 성능 좋고 빠른 칩을 만들어서 AI라는 코끼리를 원활하게 돌리려는 경쟁입니다. 엔비디아가 제일 앞서 있습니다.

송 한 교수는 다른 길로 갑니다. 작고 초라한 칩에서도 돌아가도록 AI, 코끼리를 작게 만드는 겁니다. 그러면서도 AI가 충분히 원래의 AI와 유사한 성능을 내게 하는 방법의 대가입니다. '딥컴프레션'Deep Compression 기술입니다.

'온디바이스 AI'라고 들어보셨을 겁니다. 최신 갤럭시 스마트폰은 자체 기기 안에 언어 통역을 해주는 기능이 있죠? 인터넷 연결 없이 사용 가능합니다. 그게 바로 온디바이스 AI입니다. 이 기술이 중요한 이유는 모든 디바이스에 고가의 최신 칩을 탑재하는 것이 비현실적이기 때문입니다.

모두가 엔비디아 최신 GPU를 쓸 수는 없잖아요. 예를 들어, 온라인에 연결되지 않은 CCTV가 자체 AI를 활용해 침입자를 식별하거나, 신생아를 관찰하는 저렴한 스마트 카메라가 이상 신호를 감지할 수 있다면 어떨까요? 또, 가정용 로봇 청소기가 복잡한 환경에서도 더 똑똑하게 움직이거나, 자동차의 보급형 모델도 AI 기반 안전 기능을 제공한다면, 비용 대비 효율적인 AI 솔루션이 될 것입니다. 실제 일상에서는 이러한 '에지 디바이스'◆가 더 흔하게 사용되니까, 이런 환경에

에지 디바이스edge device

중앙 서버에 데이터를 보내지 않고, 자체적으로 데이터를 처리할 수 있습니다. 통신을 줄여 속도와 효율성을 높입니다. 사물 인터넷IoT 센서부터 비디오/감시 카메라, 인터넷에 연결된 가전 기기, 스마트폰과 같은 스마트 기기 등을 일컫습니다.

최적화된 AI는 필수적입니다.

송 한 교수의 연구는 학계를 넘어, 산업계에서 큰 주목을 받고 있습니다. 그의 혁신적인 기술은 AI를 더욱 가볍고 효율적으로 만들어, 더 작은 기기와 더 단순한 환경에서도 활용 가능하도록 만들었습니다. 세계 유수의 반도체 기업들이 그의 연구를 탐내고 있습니다. 삼성전자도 송 한 박사를 이미 만났고, 엔비디아와 AMD 같은 글로벌 기업들은 아예 앞다퉈 그의 기술을 차지하려고 경쟁하고 있습니다.

실제로 송 한 교수는 자신이 창업한 두 개의 회사를 각각 엔비디아와 AMD에 팔았습니다. 2016년에 베이징에서 만든 디파이테크DeePhi Tech는 2018년 자일링스에 인수됐는데, 그 자일링스를 AMD가 인수했습니다. 이 인수로 AMD는 AI 가속 기술을 획기적으로 강화했습니다.

엔비디아는 그 뒤, 송 한 교수가 MIT에서 창업한 옴니엠엘OmniML을 2023년에 인수합니다. 머신러닝 모델을 축소해서 에지 디바이스에서 실행하게 해주는 '딥컴프레션' 기술을 가지고 있는 회사입니다. 바로 송 한 교수의 전문 연구 분야입니다. 이건 엔비디아가 데이터센터를 넘어 자동차나 산업용 로봇, 무인 항공기 같은 다양한 응용 분야 AI 칩을 개발하려고 한다는 사실을 짐작할 수 있게 합니다.

그의 연구는 '코끼리를 냉장고에 집어넣는 법'이라는 비유처럼, 불가능해 보였던 효율성을 실현하며 AI 산업의 판도를 바꾸고 있습니다. 그리고 그와의 인터뷰는 지구상에서 가장 큰 두 팹리스 회사가 품고 있는 야심과 비전을 엿보는 순간이기도 했습니다.

M&A, 기업의 비전을 실현하다

혁신을 위해서는 내부 혁신 역량을 구축하는 것이 가장 중요합니다. 하버드비즈니스리뷰 역시 혁신을 '아웃소싱'하는 데 과도하게 의존하는 것보다는 내부 혁신 역량 구축이 우선[4]이라고 말합니다. 다만, 내부 역량 구축이 쉽지 않거나 신속하게 역량을 구축해야 한다면 M&A는 가장 확실한 방법입니다. 송 한 교수가 가진 노하우를 AMD와 엔비디아가 바로 습득한 앞의 두 사례처럼요. 따라서 M&A는 단순한 기술 거래를 넘어, 기업의 미래 전략과 비전을 엿볼 수 있는 창이 됩니다. 앞 장에서 살폈듯, 삼성도 그래서 스마트폰 분야에서 M&A에 적극적일 때가 있었습니다.

애플은 2008년 PA세미를 2억 7,800만 달러에 인수합니다. 자체 AP인 A프로세서를 만들기 위해서입니다. PA세미에서 온 짐 켈러는 이 인수합병을 통해 역량을 끌어올려 A시리즈 맞춤 칩의 혁신을 만들어 냅니다. 애플이란 빅테크가 이 M&A를 통해 자신만을 위한 맞춤형 칩 설계 역량을 가진 회사가 된 겁니다. 디자인을 넘어, 하드웨어 성능에서도 삼성 등 경쟁사를 압도하는 회사가 되는 결정적 계기를 만듭니다.

삼성과 합종연횡하다가 애플에 뒤져버린 퀄컴은 TSMC로 파운드리를 옮긴 뒤 승승장구한다고 말씀드렸습니다. TSMC로 파운드리를 옮긴 것도 주효했지만, 역시 결정적인 M&A가 있었습니다. 애플에서 A시리즈칩 개발에 참여했던 수석디자이너와 엔지니어들[5]이 창업한

'누비아'를 2021년에 인수한 겁니다. 애플에서 성공한 맞춤형 칩 노하우를 스냅드래곤 시리즈에 이식하면서 비약적인 성능 발전을 이룹니다.[6] 시장에서는 퀄컴이 PC 및 클라우드 컴퓨팅, 차량용 맞춤형 칩으로 시장을 확대할 수 있는 계기도 될 것으로 봅니다.[7]

아마존 역시 2015년 안나푸르나랩스를 인수해 자체 칩 설계 역량을 강화하며 AWS의 경쟁력을 높였습니다. 특히, AWS용 그래비톤 Graviton 맞춤형 칩은 에너지 효율과 성능면에서 차별화된 솔루션을 제공하며 클라우드 시장에서의 입지를 한층 견고히 했습니다.

마이크로소프트도 빼놓을 수 없습니다. 오픈AI에 대한 대규모 투자를 통해 생성형 AI의 주도권을 확보합니다. 2019년부터 시작된 오픈AI와의 협력은 2023년 챗GPT의 성공으로 이어졌고, 이를 통해 마이크로소프트는 클라우드, 오피스 솔루션, 검색 엔진에서의 혁신을 동시에 추진하며 기술 리더십을 강화했습니다. 이는 마이크로소프트 주가의 급등과 함께, AI 산업의 핵심 기업으로 자리 잡는 계기가 되었습니다.

엔비디아와 AMD, 애플과 퀄컴, 아마존과 마이크로소프트의 M&A나 대규모 외부 투자는 이렇듯 단순한 매출 확보를 목표로 하지 않았습니다. 기술을 취득해서 미래 비전을 실현하려고 했습니다. 즉, 혁신을 가속화하는 강력한 도구, 시대를 앞당기는 도약대였습니다.

M&A 자체가 비전이 된 회사

M&A에서 이 회사를 빼고 말하면 '앙꼬 빠진 찐빵'입니다. 거의 M&A 만으로 회사를 키운 브로드컴Broadcom입니다. IT 기업이라기보다는 우리나라 MBK 같은 사모펀드 전략[8]을 구사합니다.

브로드컴의 역사는 2005년 싱가포르로 거슬러 올라갑니다. 애질런트 테크놀로지라는 HP 자회사의 반도체 사업부였다가 독립했습니다. 창업 당시 사명은 아바고ABAGO. 광학-무선 부품을 만들던 회사였습니다. 그러다가 자기 덩치보다 큰 반도체 기업들을 하나둘씩 인수하기 시작합니다.[9]

LSI로직이라는 설계회사에 이어 몸집(매출)이 자기의 2배인 브로드컴을 2015년에 인수하면서 화제에 오릅니다. 이때 이름을 브로드컴으로 바꿔버리고, 이후 CA테크과 시만텍을 차례로 인수합니다. 2018년 퀄컴을 인수하려다 실패하긴 했지만,[10] 2022년 VM웨어를 인수하며 존재감을 또 드러냅니다.

브로드컴 근무 이력이 있는 권기태 연구원은 이 브로드컴을 'M&A 자체가 비전인 회사'라고 규정합니다. 핵심 전략은 '기름을 쫙 빼고 살코기만 남긴다'[11]입니다. 이 과정은 잔혹하기 이를 데 없습니다. 핵심 부문만 남기고 비주력 부분은 다 없애고 정리해고 합니다. 수천 명을 감원하는 등 가차 없는 칼질을 합니다. 핵심 역량에서 발생하는 매출을 그대로 유지하면서 행정적 기능은 브로드컴 아래에 통합해 효율을 극대화합니다.

브로드컴은 월스트리트 금융가가 돈을 못 빌려줘서 안달하는 회사가 됐습니다. 비전은 너무나 선명하고, 무엇보다 계산이 딱 떨어집니다. 늘 10원을 가지고 100원짜리 회사를 인수합니다. 인수 뒤에 매출은 유지하면서 슬림화하고 영업이익을 극대화합니다. 끊임없이 게걸스레 먹으면서 성장을 해냈는데, 이렇게 한 회사는 브로드컴이 거의 유일합니다.

지금은 AI 시대에 엔비디아 다음으로 준비가 잘된 회사라는 평가[12]를 받습니다. 무선 통신용 반도체 부품도 팔면서 기업 내부 솔루션 소프트웨어도 공급하는 회사, 그러면서 빅테크 회사에 AI 칩까지 설계할 수 있는 역량을 갖춘 기업입니다. 2024년 12월 13일 마침내 시가총액 1조 달러를 돌파했습니다. 역사상 열 번째로 '1조 달러 클럽'에 가입한 것입니다. 브로드컴은 이제 명실상부하게도 엔비디아, TSMC와 함께 반도체 분야 빅3를 이루는 기업으로 성장하고 있습니다. 회사의 모토, 즉 비전은 '모든 것을 연결한다'Connecting Everything입니다.

이렇게 M&A를 한 극단으로 잘하면 그 자체가 비전이 될 수도 있습니다. 영국의 이코노미스트지는 혁신은 전략적인 M&A와 효율적인 운영을 통해서도 이루어질 수 있음을 증명하며, M&A 자체가 비전이 될 수 있음을 알려주는 대표적 사례로 남을 것이라고 평가[13]합니다. 참고로 브로드컴은 지금은 미국 회사가 되었지만, 원래 싱가포르 회사였습니다. CEO 역시 말레이시아 화교였습니다. 미국 기업이어서 성공한 게 아닌 겁니다.

M&A에서 길 잃은 삼성전자

그러나 M&A는 삼성전자에게 종종 고통스러운 경험이었습니다. 대표적인 실패 사례는 1995년 AST 인수입니다. 삼성은 당시 3억 7천만 달러를 들여 세계 시장 점유율 5위의 PC 업체를 인수했습니다. 하지만 2년 뒤 5천만 달러를 추가 투자했음에도 매출은 급감했고, 결국 부실 기업으로 전락했습니다. 과도한 인수가격, 현지화 실패, 일관성 없는 경영과 영업 전략이 복합적으로 작용한 결과라는 평가를 받았습니다.[14]

LA타임스[15]는 당시 삼성의 목표는 단기성과가 아닌 장기적 비전, 대규모 PC 제조업체를 만들려는 것이었다고 기술합니다. 컴팩이나 IBM 같은 브랜드가 되고 싶었단 것이죠. 다만 PC 제조업 자체가 시들해지고 있었습니다. AST 자체의 점유율도 점점 줄어들고 있었습니다.

조바심이 난 삼성은 이 미국 회사에 또 지나치게 개입했습니다. 제품의 디자인에 대해서, 특정 성능이나 폼팩터의 탑재에 대해서 이런 저런 요구를 했습니다. 서로 다른 문화권이 부딪히는 이 경영 개입이 부작용과 역효과를 부르며 6년간 적자가 지속됩니다. 4년 동안 세 명의 CEO가 바뀌고, 광범위한 정리해고를 벌이는 악순환이 반복됐습니다.[16] 투자금의 극히 일부만 회수하고 거액의 손실을 본 뒤 매각했습니다. 삼성에서 M&A 하면 최악의 기억으로 떠올리는 사례가 됐습니다.

앞서 언급한 엠스팟 뮤직 인수는 또 다른 실패입니다. 당시 '넷플릭스' 대항마로도 주목받던 업체[17] 엠스팟을 인수해 2014년 출시한 '밀크'

음악 서비스는 초기에는 긍정적 반응을 얻었습니다. 삼성 스마트폰 사용자들에게 독점적으로 제공되는 프리미엄 스트리밍 서비스였죠.

그러나 '밀크'는 앞서 언급한 근본적인 한계를 넘지 못했습니다. 스마트폰 운영체제(OS)를 보유하지 못했던 삼성은 여전히 구글의 안드로이드에 의존해야 했고, 이는 플랫폼 서비스의 지속적인 확장을 가로막았습니다. 삼성이 자체적인 생태계나 사용자 환경을 구축하려 할 때면, 어김없이 구글과 충돌할 수밖에 없었던 겁니다. (다시 한 번, 자신들의 모토인 'Don't be evil'(악하지 말자)과 달리, 밀크를 포기하게 한 구글의 갑질을 되짚어보시죠.)

사실 이외에도 삼성은 M&A 시장 주변을 기웃거렸지만, 큰 수확을 거두지 못했습니다. 오히려 비웃음을 살 장면만 여러 번 연출합니다. 많은 스타트업이 삼성과의 협업을 위해 삼성의 문을 두드렸습니다. "하지만 이상하게 삼성과 만나면 신생기업들의 태도는 '정말 감사합니다만 그만 가주시죠'였습니다."[18]

구글이 안드로이드를 인수하기 2주 전에 안드로이드의 창업주 앤디 루빈이 서울에서 삼성 측을 만났던 일화가 가장 유명합니다. 루빈은 2004년 말 매각을 제안했다가 삼성 측으로부터 "어떻게 그걸 만들겠다는 겁니까? 인원도 6명뿐인데, 약이라도 했습니까?"[19]라는 비웃음을 들었다고 말하죠. 딱 2주 뒤에 구글이 5,000만 달러에 삽니다. 훗날 '구글 사상 최고의 거래'라고 불렸습니다.

이 안드로이드의 일화는 끝없이 인용되고 재생산됩니다. 안드로이드의 가치를 전혀 알아보지 못하는 삼성의 임원, 직원 6명이라는 말에 깔보는 태도, 그래서 결국 안드로이드에 가로막혀 '진정한 빅테크'로의 도약 직전에 주저앉고 만 삼성의 운명. '그때 안드로이드를 인수했더라면 과연 삼성이 지금의 삼성일까, 왜 구글은 단숨에 알아보는 가치를 삼성은 알아보지 못했을까'라는 결과론이 넘쳐납니다.

물론 삼성이 그때 안드로이드를 인수했으면 운명이 달라졌을 것이라는 의견에 동의하지 않습니다. 안드로이드는 삼성의 품에서 지금처럼 성공하지 못했을 겁니다. 경직되고 위계적인 삼성의 문화는 실리콘밸리와 맞지 않았을 것이고, 당시 삼성에는 소프트웨어의 가치를 제대로 이해하는 경영진도 부족했습니다.

반면 구글은 안드로이드가 아니었더라도 다른 혁신적인 기업을 인수해 비슷한 성과를 냈을 가능성이 높습니다. 그 뒤로 이어지는 인수합병 스토리를 보면 이해하실 겁니다. 훗날 구글에 인수되는 '티맵' 같은 앱 서비스 '웨이즈'도, 메타에 인수되는 '와츠앱' 공동창업자들도 삼성과 협업하기를 거절했습니다.[20] 와츠앱 공동창업자 얀쿰과 브라이언 액턴은 회의실에 앉아 기기들을 쳐다보며 "감사합니다, 하지만 우리는 당신들과 거래하고 싶지 않습니다"[21]라고 삼성을 냉대했다는군요. 2014년 10월에 페이스북은 와츠앱을 190억 달러에 인수했습니다.

삼성은 실리콘밸리 기업 인수를 '필요한 소프트웨어 패치 제작'과 연계지어 생각했고, 실리콘밸리의 유망한 회사들은 '삼성이 테크 업계와 개발자들의 운명을 이해하지 못한다'고 생각했습니다.

비교적 성공한 사례라면 삼성 스마트폰의 핵심 경쟁력 가운데 하나인 삼성페이가 된 '루프페이 인수(2015)' 정도뿐입니다. (2014년 인수한 스마트싱스 역시 반도체 부문은 아니지만, 가전 부문의 시너지를 만들어 낸 좋은 인수의 한 예[22]가 될 수는 있습니다. 2024년 현재 삼성전자 IoT 허브로 자리 잡았고, 가입자는 3억 5천만 명에 이릅니다.[23]) 자동차 전장 오디오 기업 하만 인수 역시 나쁘지 않은 사례가 될 수는 있지만, 삼성전자의 본질적인 경쟁력과는 거리가 있다는 평가를 받습니다.

삼성은 하드웨어 중심인 회사에 소프트웨어와 생태계에 도움이 될 무언가를 찾고는 있었습니다. 비전이라면 비전이었죠. 인수합병은 돌파구가 될 수 있었을지도 모릅니다. 문제는 인수 기회나 인수 이후 시너지를 낼 기회를 잘 살리지 못했다는 점이겠죠. 조직 구조, 또 최고 리더십의 역할 부족이 함께 작용했습니다.

가고는 싶은데 가지 못하는

이번 장은 바로 앞의 스마트폰 시장에서의 한계와 이어지는 이야기였습니다. 동시에 M&A를 따로 떼어내 생각해보는 기회였습니다. 직전 이야기에서 강태진 전 삼성 전무가 말했던 것처럼,[24] 내부 혁신 역량을 끌어올리는 데 어려움을 겪는다면 M&A는 하나의 돌파구가 될 수 있습니다. 바다나 타이젠 같은 자체 운영체제는 좀처럼 나아지지 않았거든요. 앞서 2007년에는 이스라엘의 CMOS 이미지 센서 설계 팹리스 회사인 트랜스칩을, 또 2019년에는 코어포토닉스라는 카메라 관련 기업을 인수해 LSI 경쟁력을 강화하기도 했었죠. 인수합병은 신속한 역량 확보에 도움이 되고, R&D 혁신 자원 확보의 계기가 되기도 합니다.

특히 기업의 핵심 비전을 실현하기 위해 구체적이고 치밀한 실행 계획을 마련한 가운데 진행한 M&A는 혁신의 마중물이 됩니다. 이를 잘 활용한 빅테크와 팹리스 기업들의 성공이 보여주는 길입니다. 내부 혁신 역량에 더한 '또 다른 혁신의 경로'가 있는 겁니다.

아직 발견하지 못한 길입니다만, 늘 다짐하는 길이기도 합니다. 한종희 부회장은 이미 지난 2021년, "3년 내 의미 있는 규모의 M&A를 하겠다"고 공언했지만 약속은 지키지 못했습니다. 수차례 의지는 밝혔지만 현실화하지는 못했죠. 2023년 1월 CES에서는 "조만간 좋은 소식이 있을 것"이라고 말했고, 2024년 1월 CES에서도 "삼성의 리더십 강화를 위한 대형 M&A 준비를 착실히 해오고 있다"[25]며 "잘되고 있다"했지만 소득 없이 지나갔습니다.

그간의 부진한 성과가 우선 영향을 미쳤을 겁니다. 위 언급한 사례들 외에도 2010년 이후로는 메디슨과 뉴로로지카 등 의료기기 회사를 인수하며 신규 시장 진출을 시도했지만, 성과는 들려오지 않습니다. M&A는 성공하면 혁신의 날개가 되지만, 실패하면 막대한 자산과 시간을 낭비하는 독이 될 수도 있다는 것을 너무 뼈아프게 학습한 것이지요.

삼성은 100조 원 이상의 현금을 쌓아두고 있고, 의지도 있습니다만 실행하지는 못합니다. 이 상황 자체가 우려를 낳고 있습니다. 비전과 리더십에 대한 우려입니다.

16장

파트너링,
거스를 수 없는 흐름

화석 같은 단어 IDM

단어 뜻풀이로 시작해볼게요. IDM,[1] 종합 반도체 기업이라는 뜻이에요. 뭐의 약자냐고요? 아, 스펠링은 모르셔도 되어요. 워낙 화석 같은 단어라 몰라도 아무 상관없습니다. 설계부터 양산과 포장, 판매를 혼자 다 하는 회사라고 이해하시면 됩니다. 태초, 라는 것이 반도체 세계에도 있었다면, 태초에 모든 반도체 기업은 IDM이었습니다.

예를 들어, IC 칩을 처음 개발한 TI는 트랜지스터 설계부터 제조까지 다 했습니다. IBM도 설계와 제조를 모두 수행했습니다. 메인프레임 컴퓨터의 강자였죠. 인텔이야 말할 것도 없고, 사실 인텔을 만든 공동 창업자들이 원래 일하던 직장, 페어차일드Fairchild도 초창기 가장 유명한 IDM 가운데 하나였습니다. 모토로라(통신반도체), AMD, 필립스(가전반도체) 할 것 없이 80~90년대를 주름잡은 거의 모든 반도체 회사는 IDM이었습니다.

기업 바깥은 신뢰할 수 없는 시대였습니다. 설계도면 보안을 유지하고, 양산 품질을 철저히 관리하면서 신속한 생산을 보장하려면 모든 것은 통제 범위 안에 있어야 했습니다. 누가 그런 소중한 공장을 남한테 빌려주나요. 빌려 쓰는 건 상상도 할 수 없었죠.

'진짜 싸나이는 팹이 있어야지.'

죄송합니다. 너무 시대착오적이네요. 그런데 저런 말을 하던 시절도 있었어요. AMD의 창업자이자 CEO인 제리 샌더스[2]가 (마초처럼) 내뱉은 말이었는데요, 그의 시절에는(무려 1969년부터 2002년까지 33년간 CEO) 당연히 그랬습니다.

80년대 중반 이후 이들에게 도전한 일본의 히타치나 NEC, 도시바도 모두 IDM입니다. 당연히 삼성도 현대도, LG도 IDM입니다. 경쟁에 낄 조건은 '그래서, 만들 공장은 있어?' 하는 질문에 답을 할 때 주어졌습니다. 팹도 없으면서 어딜 얼쩡거려? 그런데 이건 당시 문화가 너무 미개해서 그랬던 게 아닙니다.

무어의 법칙을 다시 소환할게요. 칩의 성능은 매 18개월(혹은 24개월)마다 계속 좋아집니다. 이건 물리 법칙이지만, 경제적 예언입니다. 칩의 성능을 매번 그렇게 나아지게 하는 기업만이 존속하리라, 하는 예언이요. 당시에는 팹이 있어야 저 무어의 법칙을 실현할 수 있었어요.

반도체 산업의 경쟁자는 적었습니다. 진입 장벽이 높았다고도 할 수 있겠네요. 그런데 지금과 비교하면 기술 진보 자체가 그렇게 어렵지는 않았습니다. 진입 장벽만 통과하면 매번 반도체 사이즈를 줄이고 성능을 키우는 것은 어려운 일이 아니었죠. 즉, 기술 혁신 속도는 매우 빠른 만큼, 무어의 법칙을 빨리 실현하려면 신속한 생산이 핵심이었습니다. 제조 기술을 끊임없이 발전시켜, 신속하게 제품을 내놓는 것이 중요했습니다.

이 과정에서 팹을 소유하는 것은 여러 면에서 결정적인 장점을 제공했습니다. 첫째는 위에서 말한 품질 통제와 보안입니다. 설계와 생산을 한 회사 내에서 통합적으로 관리하면 설계 유출이나 생산 과정에서의 오류를 최소화할 수 있었습니다.

둘째, 생산 속도와 유연성입니다. 외부에 의존하지 않고 필요에 따라 생산량을 조정할 수 있으니 시장 변화에 빠르게 대응할 수 있었습니다. 셋째, 비용 효율성입니다. 초기 투자 비용은 높았지만, 장기적으로는 규모의 경제를 실현하여 경쟁력을 확보할 수 있었습니다.

반도체 설계가 바뀔 때마다 공정 기술을 조정해야 했기에, 팹을 소유한 기업만이 빠르게 대응할 수 있었습니다. 결국, 팹은 혁신의 속도와 품질, 그리고 비용 관리라는 세 가지 축을 모두 가능하게 하는 핵심 자산이었던 셈입니다.

돈이 있어야 팹을 만드니, 그 시절에는 게임에 뛰어드는 종잣돈을 마련해주는 누군가의 역할이 매우 중요합니다. 미국은 시장이 주로 그 역할을 알아서 합니다. 그러나 일본이나 한국은 달랐습니다. 자국 기업이 이 판에 뛰어들도록 정부가 큰 역할을 했습니다.

그런데 말입니다. 남자라면 팹이 있어야 한다던 샌더스의 회사, AMD가 2009년 팹을 포기합니다. 팹은 글로벌파운드리라는 파운드리 전문회사로 분사하죠. 팹을 유지하는 것이 너무 고통스러웠기 때문입니다. 인텔과의 경쟁이 잘 풀리지 않아 파산 직전까지 몰린 AMD로서는 어쩔 수 없는 선택이었습니다. 그리고 새 CEO 리사 수가 보기에 AMD 내부에서 제조를 맡은 팀이 그렇게 일을 잘하지도 않았습니다. 그녀의 눈에는 칩 제조는 다른 회사에 맡기는 게 더 나아 보였죠. 한 전문가는 이렇게 비꼬아 적더군요.

리사 수는 당당히 이렇게 반박하지 않을까요?

"진짜 여성이라면 팹은 필요 없다."[3]

AMD만 그런 게 아닙니다. IBM은 애초에 공장을 포기하고 솔루션 기업으로 바뀌었습니다. 둘 다 경영에 어려움을 겪었습니다. 모토로라는 휴대전화로 큰 성공을 거뒀지만, 디지털 전환기에 실수를 합니다. 아날로그에서 자체 통신 칩을 생산하면서 강점을 유지했기에 디지털도 직접 생산하려 했는데, 그게 어려웠던 겁니다. 개발이 지체되며 디지털 휴대전화 시장에서 도태됐습니다. 뒤늦게 자체 칩을 포기하고 퀄컴의 칩을 달고 시장에 뛰어들었지만, 늦은 뒤였습니다.

TI의 행보는 또 다른 방식으로 IDM의 한계를 보여줍니다. 혁신의 맨 앞에 있었지만, 시간이 지나면서 더 이상 기술 최전선에 서기보다는 안정적인 사업을 유지하는 쪽을 택했습니다. 고부가가치 제품보다는 디지털 신호 처리 칩(DSP)과 전력관리 칩 등 특정 시장에 집중하며 살아남았습니다. 물론 한때 반도체 혁신의 선두 주자였던 TI의 위상은 크게 낮아졌습니다.

이 모든 변화의 배경에는 무어의 법칙이 느려지고 있다는 현실이 자리하고 있습니다. 점점 더 작고 강력한 칩을 만드는 기술적 한계가 드러나기 시작했습니다. 공정을 미세화할수록 개발과 제조 비용이 기하급수적으로 증가했으며, 물리적 제약까지 겹치며 혁신의 속도가 둔화됐습니다. 쉽게 말하면 '만들기는 겁나게 어려워지는데, 또 돈은 엄청나게 들어야' 합니다. 그리고 돈을 쏟아 붓고도 실패할 가능성은 점점 커집니다.

이러한 변화는 IDM 기업에 치명적이었습니다. 설계, 제조, 양산까지 모든 과정을 한 기업이 감당한다는 게 너무 부담스러워졌습니다. 심지어 IDM의 대표주자인 인텔조차도 이러한 압박을 이기지 못하고 허덕이고 있습니다.[4] 첨단 공정을 개발하고 유지하는 데 드는 막대한 비용과 복잡성은 이제 단일 기업이 감당할 수 없는 수준에 도달했습니다.

그러면 이제 혁신은 멈추는 것일까요? 우리는 그렇지 않다는 걸 알고 있습니다. 쭉 책을 읽어오셨다면, 위대한 TSMC가 등장해, 가장 자본 집약적이고 위험부담이 큰 부분을 떠맡아주었음을 알고 있을 겁니다. 이제 혁신가들은 협업의 힘을 믿고 설계 혁신에 집중하면 되게 됐습니다. 빅테크는 자기가 필요한 칩을 설계해서 만들어 달라고 하면 되는 시대가 왔습니다. 엔비디아, 애플, 구글, 퀄컴, 아마존, AMD,

엔비디아는 그렇게 무어의 법칙을 실현하며, 혁신의 최전선을 걸어갑니다.

무어의 법칙을 실현하면 거대한 경제적 대가를 받아 간다고 했습니다. 지금은 IDM이 아닌 기업들이 그 무어의 법칙을 실현하고 대가를 받아갑니다. IDM은 그렇게 화석 같은 단어가 됩니다. 단, 이것은 바로 로직 칩◆ 시장에서 일어난 역사적 전환입니다.

메모리는 아직입니다. 왜요?

챗GPT에게 물어봤더니 네 가지 이유를 말하네요. 그중 셋이 메모리에선 IDM이 여전히 경쟁력이 있다는 설명입니다. 첫째, 표준화된 설계 기반으로 단순한 공정에서 대량 생산됩니다. 제조가 상대적으로 단순합니다. 둘째, 대량 생산해야 수익성이 극대화됩니다. 거대한 투자로 팹을 유지하고 생산 단가를 낮추고 경쟁력을 확보합니다.

셋째, 메모리는 공정 기술의 미세화와 집적도 향상이 중요합니다. 이 주도권을 유지하려면 설계와 제조를 긴밀히 연결해 독점 관리할 필요가 있습니다. 마지막으로, 메모리 산업에서는 파운드리가 정착되기 어렵습니다. 제품 다양성이 적고 3개 업체 독과점 상태다 보니

로직 칩 Logic Chip

디지털 데이터를 대상으로 필요한 연산을 수행해 결과를 얻어내는 연산을 위한 반도체로 CPU, GPU, AP 등이 있습니다.

팹리스 생태계도 존재하기 어렵습니다.

그렇구나, 하고 넘어가지 마시고 함께 한번 되물어보시죠. 우선, 메모리 미세화는 이미 벽에 부딪혔습니다. HBM 탄생 과정을 보면 이해가 가실 겁니다. 2011년, AMD가 SK하이닉스에 HBM을 요구했어요.[5] '지금의 메모리는 너무 느려, 특히 대역폭이 좁아. 한 번에 더 많은 정보를 GPU에 전달할 수 있게 칩을 좀 위로 쌓아봐!'라고요. 엔비디아도 그랬고, 이젠 테슬라도, 구글도 다들 HBM을 요구합니다. 메모리는 발전이 너무 더딥니다. 혁신이 느립니다.

혁신은 정체되는 반면, 미세화에 드는 비용는 나날이 천문학적으로 늘어갑니다. 무엇보다, 미세화가 벽에 부딪히면서 삼성은 지금 양산 역량뿐 아니라 설계 역량도 의심받는 단계가 되었습니다. 로직 칩 제조와 마찬가지로 제조에 돈을 쏟아붓고도 만족스러운 제품을 만들 수 없는 상황에 가까워지고 있습니다. 특히 삼성이요.

자, 이렇게 정리하고 되물어보시죠. 어떻게 될까요? 메모리 IDM은 계속 유지가 될까요?

메모리 IDM 앞에 놓인 두 개의 답

답은 정해져 있습니다. 우선 무어의 법칙입니다. 혁신을 못 하는 기업은 무어의 법칙에 의해 도태됩니다. 혁신하는 기업만 살아남습니다. 이 예언의 경제적 효력은 아직 유효합니다. 그 틀에서 판단하면 됩니다. 만약 IDM 모델이 유효성을 상실한 거라면 지금 3사가 과점했건

어쨌건 장기적으로 살아남을 수는 없습니다.

사실 엔비디아와 협력하는 SK하이닉스 모델 자체가 '먼저 다가온 미래'일 수 있습니다. AI 칩 회사들이 원하는 특수 메모리가 있습니다. 일반 메모리는 못마땅해서요. HBM이죠. 디자인은 팹리스 회사가 먼저 구상했습니다. 한미반도체나 기타 다른 업체들도 함께 모여 그걸 실현할 방법을 만들었죠. SK하이닉스는 그 아이디어가 양산으로 이어질 수 있도록 연구 개발한 뒤, 최종적으로 만들어준 겁니다. 일종의 파운드리를 한 겁니다.

이 HBM으로 인해 메모리 혁신의 속도는 다시 빨라졌습니다. 그 대가는 막대합니다. SK하이닉스의 HBM이 엔비디아 신제품 원가의 50~60%를 차지할 정도이죠. 어쩌면 지금 우리는 메모리 파운드리화의 첫 단계를 목격하고 있는 겁니다.

답이 정해진 또 하나의 사실도 있습니다. 중요한 건 이제 메모리 혁신은 하나의 기업이 혼자서 해낼 수 있는 일이 아니게 된 것 같다는 사실입니다. 2025년 2월, 지금 이 순간 HBM에서 삼성과 SK하이닉스의 차이는 무엇인가요?

일본 나믹스사의 소재라고 말하는 사람도 있을 것이고, 한미반도체의 제안을 좀 더 주의 깊게 들었는지의 여부라고 말하는 사람도 있겠습니다. 미래를 위한 HBM 연구를 했는지, 수익성을 생각하며 접었는지에 대한 결정이라고 말하는 쪽도 있겠죠. 새 아이디어를 들고 메모리 회사들을 찾아다닌 AMD일 수도 있습니다. 최고의 제품에 최대의 효과가 나게 장착한 엔비디아라고 말하는 사람도, HBM과 GPU의 패키징을 한 TSMC라고 하는 사람도 있겠습니다. 답은 제각각이지만 그 답들을 다 합치면 협업입니다. 혼자서는 못하고, 함께하면 할 수 있는 일입니다.

파트너링

파트너링Partnering입니다. 이 파트너링이라는 단어를 처음 들려준 건 한 업계 선배였습니다. SK그룹의 고위 관계자가 한 말이라더군요. 그것이 시대정신이라고요. '파트너링이라는 것을 좀 이해해야 하는데, 삼성이 그게 좀 부족한 것 같다'는 취지였습니다.

처음에는 갸우뚱했습니다. 우선은 들어본 적이 없는 표현이어서 그랬어요. 실제 쓰는 영어 표현인가? 했습니다. 또 제가 만나본 SK하이닉스의 연구개발 관계자들은 그런 말을 안 했거든요. "그냥 연구를 하다 보니 그렇게 되었다. 현대 시절부터 우리는 개발하는 사람들, 또 엔지니어들의 목소리가 강했고, SK라는 회사는 그걸 인정해줬다. 우리 문화대로 하게 내버려두었다. HBM이란 것도 파묻혀 있던 과제 같은 것이었는데, 현장에서 하도 방법이 없다 보니까 창고에 있던 과제를 꺼내 들고 나와서 개발하게 된 거다. AMD 제안도 있었고" 정도였습니다.

하지만 삼성에 대해 하나하나 찬찬히 정리하고, 왜 경쟁자들이 하는 것을 삼성은 왜 하지 못하는가를 살펴볼수록 자꾸 저 단어가 떠올랐습니다. 영어인지 한국적 조어인지 모를 저 말, 파트너링 말입니다.

한국 대기업들의 주변에 있는 기업은 주로 '하청 기업'이라고 불립니다. 협력사라고도 부르지만 기본적으로 부품과 서비스를 제공하는 기업들은 대부분 상위-중간-하위 포식자-최약체로 분류되는 먹이사슬에 속해 있습니다. 한 석학은 이 관계를 이렇게 자조적으로 표현합니다.

> 우리나라에 반도체 생태계가 어디 있습니까? 지금은 조금 달라졌다곤 하지만, 기본적으로 갑인 대기업은 협력사들에게 일단 이거부터 물어봅니다. '직원 몇 명이지? 재무제표 좀 줘봐'. 그리고 질문을 쏟아내죠. 직원이 100명이면 인건비가 얼마지? 기계 유지 보수비는 얼마야? 그럼 경상이익은 10% 정도 쳐주면 되겠네? 기술 가치를 쳐주는 게 아니라, 부품 값을 최소한으로 통제하려 하는 겁니다. 그러면 기술 개발을 못합니다. 이게 우리 후공정 업체들의 현실이었어요. 인력이 처음부터 안 좋았나요? 아닙니다. 대만보다 좋으면 좋았지 나쁘지 않았습니다. 이 갑을 문화 속에서 중소기업 발전은 정체되고, 인재는 떠나가게 된 겁니다.
> 그런데 한국에서 이런 관행이 오랜 시간 반복되는 사이에 대만에선 TSMC와 협력업체들의 생태계가 자리 잡은 겁니다. TSMC는 물론 아시아 기업이지만 매우 합리적인 문화가 자리 잡은 회사입니다. 그리고 지금, 무어의 법칙의 한계에서 후공정 생태계, 협업의 중요성이 부각되고 있죠. 한국에는 없는 그 생태계가요.[6]

수직적 먹이사슬에 익숙해지면, 작은 기업을 협력의 상대로 여기지 않게 됩니다. 혁신의 파트너로 보기가 불가능해지지요. 어쩌면 그로 인한 생태계의 부재가 삼성의 앞을 가로막고 있을지도 모릅니다.

마지막으로, 챗GPT와 퍼플렉시티 같은 AI들에게 물어봤습니다. IT 세상에 실제로 그런 변화가 있는지, 파트너링이라는 단어가 사용되는지 체크해봤습니다. (용어 설명이나 산업 트렌드를 살펴보는 데는 AI 검색이 꽤 유용합니다.) AI들은 역시, 파트너링이란 단어는 잘 모르는 것 같습니다. 다만, 그 개념은 익숙한 듯 아래와 같은 단어를 소개합니다.

> IDM 모델에서 탈피하여 여러 회사가 협력해 혁신을 이루는 흐름은 일반적으로 '생태계 협력'ecosystem collaboration 또는 '전략적 파트너십'strategic partnerships 같은 용어로 표현됩니다. 특히 반도체 업계에서는 '협력적 혁신'collaborative innovation, '파트너 생태계'partner ecosystem, '가치 사슬 협력'value chain collaboration 같은 용어도 자주 사용됩니다.

생태계는 산업 전반의 협력을, 파트너십은 주로 특정 기업 간의 제휴를 의미하는데, 표현은 혼재하고 있었습니다. 다만 특징적 흐름은 요약해둘 만합니다.

1. 다양한 전문성 결합 : 설계, 제조, 테스트 패키징, 유통 단계별 기업들의 협력
2. 혁신 가속화 : 공동 연구개발로 기술 혁신 속도 증가
3. 리스크 분산 : 대규모 투자에 따른 위험을 여러 기업이 분담
4. 유연성 확보 : 시장 변화에 빠르게 대응할 수 있는 구조

이 흐름이 업계의 유일한 방법론이냐고도 물어봤습니다. AI는 '아니'라고 하더군요. 그런데 대답이 재밌습니다. 첫 번째로는 "아직 IDM이 있다, 예를 들면 삼성전자와 인텔이다"라고 합니다. **부연하지 않겠습니다. 그들은 나날이 힘을 잃어가고 있습니다.** 두 번째로는 "애플처럼 인하우스 R&D를 하는 곳이 있다"고 합니다. **애플은 R&D는 하지만 파운드리는 TSMC에, 부품은 삼성에, 최종 조립은 폭스콘 등에 의존합니다.** 세 번째로는 "M&A 전략이 있다, 이를테면 AMD의 자일링스 인수다"라고 합니다. **이미 다뤘습니다.** 마지막으론 오픈 이노베이션입니다. 연구소나 학계 스타트업 등과 유연하게 협력하는 모델입니다. **전적으로 동의합니다.**

'아니'라고는 했지만 찬찬히 읽어봤더니 결국 힘을 합치는 것, 이른바 '파트너링' 외에는 방법이 없다는 말처럼 들립니다. AI 챗봇들의 말을 아직은 좀 가려들어야 할 것 같습니다.

17장

제가요? 이걸요? 왜요? 혁신의 물음에 답하라

혁신은 굳지 않은 뇌가 하는 일

개인적으로 슬픈 이야기 하나 합니다. 저는 혁신할 능력이 없습니다. 과학적으로, 통계적으로 그렇습니다. 이를테면, 2021년 경제학자 메리 칼텐버그와 아담 자페, 그리고 심리학자 마지 라흐만은 지난 40년 동안 출원된 특허 300만 개를 연구했습니다. 논문 제목은 〈발명과 생애주기 : 특허활동에서의 연령차이〉[1]입니다. 몇 살 때 특허 출원률이 최고조에 달하는가를 알아봤습니다.

그들의 연구에서는 30대 후반에서 40대 초반이 절정입니다. 이후 서서히 감소합니다. 그나마 이건 꽤 낙관적인 결론입니다. 특정 부문은 더 어릴 때 정점을 찍습니다. 소프트웨어 관련 특허가 그렇습니다. 또 임팩트가 큰 특허, 파괴적 혁신이라고 부를 만큼 굉장한 혁신을 담은 특허도 마찬가집니다. 아주 젊은 사람만이 과거의 기술을 쓸모없는 것으로 만들고, 새로운 패러다임을 여는 발명을 합니다. 인간이 원래 그렇습니다. 뇌구조가 그렇습니다.

젊은 사람의 뇌에는 '유동적 지능'Fluid Intelligence이라고 부르는 새로운 문제 해결 능력이 더 많습니다. 새로운 문제를 해결하고 아이디어를 내는 능력이 살아 있습니다. 이후 늙어감에 따라 굳습니다. '결정화된 지능'Crystallised Intelligence이라고 부릅니다. 꼭 나쁜 건 아닙니다. 지식의 축적으로 사물이 어떻게 작동하는지에 대한 사고가 발달합니다. 지혜로워진다는 얘깁니다.

정확히 언제부터냐? 정확한 나이 구분은 없습니다. 다만 유동적 지능은 20대에 활발하고, 30대부터 감소한다고 하네요. 영국 이코노미스트지의 이 이야기[2]를 읽고, 저는 참 말할 수 없는 씁쓸함을 느꼈습니다. 통계적으로 40대 중반에 들어선 저는 혁신의 주인공이 될 수 없습니다. 물론 현명한 뇌를 가지게 된다고 자위할 수는 있겠습니다. 여기까지는 저만 슬픈 이야기입니다.

지금부터는 우리 모두가 슬플 이야기입니다. 대한민국은 세계에서 가장 빠른 속도로 유동적 지능을 가진 젊은 인구가 줄어들고 있습니다.

네, 고령화 이야기입니다. 한국은 2012년까지만 해도 이번 세기말, 그러니까 2100년 인구가 4,100만 명 정도 될 걸로 예측됐습니다. 지금보다 20% 정도 감소한 수치이죠. 그런데 이제는 이 숫자가 2,400만 명으로 줄었습니다. 절반 이하입니다. 그만큼 '결정화가 진행된(굳은) 뇌'가 많고, 아직 '유동적인(말랑한) 뇌'는 극도로 줄어듭니다. 시간이 지날수록 '혁신' 가능성은 통계적으로 낮아집니다. 일본이 이미 그

가장 빠르게 고령화하는 나라는

2000년 1월 1일 인구수를 100으로 했을 때 2100년 인구 추계

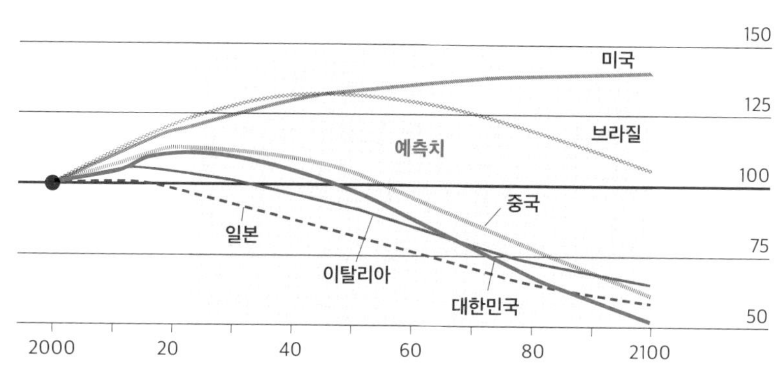

자료: UN인구부

런 것처럼요.

고령화는 안 그래도 경제를 가로막습니다. 경제 성장은 기본적으로 노동과 자본의 함수이기 때문입니다. 경제활동 인구가 많을수록, 또 자본이 많을수록 산출물은 많습니다. 개발도상국이 인구가 늘 때 '인구배당'이 있어 성장률이 더 높아진다고 표현하죠? 반대로 인구가 줄면 가만히 있어도 성장률은 떨어집니다.

경제성장률 = 노동가능인구의 증가율 + 자본 증가율 + 생산성 증가율[3]

여기에 더해 젊은이가 줄어 혁신 가능성도 감소합니다. 혁신이 없으면 생산성 증가율도 낮아집니다. 이중으로 경제 성장이 어려워집니다. 우리나라 전체적으로도 그렇고 삼성이라는 기업에게도 그렇습니다.

별론이긴 하지만, 국가가 제 역할을 해야 합니다. 2023년 하반기, 윤석열 정부가 '이권 카르텔'이 문제라며 R&D 예산을 삭감했었죠? 결국 그 카르텔의 정체는 밝혀지지 않았습니다. 2025년 예산은 복구됐지만, 그 사이 젊은 연구진의 연구가 중단되고 인재가 유출됐습니다. 네이처지는 '연구진의 허리를 부러트리는 일'이 될 수 있다고 비유했습니다.[4] 안 그래도 AI 분야에선 인재 유출이 세계에서 3번째로 심한 나라[5]입니다. 이런 일이 반복되어선 안 됩니다.

'유동적인 뇌'를 가진 젊은이들은 왜?

〈삼성, 잃어버린 10년〉 다큐멘터리 본방송은 유튜브에 그대로 올라가 있는데요, 100만 명 이상의 꽤 많은 수가 봤습니다. 댓글도 많이 달렸습니다. 그 댓글 가운데 베스트, 그러니까 공감을 가장 많이 얻은 댓글 두 개는 아래와 같습니다.

1. 좋아요 2,600개, 대댓글 100개 이상

   수학·공학 영재들이 의사만 되는 대한민국에 무슨 미래가 있어.[6]

2. 좋아요 1,700개, 대댓글 50개 이상

인도가 IT에 최고 인재를 몰빵했고 그 인재들이 다 미국 가서 일을 하니 다른 인도 국내산업은 크지를 못합니다. 비슷한 사례로 한국은 최고 인재들이 전부 의대에 몰빵해서 언니들 잡티나 제거하고 있으니 다른 산업의 경쟁력이 점점 약해지는 것과 비슷합니다.

영재가 의대 가는 우리나라엔 미래가 없다. 그런 걱정입니다. 사실 근거가 없는 걱정이 아닙니다. 대만도 우리와 비슷한 초저출산을 겪고는 있는데 최고 인재가 TSMC에 갑니다. 공대에 갑니다. 젠슨 황, 리사 수 같은 롤 모델이 있습니다. 미국으로 갈 수도 있고, 대만에 남을 수도 있습니다. 어떤 식이건 혁신에 기여하는 방향으로 인재들이 자라납니다.

중국의 힘이 어디에서 나오느냐면, 엔지니어의 수에서 나옵니다. 매년 우리의 15배 정도 되는 엔지니어가 쏟아집니다. 중국에서 가장 우수한 사람들이 엔지니어가 됩니다. 그래서 굉장히 질이 높아요.[7]

임형규 전 삼성전자 사장이 강연에서 한 이 말도 맥락은 비슷합니다. 중국의 젊은 인재는 혁신에 기여하고 있습니다. 우리는 그렇지 않죠. 처지가 비슷한 주변 경쟁국들과 달리, 왜 우리만 의대에 갈까요? 안 그래도 혁신가능인구(=젊은 인구)가 줄고 있는 와중에, 이들은 왜 조국 발전을 위해 필요한 곳 말고, 높고 안정적인 급여가 보장된 곳으로 가려 할까요?

당연히 대학 입학 전후의 친구들, MZ 혹은 알파세대들에게 물어봐야죠. 가상의 질문을 던져 보고 가상의 답을 해보겠습니다. 아, 아마도 답이라기보다 그들은 '반문'을 할 겁니다. 요점은 대략 이럴 겁니다.

"제가요? 그걸요? 왜요?"

Q. "사실 나라를 생각하면 지금 여러분이 공대에 많이 가고, 혁신을 할 수 있는 일자리로 가야 하거든요. 그런데 왜 제일 똑똑한 여러분들은 의대에 가나요?"

제가요?: "청년의 입장에서 보면요,"

제 뇌가 생물학적으로 유연하기 때문에 이런 저런 아이디어를 많이 낼 수는 있겠죠. 그렇다고 제가 공대에 가고 삼성이나 기업에 가서 혁신을 해야 한다고요? 전 수긍할 수가 없네요. 우리나라가 혁신을 할 수 있는 우수한 인재에게 충분히 보상하는 나라인가요? 아닌 것 같은데요. 가장 중요한 일이라면서 가장 좋은 대우를 해주지 않는 건 공정하지 않은 것 같아요. 제게 선택권이 있다면 2배 이상의 연봉이 보장되는 직업을 선택하는 게 당연한 것 아닌가요?

게다가 리스크를 따져 봐야 하잖아요. 의대는 합격하는 순간 리스크가 사라져요. 그런데요, 혁신하는 사람은요? 제가 공대 가면 삼성전자에서 뽑아주나요? 저희 집에 다섯 살 많은 언니가 있는데요, 지금 취업 준비 하거든요? 토익 950점에 학점은 3.8이 넘는데, 벌써 2년째 삼성전자 입사에서 떨어졌어요. 인턴도 하고 스펙도 다 채웠는데 안 돼요. 왜냐고요? 그 정도 스펙은 다 있대요.[8] 경쟁자가 너무 많은 거예요. 대학 생활 내내 알바하고 공부만 했는데도 그래요. 열심히 하면 뽑아주나요? 그렇지도 않잖아요.

혁신을 선택하지 않는 게 아니고요, 저희는 지금 혁신을 하는 직장에 들어가는 준비를 하느라 20대를 다 허비한다고요. 그 증거가 뭔지 아세요? 우리나라가 OECD에서 청년고용률 하위권이래요. 전체 실업률은 2.3%밖에 안 되는데, 우리는 5.5%고요, 전체 고용률은 69.8%인데 청년은 46.5%[9]래요. 저희의 미래는 이렇게 불확실하다고요. 저한테 혁신을 요구하고 계시지만, 저는 전혀 그럴 환경이 아니라고요.

Q. 그건… 눈높이의 문제가 아닐까? 기대에 미치지 못하더라도 일단 시작하면….

그걸요?: "우선 취직부터 하라고요?"

중소기업에서 시작하면 된다고요? 제가 뉴스 검색하고 AI한테 물어본 결과를 말씀드릴게요. 문제는 정말 구조적이고 복합적이에요. 우리나라는요, 똑같은 업종이더라도 중소기업과 대기업은 하늘과 땅 차이예요. 이중구조라고 불러요. OECD에서 그 차이가 가장 큰 편[10]이에요. 중소기업에서 시작하면 우선 월급이 너무 적어요. 대기업만 오르고 중소기업은 월급이 안 오르는 일이 30년, 40년 누적됐거든요. 앞으로도 마찬가지예요. 대기업만 월급이 물가 상승률보다 더 많이 오를 거예요. 그 뿐인가요? 업무 환경도 훨씬 열악하고, 안정성도 떨어져요. 그래서 처음부터 대기업만 준비하는 거예요.

그리고요, 이렇게 다들 대기업만 보니까 병목현상이 심해요. 양질의 일자리를 쳐다보는 사람이 너무 많으니까 우리는 취업 준비를 하느라 20대를 보낼 수밖에 없다고요. 저희는 뉴스 안 보는 줄 아세요? 말이 좋아 중소기업이지, 하청 업체이거나 단순 가공 제조업체가 대부분이잖아요. 대기업들과 수직 관계에, 불공정하게 연결되어 있잖아요.

투자해서 혁신하면 뭐해요, 그럼 원가 싸졌다고 납품 단가 낮추라고 할 텐데요. 기술 빼앗고, 결국 중소기업은 딱 생존만 보장받을뿐 성장하지 않죠. 그러면 제 월급이 어떻게 올라요? 경력 개발이요? 한 번 중소기업 들어가면 중소기업 직원이 되는 거예요. 여긴 경력 개발시켜줄 여력이 없거든요. 중소기업에서는 시작할 엄두가 안 나요.[11]

저는 솔직히 눈높이를 낮춰서 시작하면 어떻게 될지 눈에 훤히 보여요. 대기업 간 친구들과 비교하면서 경제적으로 정신적으로 고통받고, 그러다가 결국은 격차를 극복하지 못하고 불행해지겠죠. 대학 입학 한 번으로 제 미래를 정하고 더 스트레스 받지 않아도 되면 당연히 그걸 택하지 무슨 소리세요? 정말 뭘 잘 모르시네요.

Q. 그래도, 창업해서 혁신한 뒤에 큰 보상을 받는 사람들도 많잖아?

왜요?: "어떤 구체적인 보상이 있기에요?"

진심으로 그렇게 생각하시는지 묻고 싶네요. 정말 제대로 보상해주면 제가 가죠. 왜 안 가나요? 우선 아까도 말씀드렸지만, 반도체 회사에 들어간다고 연봉이 그렇게 높지 않아요. 어디까지나 비교를 해야 하잖아요. 의대랑 비교해보세요.

그리고 제가 혁신을 잘 할 수 있는 연령이고 그래서 실제 혁신을 해야 한다고 하셨잖아요? 하면 저한테 보상이 오나요? 우리나라는 연공서열 성격, 호봉제 성격이 강하다면서요? 삼성전자도 성과급제라곤 하지만 역시 50대가 20대보다 훨씬 많이 받는다던데요. 저는 그게 정말 이해가 안 가요. 왜 성과와 보상이 일치하지 않죠?[12] 혁신하라면서요. 할 수 있는 능력이 있는 사람에게 확실히 보상하는 인센티브 구조를 만들어야 하는 거 아닌가요?

Q. 나이 들면 자연히 그렇게 받게 될 거야. 시간 지나면….

무슨 말씀하시는 거예요? 납득이 안 가네요. 저는 성과와 보수가 일치하지 않는다고 말씀드렸는데 무슨 시간 탓을 하시죠? 일단 방금 제가 말씀드렸듯, 지금 돈 잘 버는 회사가 중국에 치여서 나중에 돈 못 벌게 될 수 있잖아요. 그래도 제 월급은 계속 올려주실 건가요? 제 생각에는 안 그럴 것 같은데요? 그건 불확실한 얘기죠. 본질적으로는 공정하지 않고요.

그리고 시간이 지나면 확실해지는 게 하나 있어요. 국민 연금 기금이 고갈된다는 것이요. 여러분들은 다 은퇴한 뒤니까 돈 타가시겠죠. 그런데 저희는요? 저희는 연금 고갈되어도 돈 받는 거 맞나요? 정부는 보장하겠다는 약속도 아직 안 했잖아요. 그리고 보장한다 그러면 보장이 되는 건가요?[13] 기금이 고갈되면 저희는 월급에서 연금으로 떼는 돈이 훨씬 더 많을 거라고 하던데요.

선생님, 시간이 지나고 확실해지는 것은 '젊은 세대는 손해 본다'는 것뿐인 것 같아요. 검색하면 다 나와요. 감언이설로 불확실한 미래를 확실한 것처럼 말씀하려 들지 마세요.

Q. 그래도 젊을 때 도전하고, 또 경쟁해서 승리를 경험하는 게 자기 발전에도 도움이 되지 않을까?

제 말은 실패했을 때 겪어야 할 고통이 너무 분명하다는 거예요. 세상은 온통 비정규직이고, 또 온통 경쟁이에요. 출근할 때 지하철 타 보셨어요? 저는 울산에 살다가 올해 초에 서울에 올라왔는데요, 정말 깜짝 놀랐어요. 콩나물시루처럼 꽉꽉 들어찬 사람들에 숨이 막혔어요. 그리고 1호선 신도림역에서 내리면요, 사람들이 정말 뛰어요. 사람의 물결이 어찌나 빠르게 이동하는지, 저는 학교 가는 길이라 뛸 필요가 없는데, 다들 뛰니까 저도 모르게 뛰게 되더라고요.

왜 올라왔냐고요? 울산에는 여자 직장이 없어요. 자동차회사, 화학회사들요? 거기에 여자가 몇 명이나 있는지 보셨어요? 80~90%가 남자예요. 그리고 현대 중공업은요, 연구개발 기능은 거의 다 판교로 옮겼어요. 그리고 현장직은 베트남 같은 동남아에서 수천 명씩 들여와요.[14] 거기 남아 있으면 여자는 영양사, 어린이집 선생님 같은 것밖에

할 게 없어요.

그래서 올라왔는데, 보니까 지방은 소도시, 대도시 따지지 않고 다 좋은 여성 직장은 없대요. 핑크 컬러 잡Pink Color Job[15]이라고, 저임금 비정규 일자리만 있어요. 물론, 남자애들도 크게 다르진 않은 거 같더라고요. 서울로 오지 않으면 낙오하는 것 같아서 올라왔는데 올라오니까 경쟁 또 경쟁이고.

매번 입사시험은 낙방하고, 비정규직 또 비정규직인데, 제가 또 어떻게 결혼을 생각하나요. 이 상태에서 결혼하면 저는 평생 번듯한 직장도 못 가질 거예요. 그리고 결혼해서 아이는 어떻게 낳나요. 다들 내 집 마련 못해서 2년에 한 번, 4년에 한 번 이사를 하는 판에요.

삼성전자 다니는 사촌오빠가 있는데, 서울대 공대 나왔거든요. 그런데 그 오빠가 입버릇처럼 하는 말이 있어요. 회사는 회사지 무슨 자기 계발 이런 거 없다고요. 남들이 좋은 직장이라고 하니까 말은 못하지만, 여기선 납득이 안 가는 사내 정치 속에 엔지니어들은 홀대받는다고 하고요.

정말 이런 상황에서 도전, 경쟁, 이런 말씀 좀 그만하세요. 저는 지긋지긋해요. 이 경쟁에서 벗어나 안정적인 삶이 보장되는 뭔가가 있다면 제발 막지 마세요.

무엇을 바꿔야 할까

그 유명한 '제가요, 이걸요, 왜요'의 '3요' 공세에 당황하셨을 줄 압니다만, 받아들여야 합니다. 저희야 그래도 어른들 말씀에 지혜가 있어, 공손해야지, 하는 교육을 받았지만 이 친구들은 달라요. 처음부터 정보의 홍수 시대에서 어른들에게 묻는 것보다 검색을 통해서 배워왔거든요. 질문이나 답이 이상하면 바로 의심을 합니다.

그리고 다들 자율성과 자기 주도적 행동을 강조하는 문화 속에서 성장했어요. 그래서 시킨다고 절대 하지 않아요. 어떤 행동을 하려면 스스로 납득할 수 있는 충분한 이유가 필요합니다. 자기 스스로 동의하고 의미를 발견해야 몰두합니다. 또, 공정해야 합니다. 연장자라는 권위로 공정하지 않은 제안을 하면 받아들이지 않아요. 희생을 강요한다? 그거 목에 칼이 들어와도 거부합니다. 그리고 일 안 해요.

대신 겪어본 분들이 말씀하시길, '제가요, 이걸요, 왜요'에 충분히 답을 해주면, 그러니까 왜 네가, 지금 이 시점에 이 일을 하면 자기 계발에 도움이 되는지를 우선 잘 설명해주고요, 또 그 경우 단기적으로 어떤 보상이 따르고 장기적으로 어떤 결과를 도출할 수 있는지 논리적으로 설명을 해주면요, 이 친구들이 납득을 하고 수긍을 합니다. 그러면요, 정말 폭발적인 에너지가 난다고 해요.[16] 시켜서 하는 사람과 스스로 자기 동기에 의해서 하는 사람은 다르잖아요. 정말 그 에너지를 확인할 수가 있다네요. 그러기 위해서는요,

경쟁의 밀도를 낮춰야 합니다

2024년에 만든 다큐멘터리 중에 〈울산 탈출〉이 있습니다. 양승훈 교수의 책 《울산 디스토피아》와 일맥상통하는 내용입니다. 청년들이

자동차, 조선, 화학 공업을 다 갖춘 '산업 수도' 울산마저 떠난다, 떠나서 서울 수도권으로 몰린다는 이야기[17]였습니다.

기업은 청년들이 지역으로 내려오지 않으려 한다고 이야기합니다. 청년은 괜찮은 일자리를 제공하는 기업이 지역에는 없다고 이야기합니다. 닭이 먼저인지 달걀이 먼저인지의 논쟁 같은데, 결론은 같습니다. 울산에는 생산직만 남습니다. 연구·개발직은 다 서울과 수도권으로 갑니다.

지역에는 더 이상 낙수효과가 존재하지 않습니다. 울산마저 그렇다면 정말 심각한 문제 아니겠어요? '취업 남방한계선' 들어보셨죠? 사무직은 판교라인(성남시 분당구 판교신도시), 엔지니어는 기흥라인(용인시 기흥구)[18]이라고 얘기해요. 우수 인재들이 그 이하로는 근무를 기피한대요. 그 너머에 살면 경쟁에서 뒤처지니까요. 좀 넓혀도 수청권(수도권+충청 일부)일뿐이에요. 그 너머에는 청년들이 정말 내려가질 않으려고 해요. 울산·거제 이런 지방 산업도시에 있던 연구직·사무직 엔지니어 일자리도 그래서 서울로 올라오고, 이런 악순환이 반복되는 거예요.

심지어 삼성전자 안에서도 평택 반도체 클러스터는 안 가려고 한답니다. 평택 팹들이 최신 팹이고, D램, HBM도 많이 생산하고 있어서 더 중요한데도 그래요. 서울에서 평택은 멀다는 겁니다. 막히면 두 시간 정도 걸리거든요. 기흥, 화성 아래로 안 내려가려고 해서 회사에서도 평택에 보낼 사람을 고르느라 골치라고 합니다.

이 상황을 내버려두면, 이렇게 청년들은 모두 수도권으로, 서울로 몰려올 수밖에 없습니다. 이 좁은 곳에 몰려 살게 하면 경쟁의 강도는 높아집니다. 인구가 줄어도 당분간 이 경쟁의 강도는 줄지 않을 거예요. 그러면 우선 취직 준비하는 시간은 계속 길어질 겁니다. 못 바꿉니다. 그만큼 혁신에 쓸 에너지를 허비하는 거예요.

삼성에게도, 우리나라 전체로도 그렇습니다. 앞서 삼성에게 필요한 것은 협력이고, 더 풍부한 생태계라고 말씀드렸습니다. 그리하여 혁신적인 작은 기업들에 인재가 원활히 공급되지 않는다면 직접적으로 삼성의 성장에 부정적 영향을 미칠 겁니다.

그리고 고물가는 장기적인 혁신 역량을 저해합니다. 몰려 살면 고물가를 완화하기 힘듭니다. 물가가 비싸면 저축하기 힘들고, 집값이 비싸면 미래 대비하느라 현재의 행복을 미룹니다. 연애도 결혼도 늦어집니다. 결혼을 하더라도 아이를 가지기 힘들어요. 맞벌이해서 겨우 계산이 서는데, 아이 키우느라 직장을 쉬다가 경쟁에 뒤처지면 어떡합니까? 출생률은 반등할 수 없고, 그러면 혁신할 수 있는 젊은 미래 세대는 점점 더 줄어드는 겁니다.

분산해야 합니다. 정치적 힘이 필요해요. 경제 논리는 점점 더 수도권 집중을 가속화하거든요. 그 기존 경제 질서는 일견 효율적인 듯 보이지만, 살펴보았듯 청년을 고통 속으로 몰아넣습니다. 국가와 산업, 기업의 장기 지속 가능성을 위협합니다.

풀어야 합니다. 어려운 것은 알지만, 안 풀면 미래가 없어요. 그리고 이렇게 집중되면 혁신이나 신규 산업 유치는 더 어려워지게 됩니다. 집적의 불이익[19]이 거대해지면 성장을 가로막습니다. 예를 들어

볼게요. AI 시대 가장 중요한 데이터, 이 데이터를 수집 저장 처리하는 데이터센터는 너무나 중요합니다. 그런데 수도권에 땅이 부족해요. 사람이 몰려 사니까요. 그리고 데이터센터는 전기 소모가 엄청난데, 전기를 끌어올 수가 없다는군요. 지역에서 서울로 전기를 끌어오려면 일단 송전탑을 세워야 하는데, 주민들은 반대하고 비용은 천문학적입니다. 끌어오더라도 서울 근교에는 변전소를 확충해야 하는데, 다 도시이기 때문에 기존 설비 이상을 확충하는 게 거의 불가능에 가깝습니다. 그게 아니면 데이터센터 옆에 발전소를 지어야 하는데, 그게 수도권에서 가능하지 않죠. 그래서 우리나라는 데이터센터 후진국[20]이 되어가고 있습니다.

닭이 먼저인지, 달걀이 먼저인지 말하기 어려운 상황이에요. 하지만 분명한 건 이 밀도를 낮추지 않으면 혁신도, 지속 가능성도 없다는 점입니다.

월급이 공정해져야 합니다

젊은 세대가 혁신에 참여하려면, 정당한 보상이 보장돼야 합니다. 현실은 그렇지 않습니다. 많은 기업이 연공서열 중심의 보상 체계를 유지하고 있습니다. 혁신적인 성과를 낸 직원이 적절한 보상을 받기 어렵습니다.

삼성전자를 예로 들어볼까요? 성과급을 지급한다고 하지만, 여전히 기본 연봉은 연차와 직급에 따라 크게 좌우됩니다. 젊은 직원이 혁신적인 기여를 하더라도, 50대 고위급 직원이 여전히 가장 많은 보상을 받습니다. 성과에 따라 보상이 이루어져야 한다는 원칙이 무너진 상황, 젊은 세대는 "내가 왜 노력해야 하는가?"라는 질문을 던질 수밖에 없습니다.

OECD는 이 문제를 '한국의 연공서열 중심 보상체계'라고 규정합니다. 그리고 바꾸라는 권고를 셀 수 없이 많이 했습니다.[21] 근무연수나 나이가 아닌 생산성이 보상의 기준이 되는 게 당연하니까요. 성과와 보상이 일치해야 인재들이 혁신적인 업무에 동기를 갖게 되니까요. 그래야 기업 역시 지속 가능한 성장을 이룰 수 있다는 것이 OECD의 핵심 주장입니다.

성과와 일치하지 않는 보상 구조의 부작용은 '젊은이들이 의대 가는' 이야기로 끝나지 않습니다. 결국은 50대 이상 장년층의 조기 은퇴로 이어집니다. 실제로 대한민국의 정년은 법적으로 60세이지만, 훨씬 빠른 시점에 직장을 그만두는 사람들이 많습니다. 직장 은퇴 평균 연령이 49.4세라는 정부 공식 통계[22]가 나올 정도입니다. 기업은 임금은 많이 받는데 생산성이 떨어지는 고령자를 내보내고 싶어 하니까요. 기업은 비효율을 해소하려는 인센티브를 가질 수밖에 없습니다. 법정 정년과 실제 정년의 괴리가 발생합니다.

직장을 빨리 그만두면 그만큼 노후가 불안정해집니다. 나이 든 구직자는 본인의 원래 분야에서 일하기 힘들고(한국에서 기업은 싸고 생산성 높은 젊은 사람을 선호할 수밖에 없습니다), 그래서 단순 노동 중심의 저임금 일자리를 전전합니다. 개인은 극심한 소득 불평등을 겪게 되고, 사회는 내수 위축과 경제 성장 둔화를 겪게 됩니다.

그러니까 '월급이 공정해지게' 하는 일은 더 이상 미룰 수 없는 숙제인 것이죠. 성과 중심 보상체계를 확대해야 합니다. 젊은 친구들이 도전하지 않고 의대에 간다고 비판할 것이 아니라, 왜곡된 보상체계를 공정하게 바꾸어야 합니다. 성과가 입증되면 나이와 상관없이 파격적인 보상을 지급하는 시스템으로 전환해야 합니다.

경쟁 밀도 완화와 월급의 공정성

경쟁의 밀도를 낮추고, 보상의 공정성을 확보해야 청년들이 혁신의 주체가 되려고 할 겁니다. 삼성만의 문제가 아닙니다. 삼성 혼자 해결할 수 있는 문제도 아닙니다. 우리 사회가 함께 고민해야 할 문제입니다.

그럼에도 불구하고 이 이야기를 하는 까닭은 17장을 시작하며 말씀드렸듯, 삼성을 이야기하면서 사람들이 나누는 이야기의 상당 부분이 '똑똑한 학생들이 의대로 쏠리는 나라에 무슨 미래가 있어' 류의 담론이기 때문입니다.

왜 의대가 유독 인기인지, 고교생들이 의대에 먼저 지원하는지 성찰해야 합니다. 단순히 '젊은이들이 돈만 알아'라고 치부하면 바꿀 수 없는 현상이 됩니다. 20년, 30년 전 정도만 거슬러 올라가도 그렇지 않았습니다. 우수한 젊은이들이 의대만 가려고 하지 않았습니다.

나라 밖으로 시선을 넓히면, 우리와 경쟁하는 중국과 대만에서는 의대가 가장 인기 있는 전공이 아닙니다. 예를 들어, 중국 최대 포털사이트 조사 결과를 보면 최고 인기학과 1위는 전기공학과이고 2위는 전자정보, 3위는 기계설계, 4위는 컴퓨터공학과[23]입니다. 칭화대에서는 전기전자학과, 화공, 기계, 재료공학과가 의대보다 선호됩니다. 다른 대학들도 대동소이합니다.

왜 우리나라는 중국, 대만과는 다르게 우수한 학생이 공대 가던 시대가 끝났을까요? 사회적·경제적 인센티브 구조를 점검해야 합니다. 그래야 우리 사회 전체에 누적된 성과와 보상 구조 사이의 불일치가 원인이란 점을 직시하게 됩니다. 또 수도권 집중 현상이 점점 심해져서 '경쟁의 스트레스'가 극도로 높아진 상황이 궁극적 원인임을 깨달을 수 있습니다.

청년의 절대 인구 자체는 줄고 있습니다만, 경쟁은 더 치열해지고 있습니다. 수도권이라는 제한된 공간에만 기회가 있기 때문에, 청년들은 극도로 높은 밀도로 뭉쳐서 살아갑니다. 경쟁은 과거보다 더 치열하고, 낙오하면 낭떠러지로 떨어집니다. 대다수 청년의 미래가 불투명합니다.

우리 사회가 필요로 하는 선택을 '젊고 싱싱하고 혁신적인 에너지가 있는 청년'에게 권유하기 위해서는 이 환경을 바꿔야 합니다. 그리하여 자발적 동기부여가 가능해질 때, 폭발적인 에너지가 나올 겁니다. 지금 삼성전자에는, 그리고 우리 사회에는 그런 에너지가 필요합니다.

주

주

들어가며

1 SK하이닉스 2024년 매출은 66조 원을 기준으로 합니다. 달러 환산 금액(달러당 1,360원 기준)으로 비교했습니다. TSMC와 애플은 최신 회계 기준입니다. 구체적인 수치는 이어지는 1부에서 더 자세히 전하겠습니다.

2 삼성이 미국에 공장을 지으면 미국 정부가 보조금을 지급하기로 했습니다. 미국의 반도체지원법(Chips Act)에 따른 겁니다. 삼성은 당초 440억 달러를 투자해 보조금 64억 달러를 받기로 했는데, 이 보조금이 47억 달러로 크게(26%) 줄었습니다. 투자가 370억 달러로 줄었기 때문입니다. 즉, 덜 투자하고 보조금도 덜 받기로 한 겁니다. '바이든 행정부의 삼성 보조금 삭감 결정…지급은 다음 행정부가', KBS, 2024.12.21.

1부

1 글머리의 이야기는 삼성의 홈페이지에 올라온 다음의 이야기를 재구성한 것입니다. '반도체는 나의 마지막 사업이 될 것이다', Samsung Newsroom, 2010.3.30.

2 크리스 밀러, 《칩 워》, 부키, 2023, p241.

3 '반도체는 나의 마지막 사업이 될 것이다', Samsung Newsroom, 2010.3.30.

4 정인성, 《반도체 제국의 미래》, 이레미디어, 2024.

5 이승우, 《반도체 오디세이》, p268, 위너스북, 2023.

6 'KOREA'S CHIP MAKERS RACE TO CATCH UP', New York Times, 1985.7.15.

7 시사기획 창, 458회, 〈삼성, 잃어버린 10년〉, 2024.3.12, KBS.

8 Marla Capozzi, Vanessa Chan, Marc de Jong, and Erik A. Roth, <Meeting the innovation imperative>, McKinsey on Marketing & Sales, July 2014. mckinseyonmarketingandsales.com.

9 바츨라프 스밀, 《대전환》, p307, 처음북스, 2022.

10 바츨라프 스밀, 《대전환》, p308, 처음북스, 2022.

1장

1 이 내용은 2021년 11월 One UI 4.0(안드로이드12) 업데이트 이후의 상황을 다룬 나

무위키 '삼성 갤럭시 GOS 성능 조작 사건'의 내용을 이야기의 형식으로 재구성한 것입니다.

2 '쉴드칠 건덕지가 없는 미쳐버린 역대급 이슈. 삼성 갤럭시 GOS에 관한 테스트&내용 정리', ITSub잇섭, 2022.3.3. https://youtu.be/faOBclPC0nY?si=wdGaeeQw5QOuYjuf.

3 'GOS 논란에 고개 숙여 사과한 삼성…'뿔난 주주' 반대에도 노태문·경계현 사내이사 선임', KBS, 2022.3.16.

4 '삼성 "갤노트7 발화 배터리 결함 탓"…S8 공개 늦춰', KBS, 2017.1.23.

5 서영민, 《거대한 충격 이후의 세계》, 위즈덤하우스, 2023

6 'The Apple A15 SoC Performance Review', AnandTech, 2021.10.4.

7 DX부문은 2021년, 기존 CE(가전)과 IM(IT&모바일) 부문을 통합해 출범했습니다. '삼성전자, 통합 세트 부문 명칭 'DX부문'으로 출범', Samsung Newsroom, 2021.12.12. https://bit.ly/3oLWvjt.

8 DS 부문별 사업 현황은 아래 삼성전자 홈페이지를 참고하면 됩니다. https://semiconductor.samsung.com/kr/about-us/business-area.

9 정인성, 《반도체 제국의 미래》, p250, 이레미디어, 2024.

10 '성장통 겪는 삼성전자, 파운드리 첫 감사', 파이낸셜뉴스, 2022.2.13. '퀄컴 3나노 AP 파운드리, 삼성전자 대신 TSMC에 전량 맡긴다', 디일렉, 2022.2.22.

11 파운드리 이야기를 열면서, 삼성이 자랑하는 3나노 GAA 공정에 대한 이야기는 하지 않았습니다. 의도적으로 그랬습니다. 삼성은 너무나도 크게 자랑했지만, 아직은 국내 홍보 이상의 의미는 없습니다. 아직 단 하나의 빅테크 기업도 삼성의 3나노 공정에 제품을 의뢰하지 않은 것은 그 움직일 수 없는 증거입니다.

12 '엑시노스 부진에 빠진 사이… 대만 미디어텍 1위 질주', 국민일보, 2023.6.5.

2장

1 '이러다 진짜 '11만전자'?…"웃어도 되나요" 삼전 주주 기대만발 이유', 매일경제, 2024.4.4.

2 'HBM 덕분에 웃고 HBM 때문에 울고', 주간조선, 2024.6.2. 'SK하이닉스 vs 삼성전자… HBM(고대역폭메모리) 연장전 돌입', 월간중앙, 2024.6.27. '삼성전자가 HBM 호황에 대비 못 한 이유', 한겨레, 2024.7.5.

3 '삼성전자, 3분기 실적 전망치 하향…목표가↓', 한국경제, 2024.9.30.

4 ‘고객과 투자자, 그리고 임직원 여러분께 말씀드립니다’, 삼성 경영정보 공시, 2024.10.8. https://www.samsung.com/sec/ir/reports-disclosures/public-disclosure/3438/?utm_source=chatgpt.com.
5 ‘AI 바람탄 삼성전자, 올 영업이익 40조원 넘을 듯’, 조선일보, 2024.7.6.
6 ‘삼성전자 주총, GOS·수율 논란에도 이변 없이 마무리’, 데일리안, 2022.3.16. ‘고객 뺏겼나? 즉답 피하는 삼성…모바일·파운드리 동시위기’, KBS, 2022.3.23.
7 ‘HBM 5세대 제품 이름 바꿔라… ‘큰 손’ 엔비디아 요구에 고심하는 삼성전자’, 조선비즈, 2023.10.7.
8 정인성, 《반도체 제국의 미래》, p28, 이레미디어, 2024.
9 ‘The Memory Wall’, Semianalysis.com, Winners & Losers in the 3D DRAM Revolution, 2024.9.3.
10 ‘The Memory Wall’, Semianalysis.com, Winners & Losers in the 3D DRAM, 2024.9.3.
11 ‘엔비디아가 이름을 불러주자 활짝 핀 삼성전자’, KBS, 2024.3.21.

3장

1 크리스 밀러, 《칩 워》, 부키, 2023.
2 ‘빈 카운터스 함정’, 한겨레, 유레카, 2024.10.27.
3 ‘SK가 삼성전자 뛰어넘는다…날개 단 반도체 사업, 이젠 이런 전망까지’, 매일경제, 2024.11.24.
4 ‘삼성 대역전 노린다…테슬라도 “우리 것 좀 만들어줘” 러브콜’, 한국경제, 2024.11.19.
5 ‘The Memory Wall’, Semianalysis.com 2024.9.3. 이승우 유진투자증권 리서치센터장.
6 권석준 교수 페이스북, 2024.12.11.
7 ‘애플·엔비디아도 줄섰다…맞춤형 HBM 시대 활짝’, 뉴시스, 2024.8.21.
8 ‘美 빅테크, 삼성 이어 SK하이닉스에 ‘맞춤형 HBM4’ 요구’, 디지털데일리, 2024.11.13.
9 ‘짐 켈러 엔비디아 시대는 결국 끝난다, 다음은’, KBS, 2024.3.29. https://www.youtube.com/watch?v=2pw-YZ7KuFY.
10 이승우 유진투자증권 리서치센터장 인터뷰. (시사기획 창, 458회, 〈삼성, 잃어버린 10년〉, 2024.03.12, KBS에서 재인용.)

4장

1 '엔비디아 악재 삼성전자, HBM 발열이 문제?…테스트 순조로워', 한겨레, 2024.5.24.

2 MR-MUF(Mass Reflow-Molded Underfill): 반도체 패키징 공정에서 칩 적층과 언더필(Underfill) 적용을 동시에 처리하는 기술입니다. 리플로우(Reflow) 공정을 활용해 언더필 소재를 녹이고 칩 사이 공간을 채웁니다. 공정이 단순하고 접합 품질과 신뢰성이 높습니다.

3 EMC(Epoxy Molding Compound): 반도체 패키징 공정에서 칩을 보호하기 위해 사용되는 에폭시 기반 재료입니다.

4 '나믹스 독점 깨지나 SK하이닉스·삼성전자, MR-MUF 소재 개발 돌입', KIPOST, 2023.9.20.

5 TC-NCF(Thermo-Compression Non-Conductive Film): 반도체 패키징 공정에서 사용하는 접합 기술로, 비전도성 필름(NCF)을 열(Thermo)과 압력(Compression)을 동시에 가해 칩과 기판을 접합하는 방식입니다.

6 '엔비디아 젠슨 황 "SK하이닉스 감사"…삼성은 빠졌다', 뉴시스, 2024.11.21.

7 그 외 조직의 문제이니, 엔지니어가 홀대 받고 있느니, 양산 과정이 문제니…. 수많은 가능성이 백가쟁명식으로 터져 나오고 있습니다. 이 이야기는 다음에 하기로 하고요, 지금은 본질적인 이야기에 집중하지요.

8 '나노'는 D램 회로 선폭의 평균 너비의 크기입니다.

9 '삼성, 1a D램 재설계 고심…HBM 경쟁력 회복 '초강수' 두나', ZDNET코리아. 2024.10.15.

10 '삼성전자, '1b D램' 양산에 사활…수율 잡을 TF 가동', ZDNET코리아, 2024.6.11.

11 '절치부심 삼성 1b D램 수율 향상 본궤도…HBM 로드맵엔 없어', ZDNET코리아, 2024.10.18.

12 '인공지능의 연산을 높여준 세계 최고 성능 D램, HBM의 등장', SK하이닉스 뉴스룸, 2023.3.14.

13 '고성능 D램시장 좌우할 '1c'에 초집중', 뉴시스, 2024.10.26.

14 '삼성전자, 엔비디아에 HBM3E 공급 임박. 2025년 HBM 매출 100% 성장', M투데이, 2024.11.20.

15 '5년째 멈춘 '세계 최초'…삼성 D램 전면 재검토하라', 중앙일보, 2024.11.6.

5장

1 시사기획 창, 458회, 〈삼성, 잃어버린 10년〉, 2024.03.12, KBS. https://youtu.be/W-rzA6GXkwk?si=ekvhU1Pp8vJlJZz.

2 짐 콜린스, 《위대한 기업은 다 어디로 갔을까》, 김영사, 2010.

3 클레이튼 M. 크리스텐슨, 《혁신기업의 딜레마》, 세종서적, 2020.

4 짐 콜린스, 《위대한 기업은 다 어디로 갔을까》, 김영사, 2010.

5 마이클 포터, 《마이클 포터의 경쟁전략》, 21세기북스, 2020.

6 ㈜리더스인덱스 제공.

7 기준 환율은 2013년 달러당 1,126원, 2023년 달러당 1,291원 적용.

8 '엔비디아가 이름을 불러주자 활짝 핀 삼성전자', KBS, 2024.3.21.

9 Matthew S. Olson, Derek van Bever, Seth Verry, 'When Growth Stalls', Harvard Business Review, 2008.3.

10 Matthew S. Olson, Derek van Bever, Seth Verry , 'When Growth Stalls', Harvard Business Review, 2008.3.

2부

1 'The Fifth Horseman', TechCrunch, 2013.1.5.

2 'K-테크기업, 美 '테크 크런치 2024' 참여…AI 응용기술 선보인다', 연합뉴스, 2024.10.29.

3 'Has Apple Lost Its Cool to Samsung?', The WallStreet Journal, 2013.1.28.

4 'Samsung vs. Apple', Forbes, 2020.3.14. https://www.forbes.com/sites/forbesdigitalcovers/2020/03/13/samsung-vs-apple-inside-the-brutal-war-for-smartphone-dominance.

5 'NextBigThing 60 Final'. https://youtu.be/6h5JSojJN3Y?si=ZArJr3naVQIZg04a.

6 'From Fish Trader to Smartphone Maker', New York Times, 2013.12.14.

7 'Samsung pushes South Korean stocks toward record high', FT, 2017.5.2.

8 'The world's most profitable tech company? Not Apple', Wall Street Journal, 2017.7.6.

6장

1 제프리 케인, 《삼성 라이징》, p92, 저스트북스, 2020. 이 책은 한국을 제2의 고향으로 생각하는 파란 눈동자의 언론인 제프리 케인이 썼습니다. 삼성 안팎의 중요 인물 400여 명을 인터뷰한 뒤 펴낸 이야기입니다. 제목과는 달리 꼭 '라이징'하는 내용만 담긴 책은 아닙니다. 빛과 어두움을 적절히 조화시켜, 삼성을 다룬 이야기 가운데 단연 가장 재미있습니다. 한국적 사고 방식에 갇히지 않은 독창적인 시각은 우리의 시야를 넓혀줍니다.

2 명진규, 《청년 이건희》, p272, 팬덤북스, 2013.

3 진대제 인터뷰. 2024.01. 이 인터뷰는 2024년 3월 방송된 KBS 시사기획 창 〈삼성, 잃어버린 10년〉에서 일부 방송되었습니다. 한 시간가량의 인터뷰 내용에는 한국 반도체의 전설을 쓴 거인의 목소리가 그대로 담겨 있었습니다. 이 내용을 책 곳곳에 담았습니다.

4 이병철, 《호암자전》, 나남, 2014.

5 크리스 밀러, 《칩 워》, 부키, 2023.

6 박종훈, 《트럼프 2.0 시대》, p265, 글로퍼스, 2024.

7 Daniel Nenni, 'A Detailed History of Samsung Semiconductor', SemiWiki, 2019.2.11.

8 시사기획 창, 458회, 〈삼성, 잃어버린 10년〉, 2024.03.12, KBS.

9 1982년 아들과 함께 미국에 다녀온 뒤 결심을 굳힌 이병철 회장은 이듬해인 1983년 일본 도쿄 오구라 호텔에 머물면서 중앙일보를 통해 반도체 입국 선언을 합니다. "우리나라는 인구가 많고 좁은 국토의 3/4이 산지로 덮여있는 데다 석유, 우라늄 같은 천연자원 역시 거의 없는 형편이다. 다행히 우리에게는 교육수준이 높고 근면하며 성실한 인적자원이 풍부해 그동안 이 인적자원을 이용한 저가품의 대량 수출 정책으로 고도성장 해왔다. 그러나 세계 각국의 장기적인 불황과 보호무역주의의 강화로 인해 수출에 의한 국력 신장도 이제는 한계에 이르게 되었다. (중략) 우리는 우리 민족 특유의 강인한 정신력과 창조력을 바탕으로 반도체 사업을 추진하고자 한다." 제프리 케인, 《삼성 라이징》, 저스트북스, 2020.

10 '1980년대에 벌어진 메모리 치킨게임… 적자 또 적자', 전자신문, 2016.8.31.

11 제프리 케인, 《삼성 라이징》, p16, 저스트북스, 2020.

12 'TSMC founder Morris Chang on the evolution of the semiconductor industry'. https://youtu.be/r_8XClnnvIk?si=KQiiIFh3atxnSv1m.

13 권석준, 《반도체 삼국지》, p41, 뿌리와이파이, 2022.

14 스라반티 초우더리 스탠퍼드대학교 교수 인터뷰. 스탠퍼드 대학의 회의실에서 진행되었다. 2024.2.

15 정인성 작가 인터뷰. KBS 도서관에서 진행되었다. 2024.2.

16 상업주간, 《TSMC 반도체 제국》, 이레미디어, 2021.

17 상업주간, 《TSMC 반도체 제국》, 이레미디어, 2021.

18 'Is There Life After DRAM Crash For Japan's Chip Makers?', EETimes, 1997.12.08.

19 진대제 인터뷰. 2024.1.

7장

1 Tae-Young Park, Jae-Yong Choung, Hong-Ghi Min, 〈The Cross-industry Spillover of Technological Capability〉, World Development, Volume 36, Issue 12, 2008.

2 송재용, 이경묵, 《삼성 웨이》, p202, 21세기북스, 2013.

3 Yoshiaki Aizawa, 'Where is Memory Technology From, and Where is it Headed', Kioxia, 2019.10.1. Dylan Patel, 'The History And Timeline Of Flash Memory', Semianalysis, 2022.8.5. 'Samsung's journey begins'. https://semiconductor.samsung.com/consumer-storage/world-no1-flash-memory/episode1.

4 Frankline Amy, '7 Ways Memory Technologies Benefit from Advanced Yield Management'. https://yieldwerx.com/blog/memory-technologies-yield-management-benefits

5 Rich Castagna, 'Evaluate flash memory advantages and disadvantages', TechTarget, 2023.6.7.

6 제프리 케인, 《삼성 라이징》, p230, 저스트북스, 2020.

7 정인성, 《반도체 제국의 미래》, p365, 이레미디어, 2024.

8 황창규, 《황의 법칙》, p141~142, 시공사, 2023.

9 정인성, 《반도체 제국의 미래》, p92, 이레미디어, 2024.

10 송재용, 이경묵, 《삼성 웨이》, p120, 21세기북스, 2013.

11 시사기획 창, 458회, 〈삼성, 잃어버린 10년〉, 2024.03.12, KBS.

12 Daniel Nenni, 'A Detailed History of Samsung Semiconductor', SemiWiki, 2019.2.11.

13 권기태 인터뷰. 2024.2.

14 정인성, 《반도체 제국의 미래》, 이레미디어, 2024.

15 자동차 플라이휠이 그렇습니다. 자동차는 엔진의 폭발력이 회전운동으로 바뀌어 바퀴를 굴러가게 만듭니다. 그래서 엔진이 폭발하는 힘이 극대화될 때는 차가 앞으로 튀어나가다가 폭발하지 않으면 다시 천천히 갈 수 있어요. 자동차가 울컥거리겠죠. 플라이휠이 있으면 엔진이 폭발할 때나 폭발하지 않을 때의 울컥거림이 줄고, 자연히 자동차가 좀 더 부드럽게 움직일 수 있게 됩니다. (본문에 크게 필요한 내용은 아니라 주석으로 적습니다.)

16 스콧 갤러웨이, 《플랫폼 제국의 미래》, 비즈니스북스, 2018.

17 스콧 갤러웨이, 《플랫폼 제국의 미래》, p236, 비즈니스북스, 2018.

18 송재용, 이경묵, 《삼성 웨이》, p113, 21세기북스, 2013.

19 '이건희 회장, 신경영 20주년 만찬서 자만 말고 위기의식 재무장해야', 조선비즈, 2013.10.28.

20 송재용, 이경묵, 《삼성 웨이》, p289, 21세기북스, 2013.

8장

1 사실은 진대제 전 삼성전자 사장의 설명입니다. 왜 과거에는 파운드리를 하청처럼 보았느냐에 대한 질문에 이렇게 답해주신 거죠. 혹시나 진 전 사장이 파운드리를 폄하하는 거 아냐? 하는 오해를 하실까봐 본문에 밝히지는 않았습니다만 출처를 밝혀 둡니다.

2 'TSMC founder Morris Chang on the evolution of the semiconductor industry'. https://youtu.be/r_8XClnnvIk?si=KQiiIFh3atxnSv1m.

3 모리스 창-젠슨 황 대화, "Well, that feeling didn't come easily. I think we were too expensive at the time. In fact, when we first started, no one wanted to invest in us. We were really seen as a company with no future." 컴퓨터역사박물관 아카이브, 2007.10.17.

4 '삼성 반도체, 기술이 문제…경쟁사 TSMC 창업자가 꼬집은 약점', 매일경제, 2024.12.11.

5 정인성, 《반도체 제국의 미래》, 이레미디어, 2024.

6 'Vanguard International Semiconductor Corporation', Wikipedia.

7 상업주간, 《TSMC 반도체 제국》, 이레미디어, 2021.

8 임형규 전 삼성전자 사장의 강연 발언입니다. 〈전문가를 위한 반도체, Now〉 포럼 강연, 2024.2.29.'기술이 전쟁이다... 미중 반도체 경쟁과 한국의 대응', 피렌체의 식탁, 2024.3.7.

9 'The IBM PC', Computer History Museum. https://www.computerhistory.org/revolution/personal-computers/17/301.

10 진대제 인터뷰. 2024.1.

11 〈전문가를 위한 반도체, Now〉 포럼 강연, 2024.2.29. '기술이 전쟁이다... 미중 반도체 경쟁과 한국의 대응', 피렌체의 식탁, 2024.3.7.

12 Christensen, C. M., 'Disruptive Technologies', Harvard Business Review, 73(1), 43-53, 1995.

13 '3D NAND Flash Memory Market to Surpass USD 118.8 Billion by 2032', GlobalNewswire, 2024.3.19.

14 'Memory Device Market to Hit USD 376.84 Billion by 2030', CognitiveMarketResearch, 2024.10.

15 '70년째 반도체 산업 중심에 그가 있다…모리스 창 TSMC 창업자 스토리', 동아일보, 2014.11.2.

9장

1 'Curbs urged on South Korean DRAM', The Japan Times, 2001.10.25.

2 'WTO 일본 Hynix DRAM 분쟁 승소', 외교부, 2007.7.16.

3 '역사는 반복된다…피 튀기는 50년 반도체 전쟁사', 한경비즈니스, 2023.1.14.

4 'How Korea Became the Hub of the Memory Industry', Monolithic3D, 2011.11.20. http://www.monolithic3d.com/blog/how-korea-became-the-hub-of-the-memory-industry.

5 이승우 유진투자증권 리서치센터장 인터뷰. 2024.2.

6 크리스 밀러 인터뷰. 2024.2.

7 크리스 밀러, 《칩 워》, p95~111, 부키, 2023.

8 Chris Miller, 'A Semiconducted Trade War', Foreign Policy, 2019.12.01.

9 Clyde Prestowitz, 《Trading Places》, Basic Books, 1988.

10 Michael L. Dertouzos, et al., 《Made In America》, p248~249, MIT Press, 1989.

11 the National Advisory Committee on Semiconductors, 《Semiconductors》, 1989.11.

12 'Semiconductor Protectionism', p.2, Citizens for a Sound Economy Issue Alert, No. 9, 1986.8.27.

13 'President Imposes Tariff on Imports against Japanese', The New York Times, 1987.4.18.

14 Bryan Johnson, 'The U.S.-Japan Semiconductor Agreement', 1991.01.24. https://www.heritage.org/asia/report/the-us-japan-semiconductor-agreement-keeping-the-managedtrade-agenda.

15 Douglas A. Irwin, 'The U.S.-Japan Semiconductor Trade Conflict', 1996. http://www.nber.org/chapters/c8717.

16 Douglas A. Irwin, 'The U.S.-Japan Semiconductor Trade Conflict', 1996. http://www.nber.org/chapters/c8717.

17 '미일 반도체 마찰부터 미중 통상분쟁까지, 기술 전쟁의 미래는?', KOTRA, 2018.11.5.

18 크리스 밀러, 《칩 워》, p246, 부키, 2023.

19 이정동, 《최초의 질문》, 민음사, 2022.

20 폴 볼커, 쿄텐 토요오, 《달러의 부활》, 어바웃어북, 2020.

21 서영민, 《거대한 충격 이후의 세계》, 위즈덤하우스, 2023.

22 크리스 밀러가 인터뷰 속에서 한 이 말은 사실은 AMD의 전설적인 CEO 제리 샌더스가 한 말입니다. 그는 일본을 견제하기 위해 이 같은 전략이 효과적일 것이라면서, 향후 반도체 생산은 점점 더 동아시아 지역으로 옮겨갈 것이라고 전망합니다. 대신 미국에는 연구와 디자인이 남겨질 것이라는 의미심장한 전망을 내놓죠. 원문이 궁금하시다면 다음 뉴욕타임스 기사를 읽어보시면 됩니다. 'U.S.-KOREA CHIP TIES GROW', New York Times, 1985.7.15.

23 크리스 밀러 인터뷰. 2024.1.

24 '미·일 반도체 협정과 삼성전자의 기회', 조선비즈, 2019.5.26.

25 유귀훈, '임직원이 목숨 걸고 말린 반도체 투자, 호암이 밀어붙인 진짜 이유는?', 동아비즈니스리뷰, 2014.3.

26 '미·일 반도체 협정과 삼성전자의 기회', 조선비즈, 2019.5.26.

10장

1 Dylan Patel, Jeff Koch, Tanj Bennett, Wega Chu, Afzal Ahmad, 'The Memory Wall', Semianalysis.com, 2024.9.3.

2 정인성, 《반도체 제국의 미래》, 이레미디어, 2024.

3 'Why DRAM is stuck in a 10nm trap', Blocks & Files, 2020.4.13.

4 'DRAM Scaling Challenges Grow', Semiconductor Engineering, 2019.11.21.

5 '9나노서 평면 D램 한계 도달… 삼성전자, 3차원 D램 연구개발 본격화', 조선비즈, 2024.1.30.

6 크리스 밀러 인터뷰. 2024.1.

7 모리스 창-젠슨 황 대화, 컴퓨터역사박물관 아카이브. 2007.10.17.

8 'The Memory Wall', Semianalysis.com, 2024.9.3.

9 EUV(Extreme Ultraviolet, 극자외선) 리소그래피: -7nm 이하의 첨단 공정에서는 기존의 빛(Deep Ultraviolet, DUV)으로는 충분히 작은 회로를 그릴 수 없기 때문에, 기존의 빛보다 훨씬 짧은 파장을 가진 EUV를 활용하는 리소그래피 장비가 필수적입니다.

10 'D램 5개 파는 것보다 낫다…치솟는 'HBM' 몸값 어디까지', 매일경제, 2024.2.8.

11 클레이튼 M. 크리스텐슨, 《혁신기업의 딜레마》, 세종서적, 2020.

12 클레이튼 M. 크리스텐슨, 《혁신기업의 딜레마》, 세종서적, 2020.

13 'The Memory Wall', Semianalysis.com, 2024.9.3. 이승우 유진투자증권 리서치센터장.

14 마이클 레이너, 클레이튼 크리스텐슨, 《성장과 혁신》, 세종서적, 2021.

15 클레이튼 M. 크리스텐슨, 《혁신기업의 딜레마》, p27, p164, p238, 세종서적, 2020.

11장

1 2023년 국립대만대학교 졸업식 기조연설 유튜브 영상. https://youtu.be/y8OI53Xylfo?si=n9iv8o15i5nYFc0Z.

2 2023년 국립대만대학교 졸업식 기조연설 유튜브 영상. https://youtu.be/y8OI53Xylfo?si=n9iv8o15i5nYFc0Z.

3 'The 84-Year-Old Man Who Saved Nvidia', Wall Street Journal, 2024.5.18.

4 시가총액은 다음 사이트에 나와 있는 숫자를 기준으로 했습니다. https://stockanalysis.com/stocks/nvda/market-cap. 다만, 국내외의 언론마다 당시의 시총에 대한 기록이 다 다른데요, 이를테면 대만의 계면신문은 당시 첫날 시총이 2억 3

천만 달러에서 시작했다고 쓰고 있습니다. 대략적인 계산인 만큼 참고만 해주시면 좋겠네요. '반도체 거인의 역전의 길(芯片巨头逆战之路)', 계면신문, 2020.9.14. https://www.jiemian.com/article/4976978.html.

5 'TSMC would not exist without K. T. Li; Nvidia would not be possible without TSMC', Digitimes asia, 2023.11.10.

6 모리스 창-젠슨 황 대화, 컴퓨터역사박물관 아카이브, 2007.10.17.

7 모리스 창-젠슨 황 대화, 컴퓨터역사박물관 아카이브, 2007.10.17.

8 시사기획 창, 458회, 〈삼성, 잃어버린 10년〉, 2024.03.12, KBS.

9 존 하트 MIT 기계공학과 교수 인터뷰. 2024.2.

10 'Chipmaking is being redesigned. Effects will be far-reaching', The Economist, 2021.1.23.

11 정인성 작가 인터뷰. 2024.1.

12 'TSMC could charge over $30,000 for each 2nm wafer', Techspot, 2024.10.5.

13 윤석열-바이든, 삼성 반도체공장서 '3나노 웨이퍼'에 서명, 한국경제, 2022.5.20.

14 '파운드리 격차 줄여라…삼성전자 틈새 전략', 중앙일보, 2023.5.10.

15 '中 공세에 타격 입는 삼성 반도체… D램·파운드리 사업 전략 바꾼다', 조선비즈, 2024.11.5.

16 '파운드리 인력 상당수, 메모리 사업부로 재배치 유력', 한국경제, 2024.10.9.

17 '삼성전자·TSMC, 3나노 수율 안정화 '고군분투'… 내년 수주 경쟁에 영향 미칠 듯', 조선비즈, 2023.10.4.

18 'TSMC 3나노 공정 수율 80%… '삼성 파운드리' 전략 악재', IT조선, 2023.1.4.

19 상업주간, 《TSMC 반도체 제국》, 이레미디어, 2021.

20 상업주간, 《TSMC 반도체 제국》, p35, 이레미디어, 2021.

21 상업주간, 《TSMC 반도체 제국》, 이레미디어, 2021.

22 Daniel Nenni, 'A Detailed History of Samsung Semiconductor', SemiWiki, 2019.2.11.

23 'TSMC·삼성전자 A9 칩 배터리 테스트…TSMC 칩 '아이폰6s' 완승', Kbench, 2015.10.8. '아이폰6s 삼성·TSMC 칩셋에 따라 배터리 성능 2~3% 차이', Kbench, 2015.10.12.

24 이승우, 《반도체 오디세이》, p193, 위너스북, 2023.

25 상업주간, 《TSMC 반도체 제국》, 이레미디어, 2021.

26 모리스 창-젠슨 황 대화, 컴퓨터역사박물관 아카이브, 2007.10.17.

27 '삼성 파운드리 포럼 2019…3나노 GAA 공정 설계 키트 배포', 삼성전자반도체뉴스룸, 2019.5.15.

28 정인성, 《반도체 제국의 미래》, p237, 이레미디어, 2024.

29 '삼성전자의 미래는 '첫사랑' 소니의 몰락…새 모델 찾을 때', 한경비즈니스, 2013.1.3.

12장

1 https://mp.weixin.qq.com/s/eeweuBRiFnYnfHWcha4aeQ.

2 '로봇청소기에 전세값 꼬라박은 로청 광인이 뭐 살지 딱 결정해 드림 24년 ver.' https://youtu.be/_uGtTTH08Bs?si=ccZjJVouNd26TTE1.

3 '삼성 로봇청소기 사 말어? 그냥 정답을 찍어주는 종결 리뷰!' https://youtu.be/2tx3OjybcNY?si=-FW5JarAujkQmbp3.

4 '골드스타가 어쩌다 실버스타가 되었나…엘지 로봇청소기 로보킹 리뷰 내돈내산'. https://youtu.be/QE5YbgAlSoc?si=x6fQVYZmnRbrZzup.

5 '6개월마다 신기술 내놔야 생존…혁신 못 하면 도태', 이코노미조선, 2024.11.4.

6 '대륙의 '실수'가 '실력'으로… 안방서 中에 밀리는 한국 가전', 조선일보, 2024.12.3.

7 〈중국제조 2025〉, 국가나노전략기술센터 보고서.

8 '세계시장 휩쓰는 中 로봇청소기…보안·위생 앞세워 추격 나선 삼성·LG전자', 서울신문, 2024.9.15.

9 〈중국제조 2025〉의 주요 내용. 1. 중국을 제조업 대국에서 '제조업 강국'으로 전환합니다. 2. 핵심부품과 재료의 국산화를 추진합니다. 2020년까지 40%, 2025년까지 70%의 국산화율 달성을 목표로 하고 있습니다. 3. 10대 핵심 산업 육성: 차세대 정보기술, 로봇, 항공우주 장비, 해양 장비, 선진 궤도교통 장비, 신에너지 자동차, 전력 장비, 신소재, 생물의약, 농업기계 4. 이 분야에서 2025년까지 제조강국 대열에 진입하고, 2035년까지 중간 수준 제조 강국으로 성장하고, 2045년까지 세계 제조업 선도국가로 도약하는 것이 목표입니다.

10 김영우, 《반도체 투자 전쟁》, p137, 페이지2북스, 2021.

11 '삼성전자도 인정… 위협적인 中 메모리 성장세 대응해야', 에너지경제, 2024.10.14.

12 '얕봤던 중국 D램, 턱밑 추격…삼성전자가 추운 이유 알겠네', 경향신문, 2024.10.21.

13 '마이크론 턱밑 추격하는 中…탄력받는 메모리 4강 체제', 아시아경제, 2024.11.4.

14 'China's semiconductor state fund invests $2 billion in memory chip firm', Reuters, 2023.10.31.

15 Gerard DiPippo, Ilaria Mazzocco, Scott Kennedy, 〈Red Ink〉, CSIS보고서, 2022.5.

16 크리스 밀러 인터뷰. 2024.1.

17 'Samsung falls short of expectations as chipmaker fails to reap AI benefits', FT, 2024.10.31.

18 크리스 밀러 인터뷰. 2024.1.

19 크리스 밀러, 《칩 워》, p527, 부키, 2023.

20 짐 켈러 인터뷰. 2024.2.

21 유발 하라리, 《넥서스》, p526, 김영사, 2024.

22 '3분기 D램 1b가 1a 추월… 다이렉트 본딩 도입 가속화', 더일렉, 2024.7.25.

23 '엔비디아, 中 맞춤형 AI칩 공급 중단…삼성 타격 받나', 뉴시스, 2024.9.25.

24 KDI경제교육·정보센터 > 경제정책정보 > 국내연구자료 > 최신자료, 한국무역협회, 2024.2.7. 〈워싱턴 통상정보〉, 한국무역협회, 2024.2.1.

25 'Which Countries Would Get Hit Hardest by Donald Trump's Tariffs?', Newsweek, 2024.11.15.

26 'Trump Says 'Money Machine' Korea Should Pay More for US Troops', Bloomberg, 2024.10.16.

27 박종훈, 《트럼프 2.0 시대》, p49, 글로퍼스, 2024.

28 Manufacturing@MIT. https://ilp.mit.edu/node/63908.

29 MIT 존 하트 교수 인터뷰. 2024.1.

30 '트럼프 당선 이후, 한국경제 전략|박종훈 소장 초청간담회'. https://youtu.be/yqhRyPQrDLs?si=eCTL_woD_JyuuqAo.

31 박종훈, 《트럼프 2.0 시대》, p265, 글로퍼스, 2024.

32 '2024 All Employees, Manufacturing', FRED 차트의 숫자입니다.

33 바츨라프 스밀, 《대전환》, p309, 처음북스, 2022.

34 대런 아세모글루, 사이먼 존슨, 《권력과 진보》, 생각의 힘, 2023.

35 Martin Wolf, 《The Crisis of Democratic Capitalism》, Penguin Books, 서문 19페이지, 2024.

36 'Which Countries Would Get Hit Hardest by Donald Trump's Tariffs?', Newsweek,

2024.11.15.

37 '현대차, 1분기도 역대 최대 매출 40.6조…미국 수요 적극 대응', 글로벌이코노믹, 2024.4.25.

38 '100대 기업 매출 절반은 해외…엘앤에프 99.7% 해외서 돈 번다', 아시아경제, 2023.4.18.

39 서영민, 《거대한 충격 이후의 세계》, p150, 위즈덤하우스, 2023.

40 유발 하라리, 《넥서스》, p509, p525, p526, 김영사, 2024.

3부

1 〈Stall Point〉(Corporate Strategy Board, 1998.), 이 보고서를 확장시킨 책이 한국에서 출판된 《스톨 포인트》다. (매슈 s. 올슨, 데릭 반 베버, 에코리브르, 2008.)

2 Matthew S. Olson, Derek van Bever, Seth Verry, 'When Growth Stalls', HBR, 2008.3.

3 Robert Stringer, 〈How to manage radical inovation〉, 2000. (송재용, 이경묵, 《삼성 웨이》, 21세기북스, 2013에서 재인용)

4 Dorothy Leonard-Barton, 〈Core capabilities and cor rigidities〉, 1992.

5 마이클 레이너, 클레이튼 크리스텐슨, 《성장과 혁신》, 세종서적, 2021.

6 이승우, 《반도체 오디세이》, p274, 위너스북, 2023.

7 이승우, 《반도체 오디세이》, p275, 위너스북, 2023.

8 권석준, 《반도체 삼국지》, p211, 뿌리와이파이, 2022.

13장

1 짐 콜린스, 《좋은 기업을 넘어 위대한 기업으로》, 김영사, 2001.

2 Julia Kirby, 'Book Review: Jim Collins' How the Mighty Fall', HBR, 2009.5.20.

3 짐 콜린스, 제리 포라스, 《성공하는 기업들의 8가지 습관》, 김영사, 2009.

4 'Meetings, Version 2.0, at Microsoft', New York Times, 2009.5.16.

5 Julia Kirby, 'Book Review: Jim Collins' How the Mighty Fall', Harvard Business Review, 2009.5.20.

6 《안나 카레리나》(레오 톨스토이, 1877)의 첫 문장으로, 원문은 아래와 같습니다. "All happy families are alike; each unhappy family is unhappy in its own way."

7 짐 콜린스, 《위대한 기업은 다 어디로 갔을까》, p36, 김영사, 2010.

8 Matthew S. Olson, Derek van Bever, Seth Verry, 'When Growth Stalls', Harvard Business Review, 2008.3.

9 'How motorola lost its way', 비즈니스위크, 1995.5.4.

10 짐 콜린스, 《위대한 기업은 다 어디로 갔을까》, 김영사, 2010.

11 스타택은 여러 모델이 있는데, 나중에 나온 디지털 모델은 지원이 됐습니다. 초기 아날로그 모델의 문제입니다.

12 짐 콜린스, 《위대한 기업은 다 어디로 갔을까》, p48, 김영사, 2010.

13 파운드리 사업에 대한 투자가 실패로 결론난 것은 아닙니다. 삼성은 여전히 2나노 공정 기술 확보를 향해 가고 있고, 미국 텍사스주 테일러시에도 거대한 투자를 진행하고 있습니다. 중요한 것은 '파운드리가 미래 먹거리'라고 선언하고 거대한 투자를 한 이후로 오히려 점유율이 하락하고, 목표로 했던 주요 기업을 확보하지 못한 현 상황에 대한 진단입니다. 잠정적 실패를 딛고 궁극적 성공으로 향하려면 비판적 검토는 필수적이라고 믿습니다.

14 '이재용 '비메모리 육성' 공언 '반도체 비전 2030'으로 구체화', 동아일보, 2019.4.24.

15 2019년 1분기 순위 기준, 트렌드포스. https://www.trendforce.com/presscenter/news/20190318-10113.html.

16 '삼성전자, 세계 최초 3나노 파운드리 양산', 삼성전자 뉴스룸, 2022.6.30.

17 '〈시사금융용어〉 리얼 옵션(Real Option)', 연합뉴스, 2018.11.20.

18 '정말 잘 모르겠어요 미래는 알 수 없다. 리얼 옵션 10% 전략을 기억하라', DBR, 2013.3.

19 Edward Chan, 'Introduction to Foundry Industry', 미래에셋, 2020.12.3. https://www.am.miraeasset.com.hk/insight/introduction-foundry-industry.

20 클레이튼 M. 크리스텐슨, 《혁신기업의 딜레마》, p206, 세종서적, 2020.

21 짐 콜린스, 《위대한 기업은 다 어디로 갔을까》, p107, 김영사, 2010.

22 제프리 케인, 《삼성 라이징》, p34, 저스트북스, 2020.

23 '삼성의 기술 우위는 끝나버렸다 GOS 사태의 본질', KBS, 2022.3.19.

24 '500만 국민주 삼전 주총 취재기…기대와 질타 속 삼성전자의 미래는?', SBS, 2022.3.17.

25 밥 러츠, 《빈 카운터스》, 비즈니스북스, 2012.

26 '빈 카운터스 함정 [유레카]', 한겨레, 2024.10.27.

27 'Crises at Boeing and Intel Are a National Emergency', Wall Street Journal, 2024.10.21.
28 'Crises at Boeing and Intel Are a National Emergency', Wall Street Journal, 2024.10.21.
29 짐 콜린스,《위대한 기업은 다 어디로 갔을까》, p107, 김영사, 2010.
30 '제조 무인화 실현 삼성전자, 생기연 내 제조로봇팀 신설', 전자신문, 2024.7.24.
31 '개발자는 주 52시간제 예외해야 삼성이 잘된다?…여당 '반도체특별법' 논란', 경향신문, 2024.11.14.
32 이 언급은 2019년 당시 아래 기사와 관계된 내용으로 보인다. '[단독] 삼성전자, 서버용D램 반도체 결함 '8조원대 리콜' 논란 "아마존에 사과"…'어닝쇼크' 이유?', 녹색경제신문, 2019.3.28.
33 '인텔은 전략이 없고, 삼성은… TSMC 창업자가 콕 찍은 문제점', 머니투데이, 2024.12.11.
34 'TSMC Fab 15b' 혹은 아래 단어로 검색하시면 됩니다. 'Taiwan Semiconductor Manufacturing Company 15B wafer plant (Fab 15B)'.
35 '잘나가는 TSMC…미국 공장 수율, 대만 공장보다 4%p 높아', 연합뉴스, 2024.10.25.
36 '제조업 혁신을 위한 디지털 트윈', 인사이트 리포트, 삼성SDS, 2023.8.9.
37 'AI와 결합한 디지털 트윈의 진화 [테크트렌드]', 한경비즈니스, 2024.3.16.
38 '반도체 불량 잡고, 원전 개발까지 … 팔방미인 디지털 트윈', 매일경제, 2022.12.18.
39 'TSMC, 자체 'AI 챗봇' 개발…번역비만 41억 절감', ZDnetKorea, 2023.12.07.
40 '삼성, 반도체공장 디지털 트윈 TF 출범', 한국경제, 2023.5.20.
41 '[단독] "반도체 수율 높이자"…삼성전자 '디지털트윈' 내년 시범 적용', 이투데이, 2024.3.4.
42 '너무 잘 나가서 거슬리네…미국의 강력한 TSMC 규제, 삼성 파운드리에 기회 될까', 매일경제, 2024.11.15.
43 '무너지는 건 한 순간 삼성맨 8명이 본 진짜 문제', 국민일보, 2024.10.15.
44 '삼성은 위기 직원들의 경고', 조선일보, 2024.4.12.
45 Charles Handy,《The Elephant and the Flea》, Random House Business Books, 2001.
46 'Samsung falls short of expectations as chipmaker fails to reap AI benefits', FT,

2024.10.31.

47 'A big new home for the ultrasmall', MIT News, 2018.10.23.

48 권석준, 《반도체 삼국지》, p275, 뿌리와이파이, 2022.

14장

1 'Mohnish Pabrai Lecture at Univ. of California, Irvine (UCI), May 24, 2016'. https://youtu.be/jfxOvdiac94?si=9QLRUM1AVrCprJjr.

2 'Charlie Munger, Warren Buffett's Partner and 'Abominable No-Man', Dies at 99', Wall Street Journal, 2023.11.28.

3 'Can Charlie Munger's Investing Playbook Still Work? Even He Wasn't So Sure', Wall Street Journal, 2024.1.6.

4 'How Charlie Munger Changed Warren Buffett', Forbes, 2023.11.30.

5 '워런 버핏의 50년 투자 밑천 씨즈캔디', 유튜브 티타임즈TV, 2022. 6.15

6 'Warren Buffett|Lecture|University Of Florida|1998'. https://youtu.be/7Z6x-Ov1smU?si=jAsTsk3phv7BS5zg.

7 2007년 주주서한. 내용은 버크셔해서웨이 홈페이지에 있고 원문은 다음과 같습니다. "Long-term competitive advantage in a stable industry is what we seek in a business. If that comes with rapid organic growth, great. But even without organic growth, such a business is rewarding. We will simply take the lush earnings of the business and use them to buy similar businesses elsewhere. (중략) Just as Adam and Eve kick-started an activity that led to six billion humans, See's has given birth to multiple new streams of cash for us."

8 'My Morning With Charlie Munger', Wall Street Journal, 2023.12.2.

9 'Warren Buffett cuts Apple stake massively and artfully', The Street, 2024.11.4.

10 https://youtu.be/MnrJzXM7a6o?si=aeissCnZ18EURROz.

11 2007년 5월 19일 기준, 현재 가격 환산 기준 3.93달러.

12 온라인에서 찾은 그래프와 가격 기준이므로 조금의 차이는 있을 수 있습니다.

13 'Apple iPhone 3GS Specs', Techable. https://apple.techable.com/specs/iphone-3gs?course=UAH.

14 'History of iPhone vs. Samsung', ecoATM. https://www.ecoatm.com/blogs/news/

history-of-iphone-vs-samsung.

15 '아이폰12 출시 진격의 애플…삼성전자 5배 가치는 정당한가', KBS, 2020.10.14.

16 'Global smartphone shipments Q1 2020', Canalys, 2020.4.30.

17 'Counterpoint: Smartphone sales in Q1 2020 decline 13% on a global scale', 2020.5.1.

18 애플과 삼성의 연간 재무제표를 비교했습니다. 애플의 홈페이지에 올라온 10K, 한국의 온라인 전자공시시스템(Dart)의 자료 기준입니다.

19 워런 버핏, 1998년 플로리다대 강연.

20 제프리 케인, 《삼성 라이징》, p306, 저스트북스, 2020.

21 제프리 케인, 《삼성 라이징》, p308, 저스트북스, 2020.

22 '삼성전자 美 SW업체 인수…클라우드 컴퓨팅 기술 보유한 엠스팟', 매일경제, 2012.5.6.

23 '삼성, 美 엠스팟 인수... 뭘 노리나?', 아시아경제, 2012.5.10.

24 '美 아카데미 시상식 '진짜 우승자'는 삼성전자!', SBS, 2014.3.4.

25 'For Samsung, Ellen DeGeneres' Oscars selfie is a triumph', LA Times, 2014.3.3.

26 'Has Apple Lost Its Cool to Samsung?', The Wall Street Journal, 2013.1.28.

27 'How Samsung won and then lost the smartphone war', Business Insider, 2015.2.27.

28 제프리 케인, 《삼성 라이징》, p359, 저스트북스, 2020.

29 'Google's Sundar Pichai Is the Most Powerful Man in Mobile', Bloomberg, 2014.6.28.

30 제프리 케인, 《삼성 라이징》, 저스트북스, 2020.

31 'How Samsung won and then lost the smartphone war', Business Insider, 2015.2.27.

32 이 기사에서 익명으로 말하는 당시 삼성의 북미 마케팅 담당자들은 훗날 《삼성 라이징》에서 상당 부분을 실명으로 털어놓습니다.

33 제프리 케인, 《삼성 라이징》, 저스트북스, 2020.

34 '10년 전 '소프트웨어' 버린 실책…삼성, 애플 뒤집을 묘수', 중앙일보, 2023.5.10.

35 'Samsung Vies for starring role in upscale electronics market', Wall Street Journal, 2002.6.13. Sony downplays the rivalry but does hear footsteps. Samsung "found Sony [to be] a model or a benchmark for their brand image," Sony Chairman Nobuyuki Idei says in an interview. "The product design and the product planning — they're learning from us. So Sony is a very good target for them." But Sony also buys large amounts of Samsung-made parts for use in its own products, and Mr.

Idei says he sees Samsung more as a supplier than a threat. "We still believe that Samsung is basically a components company," he says. "We feel that keeping good relations is a benefit for both companies." (제프리 케인, 《삼성 라이징》, 저스트북스, 2020에서 재인용)

15장

1 베이 에어리어(Bay Area)는 미국 캘리포니아주 북부에 위치한 샌프란시스코만(San Francisco Bay)을 중심으로 한 대도시권을 의미합니다. 애플, 구글, 메타 등 빅테크 기업의 본사가 있는 실리콘밸리가 이 베이 에어리어 남주에 위치합니다. 기술 혁신의 중심지이자, 문화와 경제의 교차로입니다.

2 https://hanlab.mit.edu/songhan.

3 송 한 교수 인터뷰. 2024.1.

4 'The Perils of Innovation by Acquisition', HBR, 2022.9.21.

5 누비아의 공동 창업자들은 제라드 윌리엄스 3세(Gerard Williams III), 마누 굴라티(Manu Gulati), 존 브루노(John Bruno)입니다. 이들은 모두 애플에서 A 시리즈 칩 개발에 참여했던 경력을 가지고 있습니다. 특히 제라드 윌리엄스는 애플에서 A7부터 A12X까지 모든 칩 코어 설계를 주도했습니다.

6 'Qualcomm pays $1.4B for Nuvia, a server chip designer founded by ex-Apple execs', Cnet, 2021.1.14.

7 'Qualcomm just bought a two-year-old startup founded by former Apple engineers for $1.4 billion', The Verge, 2021.1.14.

8 'How Broadcom quietly became a $700bn powerhouse', The Economist, 2024.9.5.

9 '브로드컴, 테슬라 제치고 'M7' 자리 꿰차', 포천코리아, 2024.10.26.

10 2018년 트럼프가 국가 안보를 이유로 제동을 겁니다. 싱가포르 회사잖아요. 사실 브로드컴의 혹 탄 CEO는 이런 반발을 우려해서 퀄컴 인수를 전후로 브로드컴 본사를 싱가포르에서 미국으로 옮기는 계획을 발표하고 실제로 옮기는데, 그래도 퀄컴을 인수하려 했던 계획은 무산되고 맙니다. 'Trump blocks Broadcom's $117 billion Qualcomm bid over national security', CNN, 2018.3.13.

11 권기태 연구원의 표현입니다.

12 'How Broadcom quietly became a $700bn powerhouse', The Economist, 2024.9.5.

13 'How Broadcom quietly became a $700bn powerhouse', The Economist, 2024.9.5.

14 '삼성전자 AST매각 배경과 의미', 전자신문, 1999.1.12.

15 'Bad News in the E-Mail for AST Workers', Los Angeles Times, 1997.12.4.

16 제프리 케인, 《삼성 라이징》, 저스트북스, 2020.

17 '삼성전자 美 SW업체 인수…클라우드 컴퓨팅 기술 보유한 엠스팟', 매일경제, 2012.5.6.

18 제프리 케인, 《삼성 라이징》, p318, 저스트북스, 2020.

19 Fred Vogelstein, 《Dogfight》, Sarah Crichton Books, 2013. (제프리 케인, 《삼성 라이징》, 저스트북스, 2020에서 재인용.)

20 제프리 케인, 《삼성 라이징》, p317, 저스트북스, 2020.

21 당시 삼성 소속으로 대화에 참여했던 Hod Greeley의 말. 제프리 케인이 직접 인터뷰했다. 제프리 케인, 《삼성 라이징》, p316, 저스트북스, 2020.

22 한상기, '삼성이 인수한 스마트싱스와 IoT 전략은', 머니투데이, 2014.9.6.

23 'AI 스마트홈 이끌 삼성 스마트싱스의 '10년' 돌아보니', 비즈와치, 2024.9.15.

24 "자네, 이것에 대한 아이디어가 있는 거지?" 최지성이 동안의 소프트웨어 개발자에게 물었다. "최선의 방법이 뭔가?" 강태진(당시 미디어솔루션센터 전무, 영입 인재)은 테이블 주위에 앉아 있는 중역들을 둘러보았다. "인수합병입니다." 그는 삼성이 더 빠른 결과를 얻고 싶다면 삼성의 전통적인 방식에 따라 사내에 새로운 역량을 구축하는 것은 포기해야 한다고 주장했다. 대신 약속의 땅, 실리콘밸리로 눈을 돌려야 했다. (제프리 케인, 《삼성 라이징》, p308, 저스트북스, 2020에서 재인용)

25 '한종희 부회장, 또 M&A 언급…대형 M&A 잘되고 있다', 뉴시스, 2024.1.10.

16장

1 Integrated Device Manufacturer.

2 월터 제레미아 샌더스 3세(Walter Jeremiah Sanders III, 1936년 9월 12일~)는 미국의 사업가이자 엔지니어로, 1969년부터 2002년까지 미국 반도체 제조업체인 AMD의 공동 창립자이자 오랜 기간 CEO로 재직했습니다.

3 Claus Aasholm, 'Real men have fabs! does not apply anymore', 2024.4.24. https://clausaasholm.substack.com/p/real-men-have-fabs.

4 'Once Mighty Intel Struggles to Escape Mud Hole', The Wall Street Journal,

2023.5.30.

5 'AMD Dives Deep On High Bandwidth Memory-What Will HBM Bring AMD?', Anandtech, 2015.5.19.

6 2024년 1월 인터뷰.

17장

1 Mary Kaltenberg, Adam B. Jaffe, Margie E. Lachman, 〈INVENTION AND THE LIFE COURSE〉, Working Papers, Nber, 2021.5.

2 'It's not just a fiscal fiasco', The Economist, 2023.5.30.

3 경제학 원론에 등장하는 솔로우 성장모형의 기본적인 틀이 이렇습니다. 좀 더 정확히 표현하자면 '생산성'은 TFP(총요소생산성, Total Factor Productivity)이지만, 이해를 돕기 위해 좀 더 맥락에 맞게 표현했음을 양해 부탁드립니다.

4 박태웅, 《박태웅의 AI 강의 2025》, p383~388, 한빛비즈, 2024에서 재인용.

5 〈AI 인덱스 2024〉, 스탠퍼드대 인간중심AI연구소.

6 유튜브에 올라가 있는 〈삼성, 잃어버린 10년〉 영상에 달린 댓글을 인용했습니다.

7 시사기획 창, 458회, 〈삼성, 잃어버린 10년〉, 2024.03.12, KBS에서 재인용.

8 잡코리아 홈페이지, 삼성전자 합격 스펙에서 '최근 추이'를 보면 2024년 12월 기준 학점은 3.94, 토익은 957점, 외국어는 4개, 자격증 2.5개, 해외경험 1회, 수상내역 2회, 봉사활동 3회 정도로 기재되어 있습니다. 이를 참고했습니다.

9 청년 고용동향 페이지, e나라지표. https://www.index.go.kr/unity/potal/main/EachDtlPageDetail.do?idx_cd=1495.

10 'OECD가 본 한국 노인과 청년이 힘든 나라', KBS, 2022.9.24.

11 '연봉 3000만원 준다는데… 청년들 외면에 중소기업 비명', 한국경제, 2024.9.29.

12 '인재 잡아라…삼성, 성과급制 중장기 개선', 한국경제, 2024.7.29.

13 'MZ 세대가 바라보는 국민연금 국민연금, 안 내고 안 받을래요', 월간조선, 2024.11.

14 시사기획 창, 467회, 〈울산탈출, 청년을 잃어버린 도시〉, 시사기획 창, KBS, 2024.5.28.

15 '핑크 컬러 잡(Pink Color Job)'은 전통적으로 여성들이 주로 종사하는 직업군을 가리키는 표현입니다. 이는 성별 고정관념과 관련이 있으며, 대표적으로 다음과 같은 직업들이 여기에 해당합니다. 간호사(Nursing), 비서직(Secretary/Administrative

Assistant), 교사(Teacher, 특히 유치원 및 초등학교), 미용 및 서비스업(Hairdressing, Cosmetology, Retail Services), 사회복지사 및 돌봄 노동자(Care Workers, Social Workers).

16 '쓸 만한 인재가 다 유출되는 이유'. https://youtu.be/jjRk72Uan4I?si=laNQj6Mv0FIqIH-Y.

17 양승훈, 《울산 디스토피아》, 부키, 2024.

18 '팽창 가속 수도권 '소멸 직전' 지방, 두 번째 분단', 경향신문, 2021.10.6.

19 중앙대 마강래 교수는 '집적의 불이익'이라고 부릅니다. 영어로 표현하면 'agglomeration disadvantage' 정도가 될 겁니다. 집적 경제(agglomeration economies)의 반대 개념 정도라고 할 수 있겠습니다. 내용이 궁금하시면 다음 강연과 방송을 참고하시죠. 1. 시사기획 창, 462회, 〈대한민국 공간재배치 '메가시티' 시나리오〉, 2024.4.16. KBS 2. 미래특강 미리 가 본 세상, 〈공간을 바꿔야 모두가 산다-도시계획 편〉, 2023.11.9, 국회방송 https://youtu.be/r7zv_mIeGJQ?si=-pw5jm6o6KtPUAfv.

20 '한국 인터넷 속도 하위권, 어쩌다 IT 강국이 AI 후진국이 됐나?' https://youtu.be/mVOkY5VAVCw?si=WZM2Nm_obLqoCsfW.

21 'OECD, 한국에 호봉제 바꿔라', 한국경제, 2023.11.20.

22 '55~64세 취업 경험자 중, 가장 오래 근무한 일자리를 그만둘 당시 평균 연령은 49.4세. 남자는 51.1세, 여자는 47.8세', 〈2023년 5월 경제활동인구조사 고령층 부가조사〉, 통계청, 2024.

23 '중국, 공대 열풍 무섭다 대입 커트라인 1등 컴공, 2등 AI 학과…반도체마저 추월 우려', 매일경제TV, 2024.9.24.